## 에듀윌과 함께 시작하면,
## 당신도 합격할 수 있습니다!

오랜 직장 생활을 마감하며 찾아온 앞날에 대한 막연한 두려움
에듀윌만 믿고 공부해 합격의 길에 올라선 50대 은퇴자

출산한지 얼마 안돼 독박 육아를 하며 시작한 도전!
새벽 2~3시까지 공부해 8개월 만에 동차 합격한 아기엄마

만년 가구기사 보조로 5년 넘게 일하다, 달리는 차 안에서도
포기하지 않고 공부해 이제는 새로운 일을 찾게 된 합격생

누구나 합격할 수 있습니다.
시작하겠다는 '다짐' 하나면 충분합니다.

마지막 페이지를 덮으면,

에듀윌과 함께
공인중개사 합격이 시작됩니다.

공인중개사 1위

# 15년간 베스트셀러 1위
# 에듀윌 공인중개사 교재

### 탄탄한 이론 학습! 기초입문서/기본서/핵심요약집

기초입문서(2종)

기본서(6종)

1차 핵심요약집+기출팩(1종)

### 출제경향 파악, 실전 엿보기! 단원별/회차별 기출문제집

단원별 기출문제집(6종)

회차별 기출문제집(2종)

### 다양한 문제로 합격점수 완성! 기출응용 예상문제집/실전모의고사

기출응용 예상문제집(6종)

실전모의고사(2종)

* 2023 대한민국 브랜드만족도 공인중개사 교육 1위 (한경비즈니스)
* YES24 수험서 자격증 공인중개사 베스트셀러 1위 (2011년 12월, 2012년 1월, 12월, 2013년 1월~5월, 8월~12월, 2014년 1월~5월, 7월~8월, 12월, 2015년 2월~4월, 2016년 2월, 4월, 6월, 12월, 2017년 1월~12월, 2018년 1월~12월, 2019년 1월~12월, 2020년 1월~12월, 2021년 1월~12월, 2022년 1월~12월, 2023년 1월~12월, 2024년 1월~12월, 2025년 1월~10월 월별 베스트, 매월 1위 교재는 다름)
* YES24 국내도서 해당분야 월별, 주별 베스트 기준

에듀윌 공인중개사

## 합격을 위한 비법 대공개! 합격서&부교재

이영방 합격서
부동산학개론

심정욱 합격서
민법 및 민사특별법

임선정 합격서
공인중개사법령 및 중개실무

김민석 합격서
부동산공시법

한영규 합격서
부동산세법

오시훈 합격서
부동산공법

신대운 합격서
쉬운민법

심정욱 핵심체크 OX
민법 및 민사특별법

오시훈 키워드 암기장
부동산공법

## 핵심 테마를 빠르게 공략하는 단기서

이영방 합격패스 계산문제
부동산학개론

심정욱 합격패스 암기노트
민법 및 민사특별법

임선정 그림 암기법
공인중개사법령 및 중개실무

김민석 테마별 한쪽정리
부동산공시법

오시훈 테마별 비교정리
부동산공법

## 시험 전, 이론&문제 한 권으로 완벽 정리! 필살키

이영방 필살키  심정욱 필살키  임선정 필살키  오시훈 필살키  김민석 필살키  한영규 필살키  신대운 필살키

더 많은
공인중개사 교재

* 해당 교재의 이미지는 변경될 수 있습니다.

# 공인중개사, 에듀윌을 선택해야 하는 이유

### 9년간 아무도 깨지 못한 기록
**합격자 수 1위**

### 합격을 위한 최강 라인업
**1타 교수진**

**공인중개사**

### 합격만 해도 연 최대 300만원 지급
**성공 DREAM 지원금**

### 업계 최대 규모의 전국구 네트워크
**동문회**

* 2023 대한민국 브랜드만족도 공인중개사 교육 1위 (한경비즈니스)
* KRI 한국기록원 2016, 2017, 2019년 공인중개사 최다 합격자 배출 공식 인증 (2025년 현재까지 업계 최고 기록)  * 에듀윌 공인중개사 과목별 온라인 주간반 강사별 수강점유율 기준 (2024년 11월)
* 성공 DREAM 지원금 신청은 에듀윌 공인중개사 VVIP 프리미엄 성공패스 수강 후 2027년까지 공인중개사 최종 합격자에 한해 가능합니다. (상세 내용 홈페이지 유의사항 확인 필수)

에듀윌 공인중개사

# 1위 에듀윌만의
# 체계적인 합격 커리큘럼

합격자 수가 선택의 기준, 완벽한 합격 노하우
## 온라인 강의

① 전 과목 최신 교재 제공
② 업계 최강 교수진의 전 강의 수강 가능
③ 합격에 최적화 된 1:1 맞춤 학습 서비스

최고의 학습 환경과 빈틈 없는 학습 관리
## 직영학원

① 현장 강의와 온라인 강의를 한번에
② 시험일까지 온라인 강의 무제한 수강
③ 강의실, 자습실 등 프리미엄 호텔급 학원 시설

  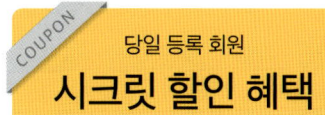 

합격을 꿈꾼다면, 오늘은 용어부터! **필수용어집** 신청

설명회 참석 당일 등록 시 **특별 수강 할인권** 제공

### 친구 추천 이벤트

"**친구 추천**하고 한 달 만에
**920만원** 받았어요"

친구 1명 추천할 때마다 현금 10만원 제공
추천 참여 횟수 무제한 반복 가능

※ *a*o*h**** 회원의 2021년 2월 실제 리워드 금액 기준
※ 해당 이벤트는 예고 없이 변경되거나 종료될 수 있습니다.

친구 추천 이벤트
바로가기

자세한 내용이 궁금하다면 1600-6700
* 2023 대한민국 브랜드만족도 공인중개사 교육 1위 (한경비즈니스)

공인중개사 1위

# 합격자 수 1위 에듀윌
# 7만 건이 넘는 후기

고○희 합격생

### 부알못, 육아맘도 딱 1년 만에 합격했어요.

저는 부동산에 관심이 전혀 없는 '부알못'이었는데, 부동산에 관심이 많은 남편의 권유로 공부를 시작했습니다. 남편 지인들이 에듀윌을 통해 많이 합격했고, '합격자 수 1위'라는 광고가 좋아 에듀윌을 선택하게 되었습니다. 교수님들이 커리큘럼대로만 하면 된다고 해서 믿고 따라갔는데 정말 반복 학습이 되더라고요. 아이 둘을 키우다 보니 낮에는 시간을 낼 수 없어서 밤에만 공부하는 게 쉽지 않아 포기하고 싶을 때도 있지만 '에듀윌 지식인'을 통해 합격하신 선배님들과 함께 공부하는 동기들의 위로가 큰 힘이 되었습니다.

이○용 합격생

### 군복무 중에 에듀윌 커리큘럼만 믿고 공부해 합격

에듀윌이 합격자가 많기도 하고, 교수님이 많아 제가 원하는 강의를 고를 수 있는 점이 좋았습니다. 또, 커리큘럼이 잘 짜여 있어서 잘 따라만 가면 공부를 잘 할 수 있을 것 같아 에듀윌을 선택했습니다. 에듀윌의 커리큘럼대로 꾸준히 따라갔던 게 저만의 합격 비결인 것 같습니다.

안○원 합격생

### 5개월 만에 동차 합격, 낸 돈 그대로 돌려받았죠!

저는 야쿠르트 프레시매니저를 하다 60세에 도전하여 합격했습니다. 심화 과정부터 시작하다 보니 기본이 부족했는데, 교수님들이 하라는 대로 기본 과정과 책을 더 보면서 정리하며 따라갔던 게 주효했던 것 같습니다. 합격 후 100만 원 가까이 되는 큰 돈을 환급받아 남편이 주택관리사 공부를 한다고 해서 뒷받침해 줄 생각입니다. 저는 소공(소속 공인중개사)으로 활동을 하고 싶은 포부가 있어 최대 규모의 에듀윌 동문회 활동도 기대가 됩니다.

## 다음 합격의 주인공은 당신입니다!

더 많은
합격 비법

* 본 합격수기는 실제 수강생의 솔직한 의견을 포함하고 있습니다. (이벤트 혜택을 제공받았음)
* 에듀윌 홈페이지 게시 건수 기준 (2025년 10월 기준)
* 2023 대한민국 브랜드만족도 공인중개사 교육 1위 (한경비즈니스)

**에듀윌이 너를 지지할게**

ENERGY

시작하는 방법은
말을 멈추고
즉시 행동하는 것이다.

– 월트 디즈니(Walt Disney)

**합격할 때까지 책임지는 개정법령 원스톱 서비스!**

법령 개정이 잦은 공인중개사 시험. 일일이 찾아보지 마세요!
에듀윌에서는 필요한 개정법령만을 빠르게! 한번에! 제공해 드립니다.

에듀윌 도서몰 접속 (book.eduwill.net) ▶ 우측 정오표 아이콘 클릭 ▶ 카테고리 공인중개사 설정 후 교재 검색

개정법령 확인하기

2026
# 에듀윌 공인중개사

**이영방 합격서**

부동산학개론

에듀윌이 옳았다!

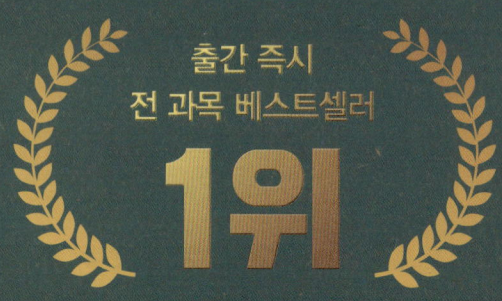

출간 즉시
전 과목 베스트셀러
1위

## 2025년, 더욱 사랑받은 합격서와 함께 더 많은 합격의 순간을 만들었습니다.

이영방 합격서   YES24 수험서 자격증 공인중개/주택관리 공인중개사 핵심요약 베스트셀러 1위 (2025년 7월 월별 베스트)
심정욱 합격서   YES24 수험서 자격증 공인중개/주택관리 공인중개사 기본서 베스트셀러 1위 (2025년 9월 월별 베스트)
임선정 합격서   YES24 수험서 자격증 공인중개/주택관리 공인중개사 문제집 베스트셀러 1위 (2024년 11월 월별 베스트)
오시훈 합격서   YES24 수험서 자격증 공인중개/주택관리 베스트셀러 1위 (2025년 1월 월별 베스트)
김민석 합격서   YES24 수험서 자격증 공인중개/주택관리 공인중개사 핵심요약 베스트셀러 1위 (2023년 12월 월별 베스트)
한영규 합격서   YES24 수험서 자격증 공인중개/주택관리 공인중개사 단기완성 베스트셀러 1위 (2024년 6월 월별 베스트)

**수많은 후기로 증명된 합격교재**

'믿고 따라갈 수 있는 이영방 선생님'
'합격서를 더 빨리 알았더라면 더 빨리 합격했을 것입니다.'

 쉽게 암기하고 오래 기억할 수 있는 고마운 책! 프린트물이나 노트 정리 필요 없이 쉽고 빠르게 이론을 정리할 수 있었어요.

S*****9님 후기

 분량을 확 줄여주는 요약서!
합격서를 베이스로 단권화했어요. 시험장에도 오직 합격서 하나만 들고 갔습니다.

k***6님 후기

2026에도 합격서가 정답이다.

## "반복이 합격의 기적을 만듭니다!"

부동산학개론은 그 범위가 매우 포괄적이고 내용이 난해하여 수험생들이 학습에 많은 시간을 할애하지만 기대 이상의 성과를 거두지 못하는 경우가 많습니다. 이 부분을 해결하고자 본 합격서는 선택과 집중을 통해 공인중개사 수험생들이 가장 효율적으로 시험준비를 할 수 있도록 만들어졌습니다.

본 합격서의 중요한 특징을 살펴보면 다음과 같습니다.
1. 지난 기출문제를 철저히 분석하여 반복 출제되는 부분을 전면적으로 반영하였습니다. 이를 통해 수험생들이 자주 출제되는 부분과 출제경향을 파악함으로써 효과적으로 공부할 수 있도록 하였습니다.
2. 강의를 통해 설명하는 내용을 중심으로 기술함으로써 강의를 듣는 분들의 수업교재와 효율적인 단권화 노트로서의 기능을 함께할 수 있도록 만전을 기하였습니다.
3. 그래프, 그림, 표를 풍부하게 삽입하여 수험생들의 이해를 도왔습니다.

마지막으로 본 합격서로 공부하신 수험생 여러분들의 값진 노력이 합격의 기쁨으로 이어지길 진심으로 기원합니다.

이영방 드림

**약력**
- 現 에듀윌 부동산학개론 전임 교수
- 前 숭실사이버대 부동산학과 외래 교수
- 前 EBS 명품 부동산학개론 강사
- 前 부동산TV, 방송대학TV, 경인방송 강사
- 前 전국 부동산중개업협회 사전교육 강사
- 前 한국토지주택공사 직무교육 강사

**저서**
에듀윌 공인중개사 부동산학개론 기초입문서, 기본서, 합격서, 단원별/회차별 기출문제집, 핵심요약집, 기출응용 예상문제집, 실전모의고사, 필살키, 합격패스 계산문제 등 집필

이영방T 인스타그램
(@yeongbanglee)

합격생이
가장 많이 언급한

# 합격서 극찬포인트 TOP3

# 학습량 1/3 Down

얇지만 기출문제를 모두 분석!
빈출 포인트만을 선별하여 수록
한 군살 없는 저지방 교재입니다.

합격생 박*경님(30대)

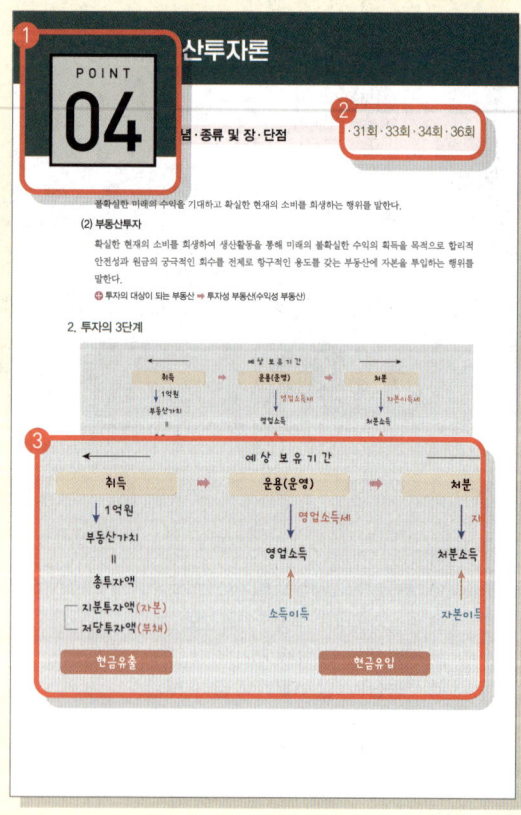

① 핵심포인트만 엄선하여 수록
② 출제된 기출 회차 표기
③ 방대한 이론을 압축된 형태로 정리

# TOP 2
## 현장감 100%

영방쌤의 강의 노하우가 가득! 강의 중 설명하시는 내용이 다 들어 있어서 강의를 듣는 기분이었어요. 합격생 배*호님(40대)

# TOP 3
## 스피드 ×2 Up

이해가 더 쉬워지는 한눈에 보는 코너와 출제포인트 덕분에 시험장에서도 빠르게 문제를 풀 수 있었어요. 합격생 김*정님(40대)

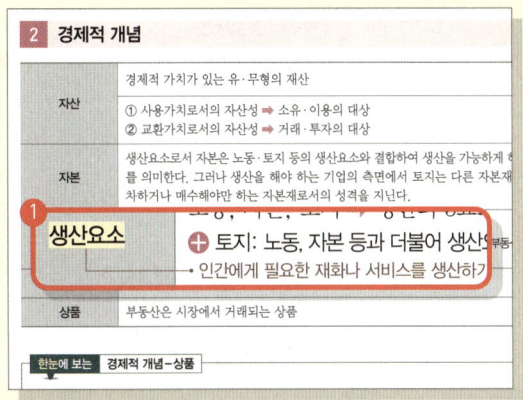

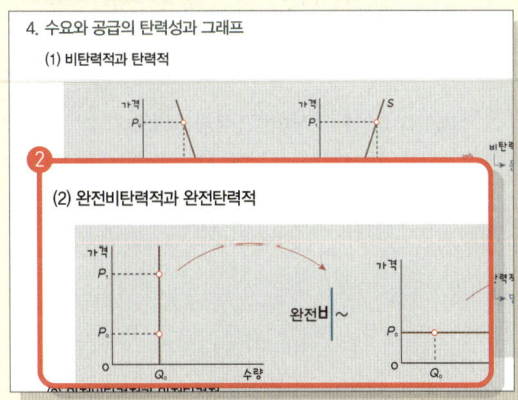

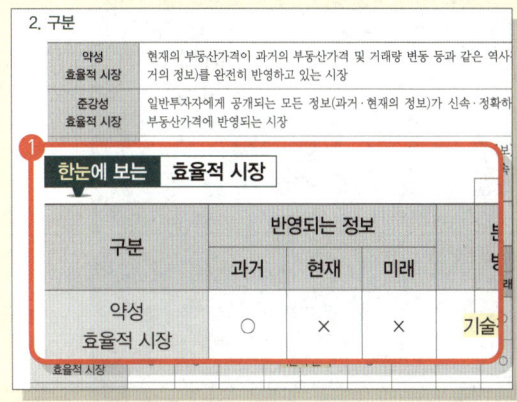

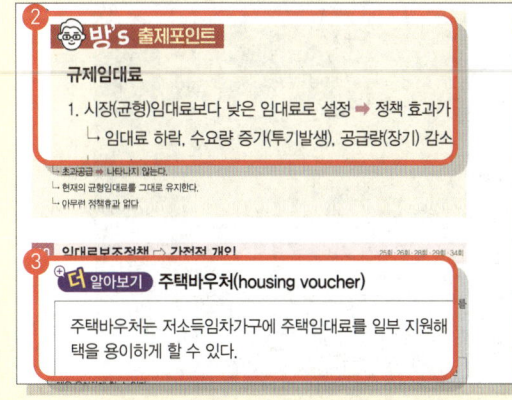

① 강의식 첨삭으로 풍부한 보충설명
② 영방쌤의 강의 중 판서를 그대로 재현

① 이해가 더 쉬워지는 한눈에 보는 코너
② 문제의 핵심을 뚫는 합격필살기 방's 출제포인트
③ 이해를 도와주는 더 알아보기 코너

# 합격이론만 꾹 눌러담은 차례

## PART 1 부동산학 총론

| POINT 01 | 부동산학 서설 | 10 |
| POINT 02 | 부동산의 개념과 분류 | 15 |
| POINT 03 | 부동산(토지)의 특성 | 25 |

## PART 2 부동산학 각론

| POINT 01 | 부동산경제론 | 32 |
| POINT 02 | 부동산시장론 | 59 |
| POINT 03 | 부동산정책론 | 84 |
| POINT 04 | 부동산투자론 | 101 |
| POINT 05 | 부동산금융론 (부동산금융·증권론) | 122 |
| POINT 06 | 부동산개발 및 관리론 | 139 |

## PART 3 부동산 감정평가론

| POINT 01 | 감정평가의 기초이론 | 162 |
| POINT 02 | 부동산의 가격(가치)이론 | 167 |
| POINT 03 | 감정평가의 방식 | 175 |
| POINT 04 | 부동산가격공시제도 | 189 |

PART

1

# 부동산학 총론

POINT 01 부동산학 서설
POINT 02 부동산의 개념과 분류
POINT 03 부동산(토지)의 특성

# POINT 01 부동산학 서설

## 1 부동산학의 이해

### 1. 부동산학의 정의
① 부동산활동의 능률화의 원리 및 그 응용기술을 개척하는 종합응용과학이다(김영진 교수).
② 부동산의 가치증진과 관련된 의사결정과정을 연구하기 위하여 부동산에 대해 법적·경제적·기술적 측면에서 접근을 시도하는 종합응용 사회과학이다(조주현 교수).
③ 토지와 토지상에 부착되어 있거나 연결되어 있는 여러 가지 항구적인 토지개량물(land improvement)에 관하여 그것과 관련된 직업적·물적·법적·금융적 제 측면을 기술하고 분석하는 학문연구의 한 분야이다(안정근 교수).

### 2. 부동산학의 학문적 성격

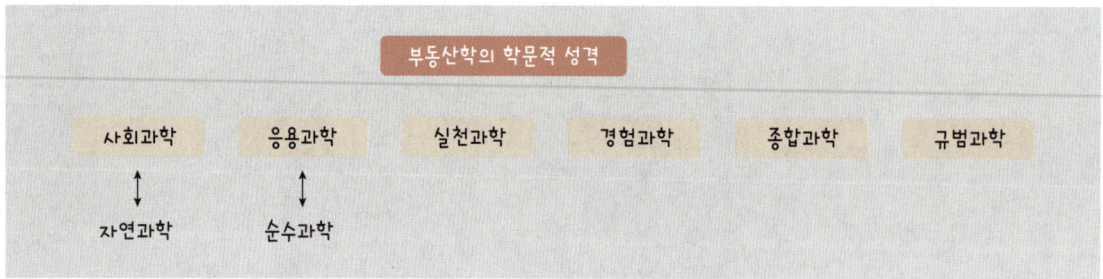

### 3. 부동산학의 여러 측면과 복합개념

#### (1) 부동산학의 여러 측면

| | | |
|---|---|---|
| 법률적 측면<br>(legal aspect) | 부동산에 관계되는 법·제도적 측면<br>➡ 공·사법상의 지역·지구제, 소유권 등의 권리관계, 등기관계 등과 관련 | 무형적 측면 |
| 경제적 측면<br>(economic aspect) | 주로 부동산의 가격에 관련된 측면 | |
| 기술적 측면<br>(engineering aspect) | 부동산의 물리적·기술적 측면으로 부동산공간의 이용기법적 측면<br>➡ 부동산의 설계·시공·설비·자재·측량·지질·지형·토양 등 | 유형적 측면 |

### (2) 부동산의 복합개념

부동산을 유형·무형의 법률·경제·기술의 3대 측면이 복합된 개념으로 이해하는 것을 복합개념의 부동산이라고 한다. 부동산학은 여러 부동산현상을 이해하고 분석하거나 부동산결정을 행하고 부동산활동을 전개해 나가기 위해 주로 복합개념의 사고원리를 사용한다.

## 2 부동산학의 연구대상과 연구분야

26회

### 1. 연구대상

| 부동산현상 | 부동산에서 비롯되는 모든 기술·경제·제도 및 기타 제 현상을 말한다.<br>➡ 부동산활동을 에워싼 모든 현상 |
|---|---|
| 부동산활동 | 인간이 부동산을 대상으로 전개하는 관리적 측면에서의 여러 가지 행위를 말한다.<br>➡ 부동산을 대상으로 하는 인간의 활동 |

### 2. 연구분야

| 실무분야 | | 이론분야 |
|---|---|---|
| 부동산 결정분야 | 부동산 결정지원분야 | 부동산학의 기초분야 |
| • 부동산투자<br>• 부동산금융<br>• 부동산개발<br>• 부동산정책 및 계획 | • 부동산마케팅<br>• 부동산관리<br>• 부동산평가<br>• 부동산컨설팅<br>• 부동산중개<br>• 부동산 입지선정 | • 부동산 특성<br>• 부동산 관련법<br>• 도시지역<br>• 부동산시장<br>• 부동산세금<br>• 부동산수학 |

➕ 일반적으로 부동산은 일반재화에 비해 거래비용이 많이 들고, 부동산이용의 비가역적 특성 때문에 일반재화에 비해 의사결정 지원분야의 역할이 더욱 중요하다.

## 3 부동산학의 접근방법

26회·28회

| 종합식<br>접근방법 | ① 부동산을 법률적·경제적·기술적 측면 등의 복합개념으로 이해하고, 이를 종합해서 이론을 구축하는 방법<br>② 시스템적 사고방식에 따라 부동산학 이론을 구축해야 한다는 연구방법 |
|---|---|
| 의사결정<br>접근방법 | ① 인간은 합리적인 존재이며, 자기 이윤의 극대화를 목표로 행동한다는 기본 가정에서 출발하는 접근방법<br>② 부동산에 대한 인간의 의사결정 과정을 연구하는 방법 |

## 4 부동산활동과 부동산현상

24회·28회·31회·36회

| 부동산활동 | | 인간이 부동산을 대상으로 전개하는 관리적 측면에서의 여러 가지 행위<br>➡ 부동산을 대상으로 하는 인간의 활동 |
|---|---|---|
| | 부동산<br>소유활동 | 사용가치 측면으로 파악할 때의 활동<br>➡ 최유효이용 |
| | 부동산<br>거래활동 | 교환가치 측면으로 파악할 때의 활동<br>➡ 거래질서의 확립 |
| 부동산현상 | | 부동산에서 비롯되는 모든 기술·경제·제도 및 기타 제 현상<br>➡ 부동산활동을 에워싼 모든 현상 |

**⊕ 더 알아보기** 한국표준산업분류(제11차)상의 부동산업

| 대분류 | 중분류 | 소분류 | 세분류 | 세세분류 |
|---|---|---|---|---|
| 부동산업 | 부동산업 | 부동산임대<br>및 공급업 | 부동산임대업 | ① 주거용 건물임대업<br>② 비주거용 건물임대업<br>③ 기타 부동산임대업 |
| | | | 부동산개발<br>및 공급업 | ① 주거용 건물 개발 및 공급업<br>② 비주거용 건물 개발 및 공급업<br>③ 기타 부동산 개발 및 공급업 |
| | | 부동산 관련<br>서비스업 | 부동산관리업 | ① 주거용 부동산관리업<br>② 비주거용 부동산관리업 |
| | | | 부동산중개,<br>자문 및<br>감정평가업 | ① 부동산중개 및 대리업<br>② 부동산투자 자문업<br>③ 부동산 감정평가업<br>④ 부동산 분양대행업 |

## 5 부동산활동의 속성

### 1. 과학성 및 기술성

| 과학성 | 체계화된 지식으로 부동산활동의 원리 ➡ 부동산이론의 능률화 |
|---|---|
| 기술성 | 실무활동에 응용하는 기술면 ➡ 부동산실무의 능률화 |

### 2. 사회성과 공공성 및 사익성

부동산활동은 사회성과 공공성이 강조되지만, 사익성도 존중되어야 한다.

### 3. 전문성

부동산활동은 높은 전문성이 요구되며, 이를 위해 '공인자격제(公認資格制)'를 도입하고 있다.

### 4. 윤리성

부동산활동은 사회성·공공성이 있는 재산을 다루기 때문에, 거래당사자나 부동산업자 모두에게 높은 윤리성이 요구된다.
➡ 부동산업자에게는 직업윤리가 중요시된다.

### 5. 정보활동

부동산활동에서 정보활동이 중요한 것은 부동산에는 부동성(不動性)의 특성이 있고, 이로 인해 부동산 주변현상에는 통제 불가능한 요인이 많기 때문이다.

### 6. 대인활동 및 대물활동

부동산활동은 직접적·간접적으로 많은 사람들이 관여하는 대인활동이며, 부동산을 물리적으로 취급하는 대물활동이다.

### 7. 임장활동

부동산활동을 임장활동으로 규정하는 근거는 부동산의 부동성이라는 특성과 부동산활동의 대물활동이라는 속성 때문이다.

### 8. 공간활동

부동산활동은 공중·지표·지하를 포함하는 3차원 공간을 대상으로 전개한다. 따라서 거래활동의 대상은 3차원의 공간이고, 부동산가격은 3차원 공간의 가격이다.

### 9. 배려의 장기성

부동산의 '영속성'과 '용도의 다양성'으로 인하여, 부동산활동은 일반적으로 일반소비상품을 대상으로 하는 활동과는 달리 장기적 고려하에 결정되고 실행된다. 또한 부동산의 '사회적·경제적·행정적 위치의 가변성'에 대한 고려가 수반된다.

### 10. 복합개념

부동산활동은 법률적·경제적·기술적 측면을 함께 고려하는 복합개념의 사고방식을 기초로 한다.

## 6 부동산활동(학)의 일반원칙

부동산과 인간의 관계개선이라는 부동산학의 이념을 실현하기 위한 부동산활동의 행동방향을 말한다.

| 능률성의 원칙 | 부동산학은 부동산 소유활동의 능률화를 위해서는 최유효이용의 원칙을, 부동산 거래활동의 능률화를 위해서는 거래질서 확립의 원칙을 지도원리로 삼고 있다. |
|---|---|
| 안전성의 원칙 | 복합개념의 논리에 따라서 법률적·경제적·기술적 안전성을 고려하여야 한다. |
| 경제성의 원칙 | 경제원칙을 말하는데, 부동산활동은 최소비용으로 최대효과를 내는 경제원칙을 추구한다. |

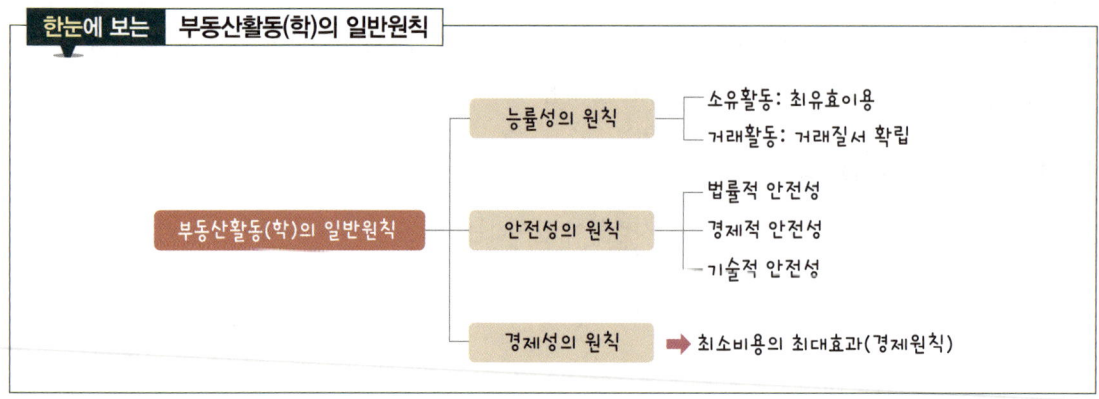

# POINT 02 부동산의 개념과 분류

## |1절| 부동산의 개념

### 1 법·제도적 개념

27회·33회·34회

협의의 부동산이란 '토지 및 그 정착물'을 말하는데(민법 제99조 제1항), 이를 「민법」상 부동산이라고도 한다. 따라서 부동산 이외의 물건은 동산이라고 할 수 있다(민법 제99조 제2항). '협의의 부동산에 준(의제)부동산'을 합하여 광의의 부동산이라고 한다.

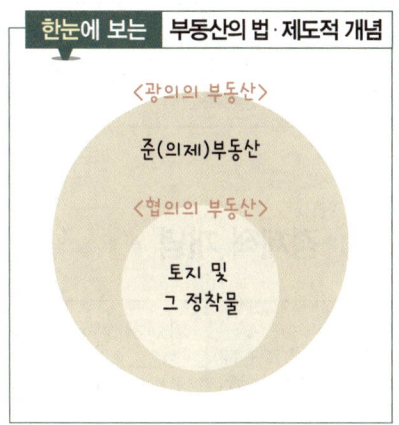

한눈에 보는 **부동산의 법·제도적 개념**

| 협의의 부동산<br>(민법상 부동산) | | 토지 및 그 정착물(민법 제99조 제1항) |
|---|---|---|
| 광의의 부동산 | | 협의의 부동산 + 준(의제)부동산 |
| 토지 | 의의 | 인위적으로 구획된 일정 범위의 지면(地面)에 정당한 이익이 있는 범위 내에서 상하(공중과 지하)를 포함 |
| | 범위 | ① 토지소유자는 법률의 범위 내에서 토지를 사용·수익·처분할 권리가 있다.<br>② 토지의 소유권은 정당한 이익 있는 범위 내에서 토지의 상하에 미친다(민법 제212조).<br>③ 지하에 매장된 미채굴의 광물은 광업권과 조광권의 객체로서 토지소유권이 미치지 않는다. |
| 토지<br>정착물 | 의의 | 토지에 고정되어 있어 쉽게 움직일 수 없으며, 그러한 상태로 사용되는 것이 거래상의 성질로 인정되는 물건 |
| | 독립정착물 | 건물, 명인방법에 의한 수목 또는 수목의 집단, 등기완료된 수목의 집단(입목), 농작물 |
| | 종속정착물 | 돌담, 교량, 축대, 도로, 제방, 매년 경작을 요하지 않는 나무나 다년생식물 등 |

➕ 판잣집, 컨테이너 박스, 가식(假植) 중인 수목, 경작수확물 등은 정착물이 아닌 동산으로 취급한다. 따라서 토지소유자의 소유권이 미치지 않는다.

### 더 알아보기 | 준(의제)부동산

| 의의 | 본질은 부동산이 아니지만 등기·등록 등의 공시방법을 갖춤으로써 부동산에 준하여 취급되는 특정의 동산이나 동산과 일체로 된 부동산의 집단이다. 공장재단, 광업재단, 어업권, 선박, 항공기, 자동차, 건설기계(중기) 등이 있다. | |
|---|---|---|
| 종류 | 공장재단<br>(工場財團) | 공장에 딸린 토지와 공작물, 기계, 기구 등을 하나의 부동산으로 간주하는 개념 |
| | 광업재단<br>(鑛業財團) | 광물을 채굴·취득하기 위한 각종 설비 등을 하나의 부동산으로 간주하는 개념 |
| | 어업권<br>(漁業權) | 면허를 받아 어업을 경영할 수 있는 권리 |

## 2 경제적 개념

33회

| 자산 | 경제적 가치가 있는 유·무형의 재산<br>① 사용가치로서의 자산성 ➡ 소유·이용의 대상<br>② 교환가치로서의 자산성 ➡ 거래·투자의 대상 |
|---|---|
| 자본 | 생산요소로서 자본은 노동·토지 등의 생산요소와 결합하여 생산을 가능하게 하는 생산재를 의미한다. 그러나 생산을 해야 하는 기업의 측면에서 토지는 다른 자본재와 같이 임차하거나 매수해야만 하는 자본재로서의 성격을 지닌다. |
| 생산요소 | 노동, 자본, 토지 ➡ 생산의 3요소<br>⊕ 토지: 노동, 자본 등과 더불어 생산요소 중 하나 ➡ 수동적·소극적인 생산요소(∵ 부동성으로 인해)<br>— 인간에게 필요한 재화나 서비스를 생산하기 위해 반드시 필요한 요소 |
| 소비재 | 토지는 생산재이며 소비재 |
| 상품 | 부동산은 시장에서 거래되는 상품 |

**한눈에 보는** 경제적 개념-상품

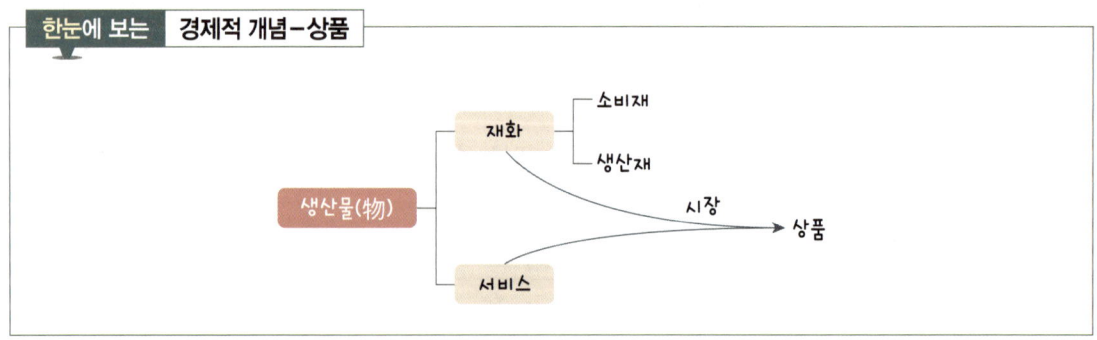

# 3 물리적 개념

## 1. 자연

① 토지를 자연으로 파악할 때는 자연환경(natural environment)으로 정의한다.
  ➡ 가장 넓은 의미로 토지를 정의하는 것
② 부동산의 특성 중 부증성과 밀접한 관련이 있으며, 사회성·공공성이 특히 강조된다.

## 2. 공간

### (1) 부동산의 3차원 공간

① 부동산은 수평공간·공중공간·지중공간의 3차원 공간으로 구성된다.
② 부동산의 재산가치는 3차원의 공간가치이다.
③ 공간으로서의 부동산의 개념은 부동산의 특성 중 영속성과 밀접한 관련이 있다.

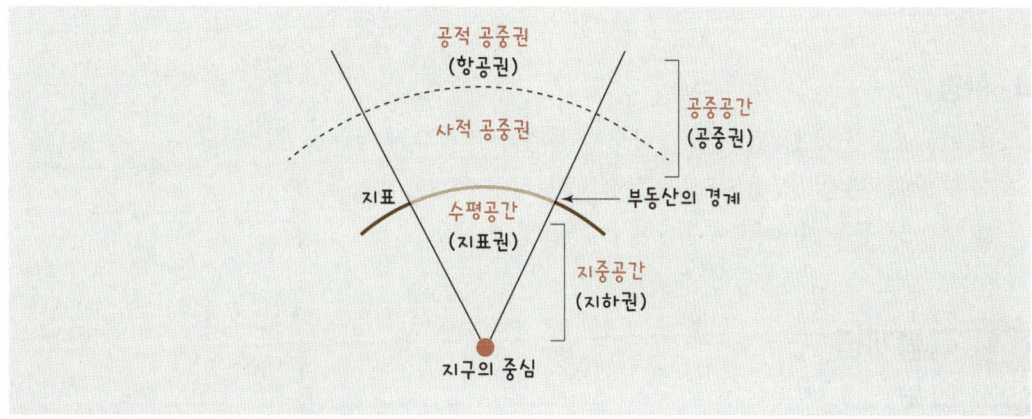

### (2) 부동산소유권의 공간적 범위

| | |
|---|---|
| 수평공간<br>(지표공간)<br>➡ 지표권 | ① 지표와 연관된 택지·농경지·계곡·수면·평야 등<br>② 지표권(surface right): 토지지표를 토지소유자가 배타적으로 이용하여 작물을 경작하거나 건물을 건축할 수 있는 권리를 말한다.<br>③ 물에 관한 권리<br>  ㉠ 유역주의 ➡ 습윤지역<br>  ㉡ 선용주의 ➡ 건조지역 |
| 지중공간<br>(지하공간)<br>➡ 지하권 | ① 지표에서 지중을 향하는 공간<br>② 지하권(subsurface right): 토지소유자가 지하공간에서 어떤 이익을 얻거나 지하공간을 사용할 수 있는 권리를 말한다.<br>➕ 우리나라의 경우 광업권의 객체인 광물에 대하여는 토지소유자의 소유권이 미치지 못한다. |
| 공중공간<br>➡ 공중권 | ① 주택·건물·상점 기타 공중을 향하여 연장되는 공간<br>② 공중권(air right): 토지소유자가 공중공간을 타인의 방해 없이 일정한 고도까지 포괄적으로 이용할 수 있는 권리를 말한다. |

➕ 한계심도의 범위는 법률(지방자치단체의 조례)로 정하고 있으나, 한계고도는 법률로 정하고 있지 않다.

## 3. 위치

### (1) 개념

특정 장소가 가지는 시장성·지형·지세를 의미한다.

➡ 절대적 위치는 부동성(不動性), 상대적 위치는 인접성과 밀접한 관련이 있다.

### (2) 위치와 접근성의 문제

① 접근성의 개념: 어떤 목적물에 도달하는 데 걸리는 시간적·경제적·거리적 부담의 정도를 말한다.

② 접근성의 특징

| 원칙 | 접근성이 좋을수록 부동산의 입지조건은 양호하고 그 가치는 높다. |
|---|---|
| 예외 | ㉠ 위험혐오시설<br>㉡ 용도에 맞지 않는 경우 |

③ 부동산의 용도와 접근성: 부동산의 용도에 따라 접근성의 중요성과 평가기준이 달라진다.

## 4. 환경

① 어떤 부동산을 에워싼 자연적·사회적·물리적·경제적 제 상황을 말한다.
② 부동산은 환경의 구성분자로서 환경으로부터 큰 영향을 받는다.
③ 부동산활동을 지배하고 부동산현상에 영향을 미친다.

## 4 복합개념

27회

| 구분 | 개념 | 특징 |
|---|---|---|
| 복합개념의 부동산 | 유형·무형의 법률적·경제적·기술적 측면의 부동산 | 부동산학적 관점의 부동산 |
| 복합부동산<br>(개량부동산) | 토지와 건물이 각각 독립된 거래의 객체이면서도 마치 하나의 결합된 상태로 다루어져 부동산활동의 대상으로 인식하는 것 | 일괄평가 |
| 복합건물 | 주거와 근린생활시설 등이 결합되어 있어 복합적 기능을 수행하는 건물<br>예 주상복합건물 | 구분평가 |

## 2절 | 부동산의 유형 및 분류

### ➕ 더 알아보기 감정평가상의 용도적 종별

| 지역적 종별(지역 종별) | 개별적 종별(토지 종별) |
|---|---|
| 부동산이 속한 지역의 용도에 따른 구분 | 지역 종별에 의하여 분류되는 토지의 구분 |
| ① **택지지역**: 주거지역, 상업지역, 공업지역<br>② **농지지역**: 전지지역, 답지지역, 과수원지역<br>③ **임지지역**: 용재림지역, 신탄림지역 | ① **택지**: 주거지, 상업지, 공업지<br>② **농지**: 전지, 답지<br>③ **임지** |

→ 산림지와 초지를 모두 포함하는 포괄적인 용어

## 1 토지의 분류

24회 · 25회 · 28회 · 30회 · 31회 · 32회 · 33회 · 34회 · 35회 · 36회

### 1. 택지·대지·부지

| 택지(宅地) | 법률에서 정하는 바에 따라 개발·공급되는 주택건설용지 및 공공시설용지를 말한다. |
|---|---|
| 대지(垈地) | 「공간정보의 구축 및 관리 등에 관한 법률」에 따라 각 필지(筆地)로 나눈 토지를 말하는데, 필지 중 「건축법」에 의해 건축행위가 가능한 필지를 말한다. 「공간정보의 구축 및 관리 등에 관한 법률」상 '대(垈)'는 지목 중 하나이다.<br>※ 「건축법」상의 대지 ≠ 지목의 대 |
| 부지(敷地) | 도로부지, 하천부지와 같이 일정한 용도로 이용되는 바닥토지를 말하며 하천, 도로 등의 바닥토지에 사용되는 포괄적 용어이다. |

**한눈에 보는** 대지와 부지의 관계

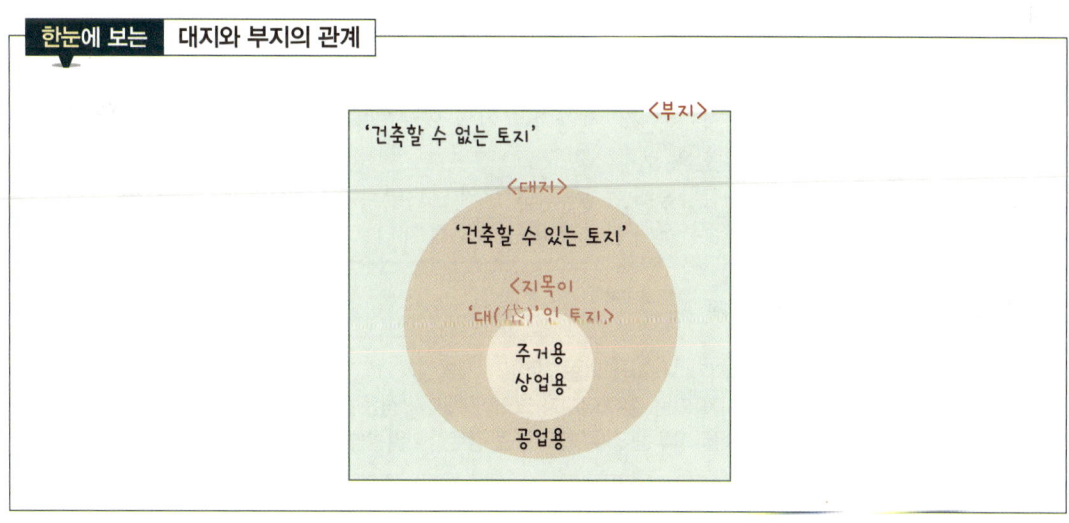

## 2. 후보지·이행지

| | |
|---|---|
| 후보지(候補地) | ① 용도적 지역 중 택지지역, 농지지역, 임지지역 상호간에 전환되고 있는 토지로, 가망지(可望地) 또는 예정지(豫定地)라고도 함<br>② 반드시 지목변경이 뒤따름 → 토지의 주된 용도에 따라 토지의 종류를 구분하여 지적공부에 등록한 것 |
| 이행지(移行地) | ① 용도적 지역 중 택지지역, 농지지역, 임지지역 내에서 전환이 이루어지고 있는 토지<br>② 지목변경이 뒤따를 수도 있고 그렇지 않을 수도 있음 |

➕ 후보지나 이행지는 전환 중이거나 이행 중인 토지에 붙이는 용어로서, 전환이나 이행이 이루어지고 난 후에는 바뀐 후의 용도에 따라 부르는 것에 유의해야 한다.

## 3. 맹지·대지

| | |
|---|---|
| 맹지(盲地) | 타인의 토지에 둘러싸여 도로에 어떤 접속면도 가지지 못하는 토지<br>➡ 원칙적으로 「건축법」에 의해 건물을 세울 수 없음 |
| 대지(袋地) | 어떤 택지가 다른 택지에 둘러싸여 좁은 통로에 의해서 도로에 접하는 자루형의 모양을 띠게 되는 택지 |

## 4. 필지·획지 → 필지와 획지는 면적의 단위가 아님에 유의할 것! 면적의 단위는 제곱미터(㎡)로 한다.

| | |
|---|---|
| 필지(筆地) | ① 「공간정보의 구축 및 관리 등에 관한 법률」(또는 부동산등기법)상의 용어<br>② 하나의 지번이 붙는 토지의 등기·등록 단위<br>③ 토지소유자의 권리를 구분하기 위한 표시<br>④ 권리를 구분하기 위한 법적 개념 |
| 획지(劃地) | ① 감정평가에서 중시<br>② 인위적·자연적·행정적 조건에 의해 다른 토지와 구별되는 가격수준이 비슷한 일단의 토지<br>③ 부동산활동 또는 부동산현상의 단위면적이 되는 일획의 토지<br>④ 가격수준을 구분하기 위한 경제적 개념 |

### ➕ 더 알아보기 | 필지와 획지의 관계

1. 필지와 획지가 같은 경우(1필지가 1획지가 되는 경우) ➡ 개별평가
2. 하나의 필지가 여러 개의 획지가 되는 경우(필지가 크거나 획지가 작은 경우) ➡ 구분평가
3. 여러 개의 필지가 하나의 획지를 이루는 경우(획지가 큰 경우) ➡ 일괄평가

## 5. 나지·건부지

| | |
|---|---|
| 나지(裸地) | ① 토지에 건물이나 그 밖의 정착물이 없고 지상권 등 토지의 사용·수익을 제한하는 사법상의 권리가 설정되어 있지 아니한 토지<br>② 건부지에 비해 최유효이용이 기대되기 때문에 매매에 있어서 가격이 비싸며, 토지가격에 대한 감정평가의 기준이 됨 |
| 건부지(建敷地) | ① 건물이 들어서 있는 부지<br>② 건물 및 그 부지가 동일소유자에게 속하고, 해당 소유자에 의하여 사용되며, 그 부지의 사용·수익을 제약하는 권리 등이 부착되어 있지 않은 택지 |

### 더 알아보기  건부감가와 건부증가

1. **건부감가(建附減價)** → 나지 상태의 가격에 비해 건부지의 가격이 낮은 정도
    ① 공법상의 규제가 완화되었을 때 주로 발생한다.
    ② 건부감가는 지상의 건물이 견고할수록, 건물의 면적이 클수록 크다.
2. 건부증가(建附增價)
    ① 공법상의 규제가 강화되었을 때 주로 발생한다.
    ② 재개발구역 지정결정, 택지개발 예정구역 지정결정, 소수잔존자 보상대상 지역결정, 개발제한구역 지정결정, 용적률과 건폐율규제 강화결정 등의 경우에 발생한다.
3. 나지 평가액과 건부지 평가액
    ① 나지 평가액 > 건부지 평가액 ➡ 건부감가(원칙)
    ② 나지 평가액 < 건부지 평가액 ➡ 건부증가(예외)

## 6. 공지·공한지

| | |
|---|---|
| 공지(空地) | 「건축법」에 의한 건폐율 등의 제한으로 인해 한 필지 내에 건물을 꽉 메워서 건축하지 않고 남겨 둔 토지 |
| 공한지(空閑地) | 도시 토지 중 지가 상승만 기대하고 장기간 방치한 토지 |

## 7. 소지·선하지·포락지

| | |
|---|---|
| 소지(素地) | 대지 등으로 개발되기 이전의 자연적인 그대로의 토지 |
| 선하지(線下地) | 고압선 아래의 토지로 보통은 선하지 감가를 행함 |
| 포락지(浦落地) | 지적공부에 등록된 토지가 물에 침식되어 수면 밑으로 잠긴 토지 |

## 8. 법지·빈지

| | |
|---|---|
| 법지(法地) | ① 법으로만 소유할 뿐 활용실익이 없는 토지로, 택지의 유효지표면 경계와 인접지 또는 도로면과 경사된 토지<br>② 토지의 붕괴를 막기 위하여 경사를 이루어 놓은 것인데, 측량면적에는 포함되지만 실제로 사용할 수 없는 면적 |
| 빈지(濱地) | ① 일반적으로 바다와 육지 사이의 해변토지를 말하며, 「공유수면 관리 및 매립에 관한 법률」에서는 '바닷가'라 부름<br>② 해안선으로부터 지적공부에 등록된 지역까지의 사이 |

## 9. 유휴지·휴한지

| | |
|---|---|
| 유휴지(遊休地) | 바람직스럽지 못하게 놀리는 토지 |
| 휴한지(休閑地) | 농지 등을 정상적으로 쉬게 하는 토지 |

## 10. 일단지·한계지

| | |
|---|---|
| 일단지(一團地) | 용도상 불가분의 관계에 있는 2필지 이상의 일단의 토지<br>➡ 두 필지 이상을 합병한 토지를 말하는 것이 아님 |
| 한계지(限界地) | 택지이용의 최원방권상의 토지 ➡ 택지 이용 범위의 최외곽 토지 |

## 2 주택의 분류(건축법 시행령 제3조의5 관련 별표 1)   25회·28회·32회·33회·35회·36회

> 주택이란 세대의 구성원이 장기간 독립된 주거생활을 영위할 수 있는 구조로 된 건축물의 전부 또는 일부 및 그 부속토지를 말하며, 단독주택과 공동주택으로 구분한다(주택법 제2조 제1호).

### 1. 단독주택

#### (1) 의의

1세대가 하나의 건축물 안에서 독립된 주거생활을 할 수 있는 구조로 된 주택을 말한다(주택법 제2조 제2호).

#### (2) 분류

| 단독주택 | 일반적으로 1건물에 1세대가 거주하는 주택 |
|---|---|
| 다중주택 | 다음의 요건을 모두 갖춘 주택을 말한다.<br>① 학생 또는 직장인 등 여러 사람이 장기간 거주할 수 있는 구조로 되어 있는 것<br>② 독립된 주거의 형태를 갖추지 않은 것(각 실별로 욕실은 설치할 수 있으나, 취사시설은 설치하지 않은 것)<br>③ 1개 동의 주택으로 쓰이는 바닥면적(부설주차장 면적 제외)의 합계가 660제곱미터 이하이고 주택으로 쓰는 층수(지하층 제외)가 3개 층 이하일 것. 다만, 1층의 전부 또는 일부를 필로티 구조로 하여 주차장으로 사용하고 나머지 부분을 주택(주거 목적으로 한정) 외의 용도로 쓰는 경우에는 해당 층을 주택의 층수에서 제외<br>④ 적정한 주거환경을 조성하기 위하여 건축조례로 정하는 실별 최소 면적, 창문의 설치 및 크기 등의 기준에 적합할 것 |
| 다가구주택 | 다음의 요건을 모두 갖춘 주택으로서 공동주택에 해당하지 아니하는 것을 말한다.<br>① 주택으로 쓰는 층수(지하층 제외)가 3개 층 이하일 것. 다만, 1층의 전부 또는 일부를 필로티 구조로 하여 주차장으로 사용하고 나머지 부분을 주택(주거 목적으로 한정) 외의 용도로 쓰는 경우에는 해당 층을 주택의 층수에서 제외<br>② 1개 동의 주택으로 쓰이는 바닥면적(부설주차장 면적 제외)의 합계가 660제곱미터 이하일 것<br>③ 19세대(대지 내 동별 세대수를 합한 세대를 말함) 이하가 거주할 수 있을 것 |
| 공관(公館) | – |

### 2. 공동주택

#### (1) 의의

공동주택이란 건축물의 벽·복도·계단이나 그 밖의 설비 등의 전부 또는 일부를 공동으로 사용하는 각 세대가 하나의 건축물 안에서 각각 독립된 주거생활을 할 수 있는 구조로 된 주택을 말한다(주택법 제2조 제3호).

## (2) 분류

| 아파트 | 주택으로 쓰는 층수가 5개 층 이상인 주택 |
|---|---|
| 연립주택 | 주택으로 쓰는 1개 동의 바닥면적 합계가 660제곱미터를 초과하고, 층수가 4개 층 이하인 주택(2개 이상의 동을 지하주차장으로 연결하는 경우에는 각각의 동으로 봄) |
| 다세대주택 | 주택으로 쓰는 1개 동의 바닥면적 합계가 660제곱미터 이하이고, 층수가 4개 층 이하인 주택(2개 이상의 동을 지하주차장으로 연결하는 경우에는 각각의 동으로 봄) |
| 기숙사 | 다음의 어느 하나에 해당하는 건축물로서 공간의 구성과 규모 등에 관하여 국토교통부장관이 정하여 고시하는 기준에 적합한 것을 말한다. 다만, 구분소유된 개별 실(室)은 제외한다. |
| 기숙사 - 일반 기숙사 | 학교 또는 공장 등의 학생 또는 종업원 등을 위하여 사용하는 것으로서, 해당 기숙사의 공동취사시설 이용 세대수가 전체 세대수(건축물의 일부를 기숙사로 사용하는 세대수)의 50퍼센트 이상인 것(교육기본법 제27조 제2항에 따른 학생복지주택을 포함) |
| 기숙사 - 임대형 기숙사 | 「공공주택 특별법」 제4조에 따른 공공주택사업자 또는 「민간임대주택에 관한 특별법」 제2조 제7호에 따른 임대사업자가 임대사업에 사용하는 것으로서, 임대 목적으로 제공하는 실이 20실 이상이고 해당 기숙사의 공동취사시설 이용 세대수가 전체 세대수(건축물의 일부를 기숙사로 사용하는 세대수)의 50퍼센트 이상인 것 |

**더 알아보기  도시형 생활주택**

300세대 미만의 국민주택규모에 해당하는 주택으로서 대통령령으로 정하는 주택을 말하며, 단지형 연립주택, 단지형 다세대주택, 아파트형 주택이 있다(주택법 제2조 제20호). 도시형 생활주택은 「국토의 계획 및 이용에 관한 법률」에 따른 도시지역에 건설하여야 한다.

**한눈에 보는  주택의 분류(건축법 시행령)**

| 구분 | | 분류 요건 | | |
|---|---|---|---|---|
| | | 주택 사용 층수 | 바닥면적 합계 | 세대수 |
| 단독주택 | 단독주택 | – | – | – |
| | 다중주택 | 3개 층 이하 | 660제곱미터 이하 | – |
| | 다가구주택 | 3개 층 이하 | 660제곱미터 이하 | 19세대 이하 |
| | 공관 | – | – | – |
| 공동주택 | 아파트 | 5개 층 이상 | – | – |
| | 다세대주택 | 4개 층 이하 | 660제곱미터 이하 | – |
| | 연립주택 | 4개 층 이하 | 660제곱미터 초과 | – |
| | 기숙사 | – | – | – |

# POINT 03 부동산(토지)의 특성

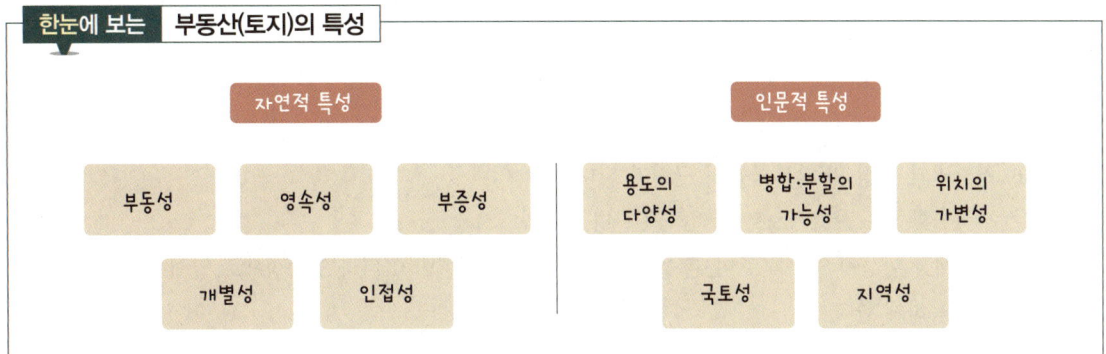

## 1 자연적 특성

27회·28회·30회·31회·32회·33회·34회·35회·36회

토지가 본원적으로 지니고 있는 물리적 특성으로서 선천적·원천적·본질적·불변적·경직적인 특성이다.

### 1. 부동성(지리적 위치의 고정성·비이동성)

**(1) 의의**

지리적 위치는 인위적으로 이동하거나 지배하지 못한다는 특성이다.

**(2) 부동성으로부터 파생되는 특징**

① 부동산과 동산을 구별 짓는 근거가 된다.
② 권리의 공시방법을 달리하는 이유가 된다.
③ 부동산활동 및 부동산현상을 국지화하여 지역분석의 필요성이 요구된다.
④ 부동산은 지역적으로 세분화되어 부분시장(하위시장, sub-market)으로 존재한다.
⑤ 부동산활동을 <u>임장활동</u>, 정보활동, 중개활동, 입지선정활동으로 만든다.
  → 현장에 직접 가 보는 부동산활동 (책상 위에서의 탁상활동과 대응되는 개념)
⑥ 부동산시장은 추상적 시장이 되기도 하고, 구체적 시장이 되기도 한다.
⑦ 토지의 이용방식이나 입지선정에 영향을 미친다.
⑧ 부동성으로 인해 주변 환경 변화에 따른 외부효과가 나타날 수 있다.
⑨ 부동산의 가격은 소유권, 기타 권리 이익의 가격이며, 담보가치의 안정성을 제공한다.

### 2. 영속성(내구성·불변성·비소모성·불괴성)

**(1) 의의**

사용이나 시간의 흐름에 의해서 소모·마멸되지 않는다는 특성이다.
➡ 유용성의 측면에서는 변화할 수 있다(경제적 측면의 유용성).

### (2) 영속성으로부터 파생되는 특징

① 토지에 감가상각의 적용을 배제시킨다.
② 토지의 가치보존력을 우수하게 하며, 소유이익과 이용이익을 분리하여 타인으로 하여금 이용 가능하게 한다.
③ 토지의 수익 등의 유용성을 영속적으로 만든다.
④ 부동산의 가치(value)가 '장래 기대되는 편익을 현재가치로 환원한 값'으로 정의되는 근거가 된다.
⑤ 부동산학에서 가치와 가격을 구별하게 하고, 가격 대신 가치라는 용어를 주로 사용하게 한다.
⑥ 저당권의 설정 및 할부금융의 근거가 된다.
⑦ 부동산활동을 장기적으로 배려하게 한다.
⑧ 재고시장 형성에 영향을 주며, 부동산의 유량(flow)공급뿐만 아니라 영속성으로 인해 저량(stock)공급도 가능하게 한다.
⑨ 장기투자를 통해 자본이득과 소득이득을 얻을 수 있다.

## 3. 부증성(비생산성·불확장성·면적의 유한성·수량고정성) ⇨ 토지의 희소성의 근거

### (1) 의의
생산비나 노동을 투입하여 물리적 절대량을 늘릴 수 없다는 특성이다.

### (2) 부증성으로부터 파생되는 특징

① 토지에 생산비의 법칙이 적용되지 않게 한다.
② 토지부족 문제의 근원이 되어 지가 상승의 원인이 된다.
③ 토지의 희소성을 지속시킨다.
④ 부동산활동에 있어 최유효이용 원칙의 근거가 된다.
⑤ 토지의 공급제한으로 인해 공급자 경쟁보다는 수요자 경쟁을 야기한다.
⑥ 토지의 물리적 공급이 어려우므로 토지이용을 집약화시킨다.
⑦ 일반적인 지대 혹은 지가를 발생시킨다.

## 4. 개별성(비대체성·비동질성·이질성)

### (1) 의의
물리적으로 완전히 동일한 복수의 토지는 있을 수 없다는 특성이다.

### (2) 개별성으로부터 파생되는 특징

① 표준지 선정을 어렵게 하며, 토지의 가격이나 수익이 개별로 형성되어 일물일가(一物一價)의 법칙의 적용을 배제시킨다. (동일한 시점, 동일한 시장, 동일한 재화와 서비스에 대해서는 언제나 하나의 가격만이 성립한다는 원칙)
② 개개의 부동산을 구별하고 그 가격이나 수익 등을 개별화·구체화시키므로 개별분석의 필요성을 제기한다.
③ 개개의 부동산을 독점화시키며, 토지별 완전한 대체 관계가 제약된다.
④ 부동산활동이나 부동산현상을 개별화시킨다.

## 5. 인접성(연결성)

### (1) 의의
토지는 지표의 일부이며, 물리적으로 보는 토지는 반드시 다른 토지와 연결되어 있다는 특성이다.

### (2) 인접성으로부터 파생되는 특징
① 각각의 부동산은 인접지와의 협동적 이용을 필연화시킨다.
② 소유와 관련하여 경계 문제를 불러일으킨다.
③ 가격형성 시 인접지의 영향을 받게 하며 지역분석을 필연화시킨다.
④ 개발이익의 사회적 환수 논리의 근거가 된다.
⑤ 부동산의 용도면에서 대체가능성이 존재하게 한다.

## 6. 기타
그 밖의 자연적 특성으로는 주로 농촌토지의 특성에 해당하는 배양성, 가경성, 적재성, 지력성 등이 있다.

# 2 인문적 특성   24회·34회

→ 토지가 인간과 어떤 관계를 가질 때 나타나는 특성으로서, 부동산 생활관계에서 인간이 인위적으로 부동산에 부여한 특성이다.

## 1. 용도의 다양성(다용도성·변용성·상호의존성)

### (1) 의의
지역의 사회적·경제적·행정적 환경에 따라 토지가 여러 가지 용도로 사용될 수 있다는 특성이다.

### (2) 용도의 다양성으로부터 파생되는 특징
① 최유효이용의 판단 근거가 된다.
② 적지론(適地論)의 근거가 된다.
③ 가격다원설에 있어 논리적 근거를 제공한다.
④ 이행과 전환을 가능하게 한다.
⑤ 부동산 용도전환을 통해 토지의 경제적 공급을 가능하게 한다.

## 2. 병합·분할의 가능성

### (1) 의의
토지는 목적 등에 따라 그 면적을 인위적으로 적정한 규모로 합치거나 나누어서 사용할 수 있다는 특성이다.

### (2) 병합·분할의 가능성으로부터 파생되는 특징
① 용도의 다양성을 지원하는 기능을 가지게 한다.
② 합병 증·감가 또는 분할 증·감가를 발생하게 한다.

## 3. 위치의 가변성

### (1) 의의
토지의 자연적 위치는 불변이지만 사회적·경제적·행정적 위치는 변한다는 특성이다.

### (2) 분류
① 사회적 위치의 가변성: 도시 형성, 공공시설의 확충 및 정비 상태의 변화 등
② 경제적 위치의 가변성: 수송 및 교통체계의 정비 등
③ 행정적 위치의 가변성(행정의 지배성·피행정성·수행정성): 제도, 정책, 시책, 규제 등

## 4. 국토성
토지는 본래 사유이기 이전에 국토이다.

## 5. 지역성
부동산은 다른 부동산과 함께 어떤 지역을 형성하고 그 상호관계를 통해 사회적·경제적·행정적 위치가 정해진다.

## 부동산(토지)의 특성

| | | |
|---|---|---|
| 공급 | 물리적 공급 ➡ 불가 | 부증성 |
| | 경제적 공급 ➡ 가능 | 용도의 다양성 |
| 대체 | 물리적 대체 ➡ 불가 | 개별성 |
| | 경제적 대체 ➡ 가능 | 인접성, 용도의 다양성 |
| 감가 | 물리적 감가 ➡ 불가 | 영속성 |
| | 기능적 감가 ➡ 가능 | 개별성 |
| | 경제적 감가 ➡ 가능 | 부동성, 인접성 |
| 분석 | 지역분석 | 부동성, 인접성 |
| | 개별분석 | 개별성 |
| | 외부효과 | 부동성, 인접성 |
| 지대 | 위치지대 | 부동성 |
| | 경제지대 | 부증성 |
| 입지 | 입지론의 근거 | 부동성 |
| | 적지론의 근거 | 용도의 다양성 |
| 임장활동, 중개활동, 정보활동, 입지선정활동 | | 부동성 |
| 부동산현상과 활동, 부동산시장의 국지화 | | 부동성 |
| 원가법 적용 불가 | | 부증성, 영속성 |
| 토지에 감가상각 적용배제, 소모를 전제하는 재생산이론 적용 불가 | | 영속성 |
| 토지의 수익이 영속적 ➡ 직접환원법 적용 | | 영속성 |
| 임대차시장, 소득이득과 자본이득 향유 | | 영속성 |
| 일물일가의 법칙 적용을 배제, 표준지 선정이 어려움 | | 개별성 |
| 가격다원설(가치의 다원적 개념) | | 용도의 다양성 |
| 최유효이용의 근거 | | 부증성, 용도의 다양성 |

**에듀윌이 너를 지지할게**

ENERGY

낙관주의는 성공으로 인도하는 믿음이다.
희망과 자신감이 없으면 아무것도 이루어질 수 없다.

– 헬렌 켈러(Helen Keller)

# PART 2
# 부동산학 각론

POINT 01 부동산경제론
POINT 02 부동산시장론
POINT 03 부동산정책론
POINT 04 부동산투자론
POINT 05 부동산금융론(부동산금융·증권론)
POINT 06 부동산개발 및 관리론

# POINT 01 부동산경제론

## | 1절 | 부동산의 수요·공급이론

### 1 부동산의 수요와 수요곡선  24회·28회·30회·31회·34회·36회

#### 1. 수요(demand)
일정기간(시점) 동안에 소비자가 재화나 서비스를 구매하고자 하는 욕구를 말한다.

#### 2. 수요량
일정기간(시점) 동안에 주어진 가격수준으로 소비자가 구입하고자 하는 최대수량을 말한다.

① 유량(流量, flow) 개념 ➡ 저량(貯量, stock)의 수요량도 존재함에 유의한다.

**더 알아보기 | 유량과 저량**

| 유량<br>(流量, flow) | 일정기간에 걸쳐 측정하는 변수 ➡ 신규, 분양<br>예 소득, 수입, 수익, 급여, 월급, 임금, 가계소비, 생산량, 거래량, 국민총생산(GNP), 국내총생산(GDP) 등 |
|---|---|
| 저량<br>(貯量, stock) | 일정시점에 측정하는 변수 ➡ 기존, 중고<br>예 인구, 자산, 자본, 부채, 통화량, 가치, 가격, 재고량, 재산, 대부비율, 국부(國富) 등 |

➕ 저량의 변동분은 곧 유량이 된다. 예 재고량의 변동

② 구매하려고 의도된 양(사전적 개념) ➡ 실제로 구입한 양(사후적 개념)이 아니다.

③ 구매력 ➡ 유효수요
　　➡ 가처분소득(처분가능소득) = 소득 − 세금
　　➡ 대출금도 포함

#### 3. 수요곡선 ⇨ 한계편익곡선
일정기간(시점)에 성립할 수 있는 여러 가지 가격수준(임대료)과 수요량의 조합을 연결한 곡선이다.

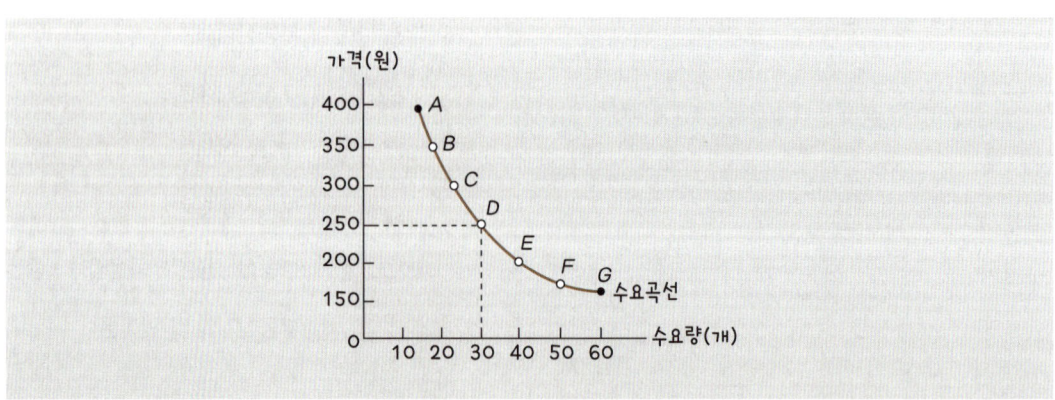

### 4. 수요법칙

① 단위당 가격(임대료)이 상승하면 수요량이 감소하고, 단위당 가격(임대료)이 하락하면 수요량이 증가하는 관계를 말한다.
② 해당 가격(임대료)과 수요량 사이의 반비례관계를 말한다.
③ 수요의 법칙을 반영하여 수요곡선은 우하향하는 모양을 나타낸다.

### 5. 개별수요와 시장수요

| 개별수요 | 한 사람 한 사람의 수요 |
|---|---|
| 시장수요 | 개별수요의 수평 합<br>➡ 개별수요곡선보다 완만(탄력적) |

## 2 대체효과와 소득효과

### 1. 가격효과

대체효과와 소득효과의 합성효과를 말한다.

### 2. 대체효과(substitution effect)

다른 조건이 일정불변일 때 한 상품의 가격(임대료)이 하락(상승)하면, 대체효과는 언제나 그 상품의 수요량을 증가(감소)시킨다.

> X재 가격↓ ⇨ 상대적으로 대체재(Y재)의 가격↑ ⇨ Y재 수요량↓ ➡ X재 수요량↑

### 3. 소득효과(income effect)

다른 조건이 일정불변일 때 한 상품의 가격(임대료)이 하락(상승)하면, 소득효과는 상품의 종류(정상재 또는 열등재)에 따라 그 상품의 수요량이 달라진다.

> X재 가격↓ ⇨ 실질소득↑ ➡ ┌ 정상재: X재 수요량↑
> ├ 열등재: X재 수요량↓
> └ 중립재: X재 수요량 불변

## 3  수요량의 변화와 수요의 변화

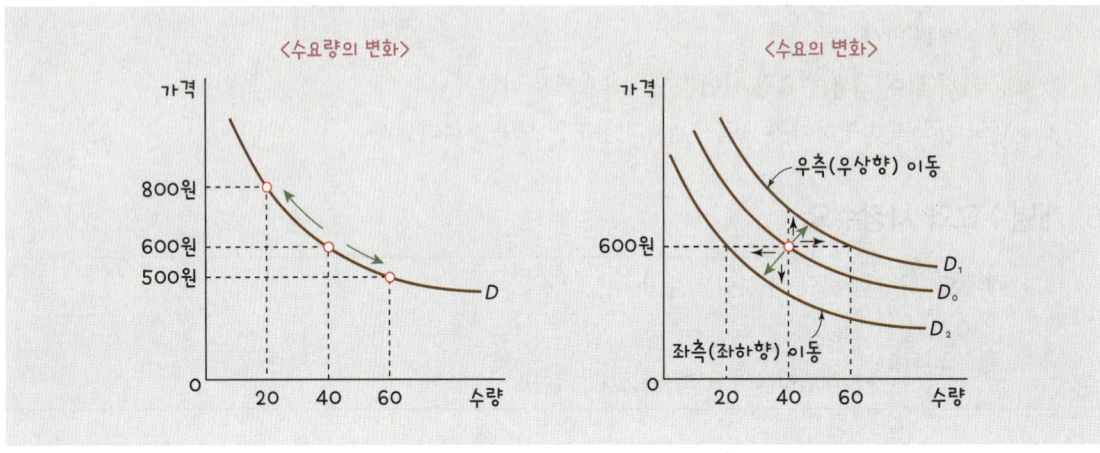

| 수요량의 변화 | ① 해당 상품가격(임대료)의 변화에 의한 수요량의 변화를 말한다.<br>② 동일 수요곡선상에서의 점의 이동으로 나타난다. |
|---|---|
| 수요의 변화 | ① 해당 상품가격(임대료) 이외의 요인이 변화하여 일어나는 수요량의 변화를 말한다.<br>② 수요곡선 자체의 이동으로 나타난다. |

### 방's 출제포인트

**수요량의 변화와 수요의 변화**

'해당 ~가격의 변화'만이 '수요량의 변화'의 요인이고 나머지는 모두 '수요의 변화'의 요인이다.

**문제해결요령** 문제에 "수요의 변화를 가져오는 요인으로 틀린 것은?"이라고 나오면 '해당 ~가격의 변화'를 찾으면 된다.


## 4  수요변화의 요인

### 1. 소득수준의 변화

#### (1) 정상재

소득이 증가함에 따라 수요량이 증가하고, 소득이 감소함에 따라 수요량도 감소하는 상품을 말한다.

> 소득 증가 ⇨ 수요량 증가 ➡ 수요곡선이 우측으로 이동

#### (2) 열등재

소득이 증가함에 따라 수요량이 감소하고, 소득이 감소함에 따라 수요량은 증가하는 상품을 말한다.

> 소득 증가 ⇨ 수요량 감소 ➡ 수요곡선이 좌측으로 이동

### (3) 중립재

소득이 변하더라도 수요량이 변하지 않는 상품을 말한다.

> 소득 증가 ⇨ 수요량 불변 ➡ 수요곡선 불변

## 2. 다른 재화의 가격변동

### (1) 대체재

용도가 비슷하여 서로 대신할 수 있는 관계에 있는 상품을 말한다.

- 예 콜라와 사이다, 사과와 배, 커피와 홍차, 아파트와 단독주택

> 대체재 관계에 있는 단독주택과 아파트 중 단독주택의 가격 상승(하락) ⇨ 단독주택의 수요량 감소(증가) ⇨ 아파트의 수요량 증가(감소) ➡ 아파트의 수요곡선이 우측(좌측)이동

#### 방's 출제포인트

**대체재와 수요 증가의 요인**
1. 대체주택(단독주택) 가격 상승 ⇨ 해당 주택(아파트) 수요 증가
2. 대체주택(단독주택) 수요 감소 ⇨ 해당 주택(아파트) 수요 증가
➡ '대체주택(단독주택) 가격 상승', '대체주택(단독주택) 수요 감소'는 수요 증가의 요인이다.

### (2) 보완재

한 상품을 따로 소비할 때보다 함께 소비할 때 더 큰 만족을 얻을 수 있는 상품을 말한다.

- 예 커피와 커피크림, 실과 바늘, 버터와 빵, 아파트와 인테리어

> 보완재 관계에 있는 X재와 Y재 중 X재(커피)의 가격 상승(하락) ⇨ X재(커피)의 수요량 감소(증가) ⇨ Y재(커피크림)의 수요량 감소(증가) ➡ Y재(커피크림)의 수요곡선이 좌측(우측) 이동

➡ 해당 부동산의 보완재 가격 하락은 해당 부동산(아파트) 수요증가의 요인이다.

### (3) 독립재

한 상품의 가격변화가 다른 상품의 수요량에 아무런 영향을 주지 않는 상품관계를 말한다.

> X재(커피)의 가격 상승 ⇨ X재(커피)의 수요량 감소 ⇨ Y재(책)의 수요량 불변 ➡ Y재(책)의 수요곡선 불변

## 3. 소비자의 가격예상

- 소비자의 가격 상승 예상 ⇨ 수요량 증가 ➡ 수요곡선이 우측으로 이동
- 소비자의 가격 하락 예상 ⇨ 수요량 감소 ➡ 수요곡선이 좌측으로 이동

## 4. 대출금리

- 대출금리 하락 ⇨ 수요량 증가 ➡ 수요곡선이 우측으로 이동
- 대출금리 상승 ⇨ 수요량 감소 ➡ 수요곡선이 좌측으로 이동

➕ 아파트담보대출 이자율, 주택담보대출 이자율은 수요에만 영향을 미친다.

## 5. 소비자의 기호변화

- 어떤 재화에 대한 소비자들의 선호도 증가 ⇨ 수요 증가 ➡ 수요곡선이 우측으로 이동
- 어떤 재화에 대한 소비자들의 선호도 감소 ⇨ 수요 감소 ➡ 수요곡선이 좌측으로 이동

## 6. 소비자(인구)의 수

- 소비자의 수 증가 ⇨ 수요 증가 ➡ 수요곡선이 우측으로 이동
- 소비자의 수 감소 ⇨ 수요 감소 ➡ 수요곡선이 좌측으로 이동

## 7. 기타

이외에도 수요는 경기전망, 부동산에 대한 조세, 재산 등에 의해 영향을 받는다.

### 방's 출제포인트

**수요 증가의 요인**

1. 정상재의 경우 소득의 증가
2. 열등재의 경우 소득의 감소
3. 대체재(대체주택)의 가격 상승
4. 보완재의 가격 하락
5. 대체재(대체주택)의 수요 감소
6. 보완재의 수요 증가
7. 수요자의 해당 가격 상승 예상
8. 담보대출금리의 인하

**더 알아보기** 수요함수

수요함수는 부동산의 수요량과 그 수요량에 영향을 미치는 요인들과의 관계를 나타낸 것이다.

**한눈에 보는 부동산의 수요**

| 수요 | 일정기간(시점) 동안에 소비자가 재화나 서비스를 구매하고자 하는 욕구 |
|---|---|
| 수요량 | 일정기간(시점) 동안에 주어진 가격수준으로 소비자가 구입하고자 하는 최대수량 |
| 수요곡선 | 일정기간(시점)에 성립할 수 있는 여러 가지 가격수준(임대료)과 수요량의 조합을 연결한 곡선 |
| 수요법칙 | ① 단위당 가격(임대료)이 상승하면 수요량이 감소하고, 단위당 가격(임대료)이 하락하면 수요량이 증가하는 관계<br>② 해당 가격(임대료)과 수요량 사이의 반비례관계 |
| 수요량의 변화 | ① 해당 상품가격(임대료)의 변화에 의한 수요량의 변화<br>② 동일 수요곡선상에서의 점의 이동 |
| 수요의 변화 | ① 해당 상품가격(임대료) 이외의 요인이 변화하여 일어나는 수요량의 변화<br>② 수요곡선 자체의 이동 |
| 수요변화의 요인 | ① 소득수준의 변화(정상재, 열등재)<br>② 다른 상품의 가격변동(대체재, 보완재)<br>③ 소비자의 가격예상<br>④ 대출금리<br>⑤ 소비자의 기호변화<br>⑥ 소비재(인구)의 변화 |

## 5 부동산의 공급과 공급곡선

24회·27회·30회·34회·36회

### 1. 공급(supply)

일정기간(시점) 동안에 생산자가 재화나 서비스를 판매하고자 하는 욕구를 말한다.

### 2. 공급량

일정기간(시점) 동안에 주어진 가격수준으로 생산자가 판매하고자 하는 최대수량을 말한다.
① 유량(流量, flow) 개념 ➡ 저량(貯量, stock)의 공급량도 존재한다.
② 판매하려고 의도된 양(사전적 개념) ➡ 실제로 판매한 양(사후적 개념)이 아니다.
③ 생산력 ➡ 유효공급

## 3. 공급곡선 ⇨ 한계비용곡선

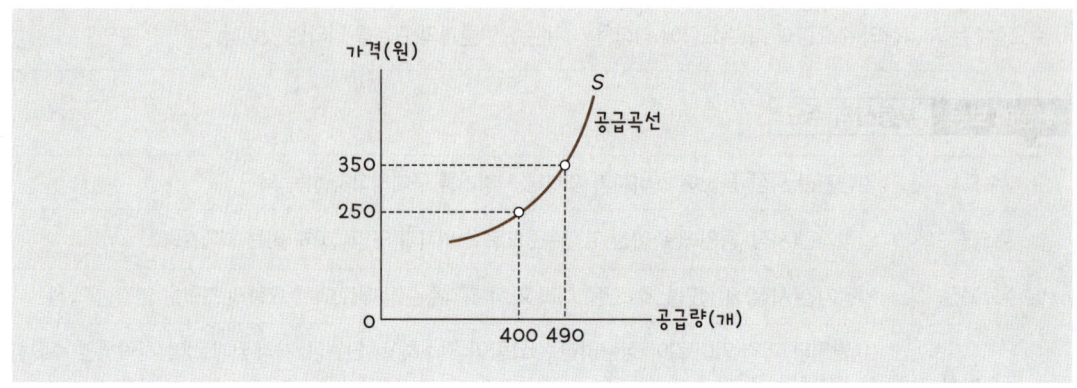

일정기간(시점)에 성립할 수 있는 여러 가지 가격수준(임대료)과 공급량의 조합을 연결한 곡선이다.

## 4. 공급법칙

① 다른 모든 조건이 일정할 때 어떤 상품의 가격(임대료)이 상승하면 그 상품의 공급량은 증가하고, 가격(임대료)이 하락하면 공급량은 감소하는 관계를 말한다.
② 해당 가격(임대료)과 공급량 사이의 비례관계를 말한다.

## 5. 개별공급과 시장공급

| 개별공급 | 생산자 한 사람 한 사람의 공급 |
|---|---|
| 시장공급 | 개별공급의 수평 합<br>➡ 개별공급곡선보다 완만(탄력적) |

## 6 공급량의 변화와 공급의 변화

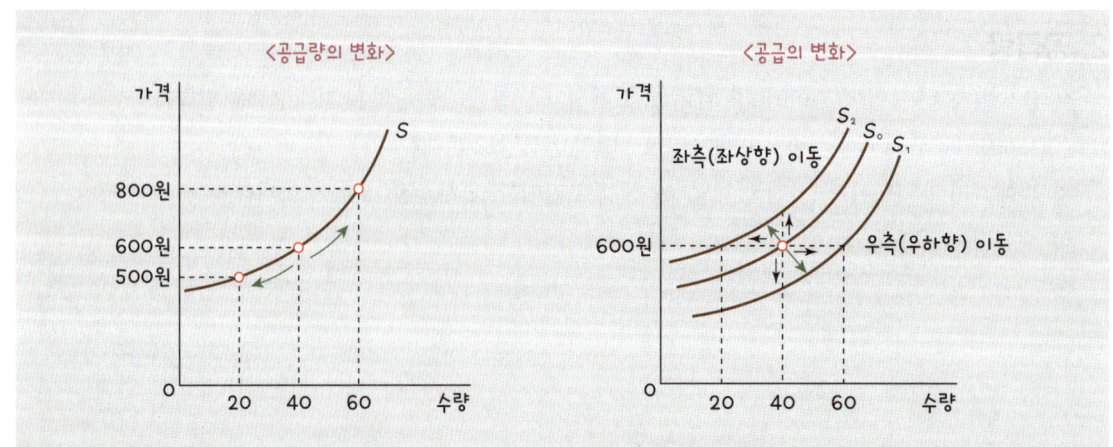

| 공급량의 변화 | ① 해당 상품가격(임대료)의 변화에 의한 공급량의 변화를 말한다.<br>② 동일 공급곡선상에서의 점의 이동으로 나타난다. |
|---|---|
| 공급의 변화 | ① 해당 상품가격(임대료) 이외의 요인이 변화하여 일어나는 공급량의 변화를 말한다.<br>② 공급곡선 자체의 이동으로 나타난다. |

### 방's 출제포인트

**공급량의 변화와 공급의 변화**

'해당 ~가격의 변화'만이 '공급량의 변화'의 요인이고 나머지는 모두 '공급의 변화'의 요인이다.

**문제해결요령** '공급량의 변화와 공급의 변화를 구분하는 문제'가 나오면 '해당 ~가격의 변화'를 찾아 공급량의 변화를 먼저 찾을 것!

## 7 공급변화의 요인

24회 · 26회 · 33회 · 34회

### 1. 생산기술의 변화

> 생산기술의 발전 ⇨ 공급량 증가 ➡ 공급곡선이 우측으로 이동

### 2. 생산요소 가격의 변화

> • 생산요소 가격 하락 ⇨ 생산비 하락 ⇨ 공급량 증가 ➡ 공급곡선이 우측으로 이동
> • 생산요소 가격 상승 ⇨ 생산비 상승 ⇨ 공급량 감소 ➡ 공급곡선이 좌측으로 이동

### 3. 다른 재화의 가격변동 – 공급면에서 대체재관계와 보완재관계

#### (1) 공급면에서 대체재관계

> X재(콩) 가격 상승 ⇨ X재(콩) 공급량 증가 ⇨ Y재(옥수수) 공급량 감소 ➡ Y재(옥수수)의 공급곡선이 좌측으로 이동

#### (2) 공급면에서 보완재관계

> X재(쇠고기) 가격 상승 ⇨ X재(쇠고기) 공급량 증가 ⇨ Y재(쇠가죽) 공급량 증가 ➡ Y재(쇠가죽)의 공급곡선이 우측으로 이동

## 4. 조세 부과와 보조금 지급

### (1) 조세 부과

> 해당 상품의 생산비 상승 ⇨ 공급량 감소 ➡ 공급곡선이 좌측으로 이동

### (2) 보조금 지급

> 해당 상품의 생산비 하락 ⇨ 공급량 증가 ➡ 공급곡선이 우측으로 이동

## 5. 대출금리

> - 대출금리 하락 ⇨ 자금조달비용 감소 ⇨ 공급량 증가 ➡ 공급곡선이 우측으로 이동
> - 대출금리 상승 ⇨ 자금조달비용 증가 ⇨ 공급량 감소 ➡ 공급곡선이 좌측으로 이동

## 6. 기타

이외에도 공급은 공급자의 수, 경기전망 등에 의해 영향을 받는다.

### 더 알아보기 | 공급함수

공급함수는 부동산의 공급량과 그 공급량에 영향을 미치는 요인들과의 관계를 나타낸 것이다.

### 한눈에 보는 | 부동산의 공급

| 구분 | 내용 |
| --- | --- |
| 공급 | 일정기간(시점) 동안에 생산자가 재화나 서비스를 판매하고자 하는 욕구 |
| 공급량 | 일정기간(시점) 동안에 주어진 가격수준으로 생산자가 판매하고자 하는 최대수량 |
| 공급곡선 | 일정기간(시점)에 성립할 수 있는 여러 가지 가격수준(임대료)과 공급량의 조합을 연결한 곡선<br>➡ 한계비용곡선 |
| 공급법칙 | ① 다른 모든 조건이 일정할 때 어떤 상품의 가격(임대료)이 상승하면 그 상품의 공급량은 증가하고, 가격(임대료)이 하락하면 공급량은 감소하는 관계<br>② 해당 가격(임대료)과 공급량 사이의 비례관계 |
| 공급량의 변화 | ① 해당 상품가격(임대료)의 변화에 의한 공급량의 변화<br>② 동일 공급곡선상에서의 점의 이동 |
| 공급의 변화 | ① 해당 상품가격(임대료) 이외의 요인이 변화하여 일어나는 공급량의 변화<br>② 공급곡선 자체의 이동 |
| 공급변화의 요인 | ① 생산기술의 변화<br>② 생산요소 가격의 변화<br>③ 다른 상품의 가격변동<br>④ 조세 부과와 보조금 지급<br>⑤ 대출금리 |

## 8 부동산의 공급

### 1. 부동산 공급의 개념
토지에는 부증성의 특성이 있어 엄밀한 의미에서 물리적인 공급은 불가능하다. 부동산 중 건물은 절대적 공급이 가능하고, 토지는 경제적 공급이 가능하다.

### 2. 부동산의 공급자
부동산 공급자에는 생산자뿐만 아니라 기존의 주택이나 건물의 소유주도 포함된다.

### 3. 부동산의 공급곡선
부동산의 공급곡선은 부동산의 생산비곡선과 밀접한 관계가 있다.

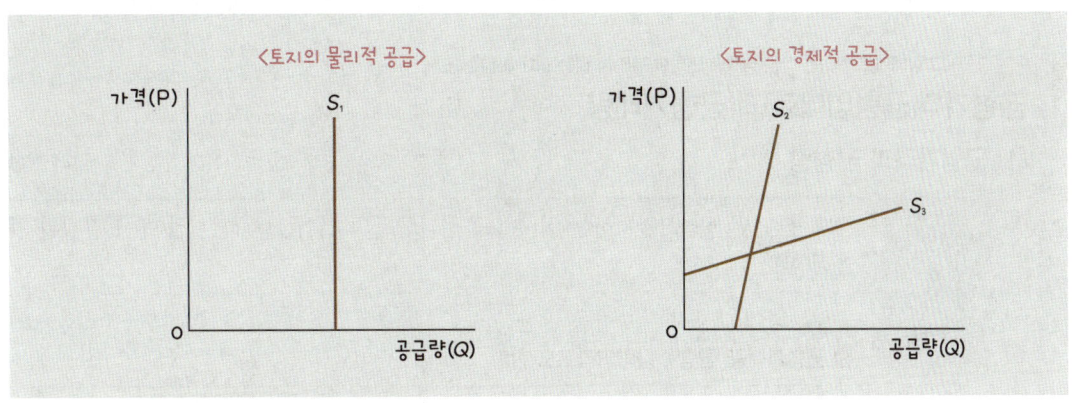

→ 토지의 절대적 공급 또는 생산공급

**(1) 토지의 물리적 공급곡선**

토지의 자연적 특성인 부증성으로 인하여 어떤 가격에도 물리적으로 공급량을 늘릴 수 없고 이용 가능한 토지의 양은 동일하다.

➡ 토지의 물리적 공급곡선은 수직

**(2) 단기공급곡선과 장기공급곡선**

| 단기공급곡선 | 단기에는 장기에 비해 생산요소의 사용이 어렵기 때문에 가격이 상승한다고 하더라도 공급량이 많이 늘 수 없으므로 공급곡선의 경사도는 급하다. |
|---|---|
| 장기공급곡선 | 장기에는 생산요소의 사용이 쉬워지고 용도전환도 그만큼 가능해지므로 공급곡선은 보다 완만해진다. |
| 장·단기공급곡선의 기울기 | 생산요소의 사용가능성이나 용도전환의 가능성 정도에 따라 공급곡선의 기울기는 달라진다. 공급이 쉬워질수록 공급곡선의 기울기는 완만해지고, 공급이 어려워질수록 공급곡선의 기울기는 급해진다. |

## 9  부동산시장의 균형가격과 균형량의 결정             35회·36회

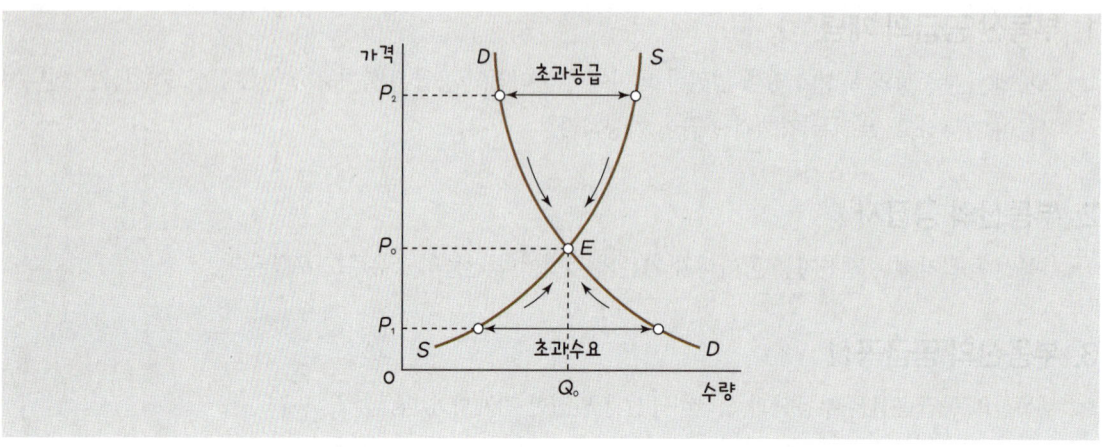

→ 그 상태에 도달하면 다른 상태로 변화할 유인이 없는 상태를 말한다.

## 1. 균형가격(균형임대료)과 균형거래량

### (1) 균형가격과 균형량

| | |
|---|---|
| 균형가격 | 수요량과 공급량이 일치하는 점(수요곡선과 공급곡선이 교차하는 점)에서 결정된 가격을 말한다. |
| 균형량 | 균형가격에 대응하는 수량을 말한다.<br>➕ 균형거래량, 균형수급량이라고도 한다. |

### (2) 균형의 결정

① $P_2$ 수준: 공급량이 수요량을 초과하여 초과공급이 존재하고 가격(임대료)을 하락시키는 압력이 존재한다.

② $P_1$ 수준: 수요량이 공급량을 초과하여 초과수요가 존재하고 가격(임대료)을 상승시키는 압력이 존재한다.

③ 균형점: 수요량과 공급량이 일치하는 $E$점이 되며, 균형가격은 $P_0$, 균형량은 $Q_0$이다.

### (3) 균형의 특징

① 수요량과 공급량이 같다.

② 수요가격과 공급가격이 같다.

③ 초과수요와 초과공급이 없다.

④ 수요자경쟁과 공급자경쟁이 없다.

⑤ 가격상승 압력과 가격하락 압력이 없다.

## 2. 소비자잉여와 생산자잉여

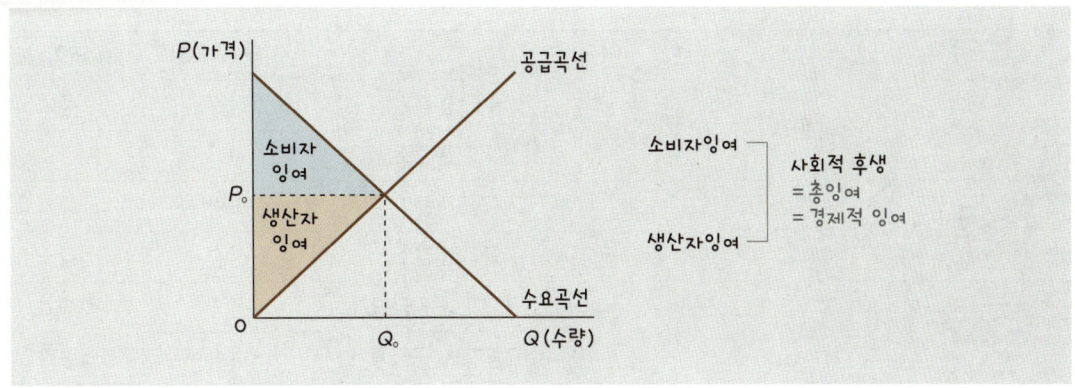

### (1) 소비자잉여(consumer's surplus)

소비자가 어떤 상품을 구입하기 위하여 지불할 용의가 있는 최대금액과 실제로 지불한 금액의 차이를 말한다.

### (2) 생산자잉여(producer's surplus)

생산자가 어떤 상품을 판매할 때 받고자 하는 최소금액과 실제로 받은 금액(총수입)의 차이를 말한다.

### (3) 사회적 후생(social welfare)

① 소비자잉여와 생산자잉여를 합한 것을 말한다.
　➕ 사회 전체의 총잉여(total surplus), 경제적 잉여(economic surplus)라고도 한다.
② 수요와 공급이 일치하는 시장균형에서 사회적 후생이 가장 커지므로 자원배분이 가장 효율적이라고 할 수 있다.

## 10 시장균형의 변동

25회·26회·28회·29회·31회·32회·33회·34회·35회

| 구분 | | | 가격(임대료) | 균형량 |
|---|---|---|---|---|
| 수요의 변화 | | 수요만 증가 | 상승 | 증가 |
| | | 수요만 감소 | 하락 | 감소 |
| 공급의 변화 | | 공급만 증가 | 하락 | 증가 |
| | | 공급만 감소 | 상승 | 감소 |
| 동시에 변할 경우 | 변화크기가 서로 다른 경우<br>➡ 수요와 공급 중 큰 것만 고려할 것 | 수요증가 > 공급증가 | 상승 | 증가 |
| | | 수요증가 < 공급증가 | 하락 | 증가 |
| | | 수요증가 > 공급감소 | 상승 | 증가 |
| | | 수요증가 < 공급감소 | 상승 | 감소 |
| | | 수요감소 > 공급감소 | 하락 | 감소 |
| | | 수요감소 < 공급감소 | 상승 | 감소 |
| | | 수요감소 > 공급증가 | 하락 | 감소 |
| | | 수요감소 < 공급증가 | 하락 | 증가 |
| | 변화크기가 서로 동일할 경우<br>➡ 가격과 균형량 중 하나는 불변 | 수요증가 = 공급증가 | 불변 | 증가 |
| | | 수요증가 = 공급감소 | 상승 | 불변 |
| | | 수요감소 = 공급감소 | 불변 | 감소 |
| | | 수요감소 = 공급증가 | 하락 | 불변 |
| | 변화크기가 주어지지 않을 경우<br>➡ 가격과 균형량 중 하나는 알 수 없음 | 수요증가, 공급증가 | 알 수 없음 | 증가 |
| | | 수요증가, 공급감소 | 상승 | 알 수 없음 |
| | | 수요감소, 공급감소 | 알 수 없음 | 감소 |
| | | 수요감소, 공급증가 | 하락 | 알 수 없음 |

➕ 수요나 공급이 변동함에 따라 균형점도 변동하며, 균형점의 이동은 곡선의 이동방향과 같다.

### 한눈에 보는 시장균형의 변동

| | 균형량 증가 | 균형량 감소 |
|---|---|---|
| 가격 상승 | • 수요만 증가<br>• 수요 증가 > 공급 증가<br>• 수요 증가 > 공급 감소 | • 공급만 감소<br>• 수요 증가 < 공급 감소<br>• 수요 감소 < 공급 감소 |
| 가격 하락 | • 공급만 증가<br>• 수요 증가 < 공급 증가<br>• 수요 감소 < 공급 증가 | • 수요만 감소<br>• 수요 감소 > 공급 감소<br>• 수요 감소 > 공급 증가 |

## 11 수요의 가격탄력성

24회·25회·26회·27회·28회·29회·30회·31회·32회·33회·34회·35회·36회

### 1. 개념

한 상품의 가격이 변화할 때 그 상품의 수요량이 얼마나 변화하는가를 나타내는 정량적(quantitative) 지표이다. ➡ 가격과 수요량의 변화정도를 변화율(%)로 표시한 것

$$수요의 가격탄력성(\varepsilon_d) = \left| \frac{수요량\ 변화율}{가격\ 변화율} \right|$$

> **더 알아보기** 정량적 지표와 정성적 지표
>
> 1. **정량적(quantitative) 지표**: 자료를 수치화, 단위, 양으로 나타내는 것을 말한다.
> 2. **정성적(qualitative) 지표**: 자료의 특징이나 성질을 나타내는 것을 말한다.

### 2. 구분

- 수요량 변화율 < 가격 변화율   $0 < \varepsilon_d < 1$ ➡ 비탄력적 ➡ 둔감
- 수요량 변화율 > 가격 변화율   $\varepsilon_d > 1$ ➡ 탄력적 ➡ 민감
- 수요량 변화율 = 가격 변화율   $\varepsilon_d = 1$ ➡ 단위탄력적
- 수요량 변화율 = 0   $\varepsilon_d = 0$ ➡ 완전비탄력적 ➡ 완전둔감
- 가격 변화율 ≒ 0   $\varepsilon_d = \infty$ ➡ 완전탄력적 ➡ 완전민감

### 3. 탄력성의 측정

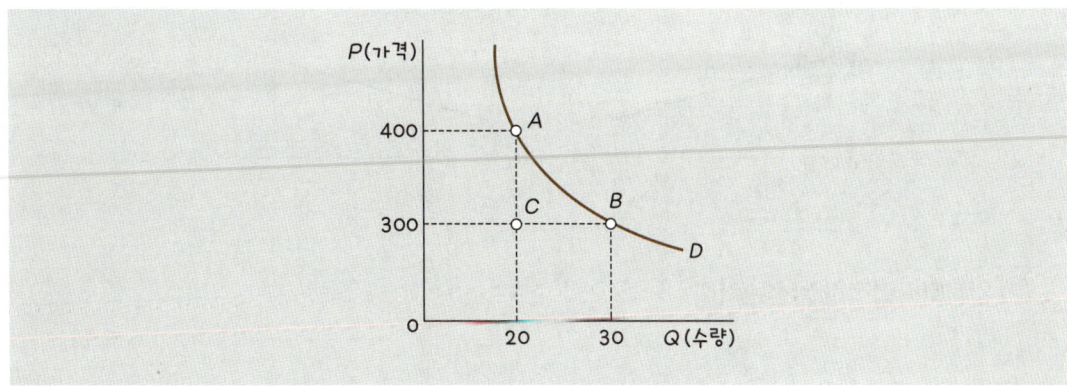

① 최초의 가격을 기준(A점)으로 탄력성을 구하면 다음과 같다.

$$\varepsilon_d = \left| \frac{\frac{10}{20}}{\frac{-100}{400}} \right| = 2$$

② 변동된 가격을 기준(B점)으로 탄력성을 구하면 다음과 같다.

$$\varepsilon_d = \left| \frac{\frac{-10}{30}}{\frac{100}{300}} \right| = 1$$

③ 중간점(평균가격)을 기준으로 탄력성을 구하면 다음과 같다.

$$\varepsilon_d = \left| \frac{\frac{\Delta Q}{Q_1 + Q_2}}{\frac{\Delta P}{P_1 + P_2}} \right| = \left| \frac{\frac{10}{20 + 30}}{\frac{-100}{400 + 300}} \right| = \frac{7}{5} = 1.4$$

## 4. 수요와 공급의 탄력성과 그래프

### (1) 비탄력적과 탄력적

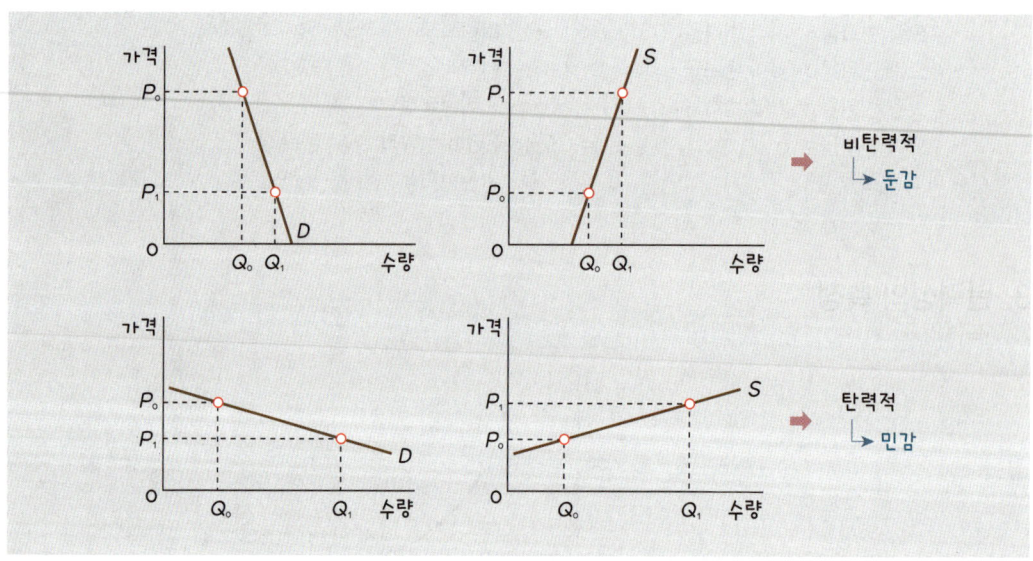

### (2) 완전비탄력적과 완전탄력적

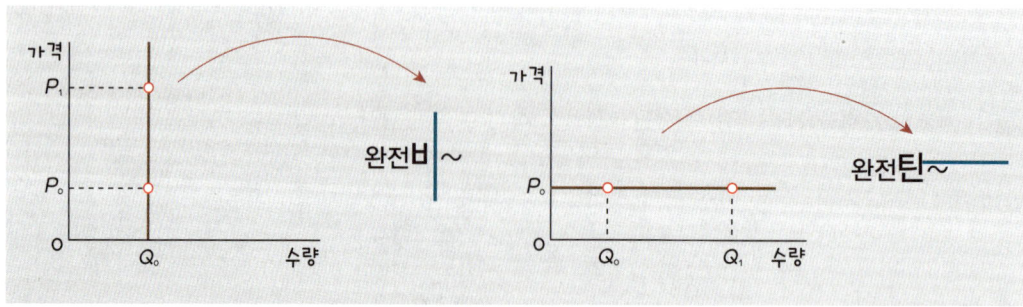

(3) 단위탄력적

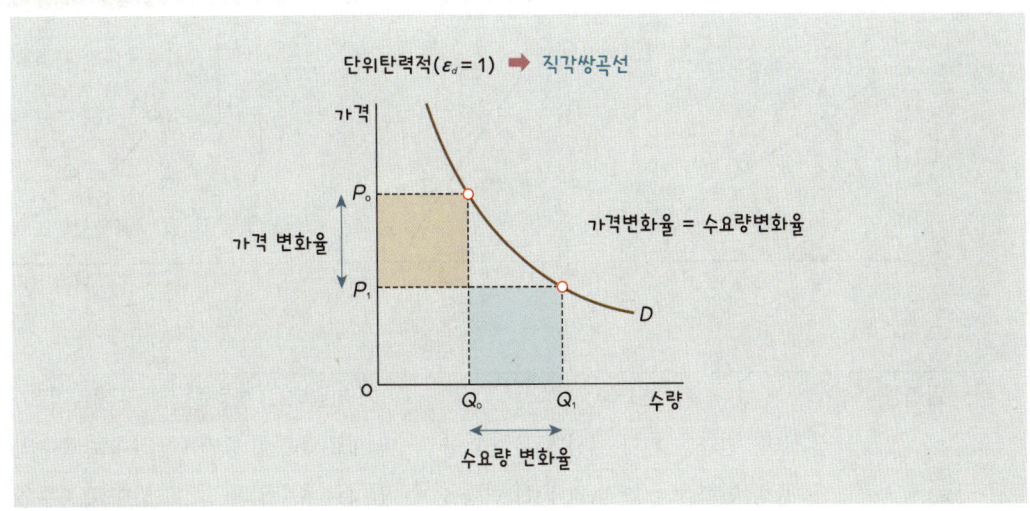

### 방's 출제포인트

**수요의 가격탄력성 정리**

| 구분 | 가격 | | 수요량 | |
|---|---|---|---|---|
| 비탄력적($0 < \varepsilon_d < 1$) | 크게↑ | ⇨ | 작게↓ | ➡ 둔감 |
| 탄력적($\varepsilon_d > 1$) | 작게↑ | ⇨ | 크게↓ | ➡ 민감 |
| 단위탄력적($\varepsilon_d = 1$) | 동 | ⇨ | 일 | |
| 완전비탄력적($\varepsilon_d = 0$) | 가격만↑ | ⇨ | 불변 | |
| 완전탄력적($\varepsilon_d = \infty$) | 불변 | ⇨ | 수량만↓ | |

## 5. 수요의 탄력성과 임대부동산의 임대료 총수입

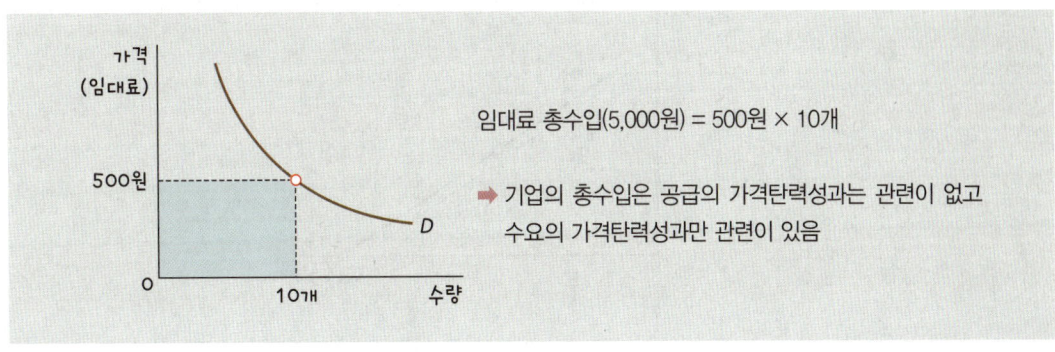

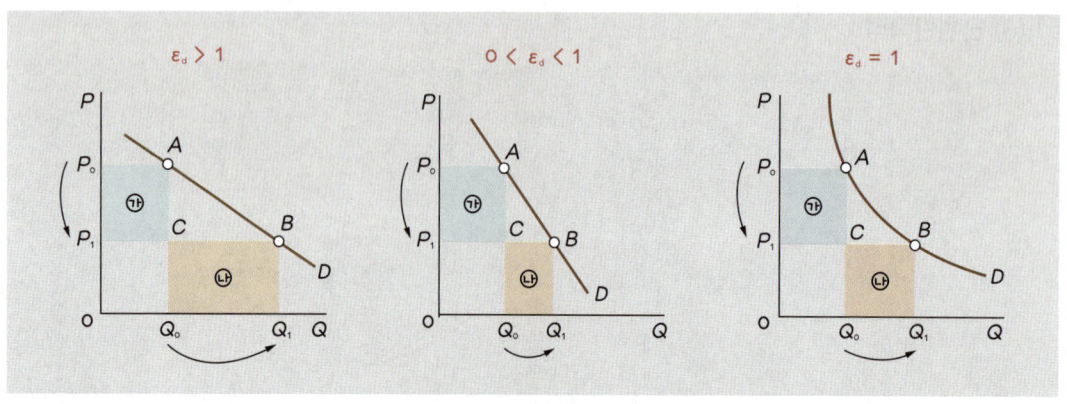

| 탄력성 | 변화율 | 가격(임대료) 하락 | 가격(임대료) 상승 |
|---|---|---|---|
| $\varepsilon_d > 1$ | 수요량 변화율 > 가격(임대료) 변화율 | 임대료 총수입 증가 | 임대료 총수입 감소 |
| $\varepsilon_d = 1$ | 수요량 변화율 = 가격(임대료) 변화율 | 임대료 총수입 불변 | 임대료 총수입 불변 |
| $0 < \varepsilon_d < 1$ | 수요량 변화율 < 가격(임대료) 변화율 | 임대료 총수입 감소 | 임대료 총수입 증가 |

### 방's 출제포인트

**수요의 가격탄력성과 기업의 총수입 정리**

| 구분 | 가격 | | 수요량 | | 총수입 | |
|---|---|---|---|---|---|---|
| 비탄력적($0 < \varepsilon_d < 1$) | 크게↑ | ⇨ | 작게↓ | ➡ | ↑ | ➡ 가격과 같은 방향 |
| 탄력적($\varepsilon_d > 1$) | 작게↑ | ⇨ | 크게↓ | ➡ | ↓ | ➡ 가격과 반대 방향 |
| 단위탄력적($\varepsilon_d = 1$) | 동 | ⇨ | 일 | ➡ | 불변 | |
| 완전비탄력적($\varepsilon_d = 0$) | 가격만↑ | ⇨ | 불변 | ➡ | ↑ | |
| 완전탄력적($\varepsilon_d = \infty$) | 불변 | ⇨ | 수량만↓ | ➡ | 0 | |

### 방's 출제포인트

**우하향하는 선분으로 주어진 수요곡선과 기업의 총수입**

수요의 가격탄력성이 '1'인 점(수요곡선상의 가운뎃점)에서 기업의 총수입은 극대가 된다.

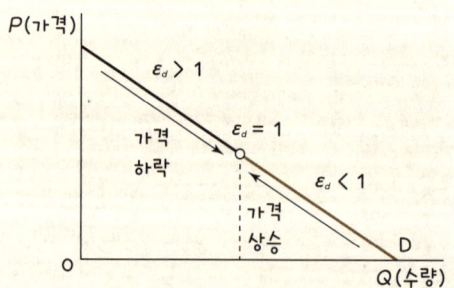

## 6. 결정요인

### (1) 대체재의 수

수요의 가격탄력성은 대체재가 많을수록 크며, 대체재가 적을수록 작다.

### (2) 측정기간(기간의 장단)

단기에서 장기로 갈수록 탄력적으로 변하게 된다. 따라서 단기에는 장기보다 비탄력적, 장기에는 단기보다 탄력적이 된다.

### (3) 상품의 분류범위

부동산을 지역별·용도별로 세분하면 탄력성은 달라질 수 있다. 따라서 부동산을 부분시장으로 세분하면 탄력성은 커진다. 부동산을 용도별로 세분할 경우 주거용 부동산이 다른 부동산에 비해 보다 더 탄력적인 것으로 알려져 있다.

### (4) 상품의 성격

상품의 일상생활에 있어서의 중요성과도 관련이 있는데, 필수재는 보다 비탄력적인 데 비해, 사치재는 보다 탄력적이다.

### (5) 상품의 용도

부동산에 대한 종류별로 용도가 다양할수록, 용도전환이 쉬울수록 수요의 가격탄력성은 커진다.

### (6) 소비에서 차지하는 비중

소비자가 지출하는 금액에서 차지하는 비중이 클수록 탄력성은 커진다.

**방's 출제포인트**

**수요의 가격탄력성 결정요인**

| 구분 | 비탄력적 | 탄력적 |
| --- | --- | --- |
| 대체재의 유무와 다소 | 적을수록 | 많을수록 |
| 측정기간 | 단기 | 장기 |
| 상품의 분류범위 | 세분화되지 않을수록 | 세분화될수록 |
| 상품의 용도 | 다양하지 않을수록 | 다양할수록 |
| 상품의 성격 | 필수재 | 사치재 |
| 소비에서 차지하는 비중 | 작을수록 | 클수록 |

## 12 수요의 소득탄력성

24회·28회·29회·30회·33회·35회

### 1. 개념

소득 변화율에 대한 수요량 변화율의 정도를 측정하는 척도로서, 수요량 변화율을 소득 변화율로 나눈 값이다.

$$\text{수요의 소득탄력성}(\varepsilon_{d,\,I}) = \frac{\text{수요량 변화율}}{\text{소득 변화율}}$$

### 2. 수요의 소득탄력성과 상품

(1) $\varepsilon_{d,\,I} > 0$(양)

소득의 증가에 따라 수요량은 증가하고 소득의 감소에 따라 수요량도 감소하는 상품 ➡ 정상재

(2) $\varepsilon_{d,\,I} < 0$(음)

소득의 증가에 따라 수요량은 감소하고 소득의 감소에 따라 수요량은 증가하는 상품 ➡ 열등재

(3) $\varepsilon_{d,\,I} = 0$(영)

소득의 변화가 수요에 영향을 주지 않는 상품 ➡ 중립재

## 13 수요의 교차탄력성

26회·27회·28회·30회·32회·33회

### 1. 개념

한 상품의 수요가 다른 연관 상품의 가격 변화에 반응하는 정도를 측정하는 척도로서, 한 상품의 수요량 변화율을 다른 연관 상품의 가격 변화율로 나눈 값이다.

$$\text{수요의 교차탄력성}(\varepsilon_{d,\,YX}) = \frac{Y\text{재의 수요량 변화율}}{X\text{재의 가격 변화율}}$$

### 2. 수요의 교차탄력성과 상품

(1) $\varepsilon_{d,\,YX} > 0$(양)

$X$재 가격($P_X$)이 상승함에 따라 $Y$재 수요량($Q_Y$)이 증가하고 $X$재 가격($P_X$)이 하락함에 따라 $Y$재 수요량($Q_Y$)이 감소하는 두 상품 ➡ 대체재

(2) $\varepsilon_{d,\,YX} < 0$(음)

$X$재 가격($P_X$)이 상승함에 따라 $Y$재 수요량($Q_Y$)이 감소하고 $X$재 가격($P_X$)이 하락함에 따라 $Y$재 수요량($Q_Y$)이 증가하는 두 상품 ➡ 보완재

(3) $\varepsilon_{d,\,YX} = 0$(영)

$X$재 가격($P_X$)의 변화가 $Y$재 수요량($Q_Y$)에 전혀 영향을 주지 않는 두 상품 ➡ 독립재

## 14 공급의 가격탄력성

24회·26회·27회·28회·29회·30회·32회·34회

### 1. 개념

한 상품의 가격이 변화할 때 그 상품의 공급량이 얼마나 변화하는가를 나타내는 정량적(quantitative) 지표이다. ➡ 가격과 공급량의 변화정도를 변화율(%)로 표시한 것

$$공급의\ 가격탄력성(\varepsilon_s) = \frac{공급량\ 변화율}{가격\ 변화율}$$

### 2. 구분

- 공급량 변화율 < 가격 변화율   $0 < \varepsilon_s < 1$ ➡ 비탄력적 ➡ 둔감
- 공급량 변화율 > 가격 변화율   $\varepsilon_s > 1$ ➡ 탄력적 ➡ 민감
- 공급량 변화율 = 가격 변화율   $\varepsilon_s = 1$ ➡ 단위탄력적
- 공급량 변화율 = 0           $\varepsilon_s = 0$ ➡ 완전비탄력적 ➡ 완전둔감
- 가격 변화율 ≒ 0             $\varepsilon_s = \infty$ ➡ 완전탄력적 ➡ 완전민감

### 3. 결정요인

#### (1) 생산비의 증감 유무

생산량을 늘릴 때 생산요소가격이 상승할수록 더 비탄력적이 된다.

#### (2) 생산기술의 발전 정도

생산기술이 빠르게 발전하는 상품일수록 더 탄력적이 된다.

#### (3) 측정기간(기간의 장단)

생산과 관련된 측정기간이 단기인 경우는 가용생산요소 제약으로 인해 짧은 기간에 생산량을 늘리기 어려우므로 비탄력적이나, 장기인 경우는 가용생산요소 제약이 완화되므로 탄력적이 된다. 따라서 주택의 단기공급곡선은 장기공급곡선에 비해 더 비탄력적이고, 장기공급곡선은 단기공급곡선에 비해 더 탄력적인 형태를 띤다.

#### (4) 용도전환의 용이성 정도

용도전환이 용이할수록 공급이 쉬워지므로 더 탄력적이 된다.

#### (5) 생산에 소요되는 기간

생산(공급)에 소요되는 기간이 길수록 공급이 어려워지므로 더 비탄력적이 된다.

#### (6) 건축 인허가 등 관련 법규

건축 인허가가 어려울수록, 토지이용규제가 엄격해질수록 공급이 어려워지므로 더 비탄력적이 된다. 즉, 용도변경을 제한하는 법규가 강화될수록 공급곡선은 더 비탄력적이 된다. 또한 개발행위허가 기준의 강화와 같이 토지이용규제가 엄격해지면 토지의 공급곡선은 더 비탄력적이 된다.

### 방's 출제포인트

**공급의 가격탄력성 결정요인**

| 구분 | 비탄력적 | 탄력적 |
|---|---|---|
| 생산비 증감 유무 | 많이 들수록 | 적게 들수록 |
| 측정기간 | 단기 | 장기 |
| 생산에 소요되는 기간 | 길수록 | 짧을수록 |
| 용도전환의 용이성 | 어려울수록 | 용이할수록 |
| 공적 규제 | 강화될수록 | 완화될수록 |

## 15 탄력성과 균형의 이동

24회·27회·28회·29회·30회

### 1. 의의

균형의 이동부분과 탄력성부분을 결합하여 방향과 정도를 결정한다.

### 2. 내용

- 수요와 공급의 변화는 방향(상승·하락, 증가·감소)을 결정한다.
- 수요와 공급의 탄력성은 정도(크게, 작게)를 결정한다.

#### (1) 수요의 탄력성과 공급의 변화

| 구분 | | 공급이 증가한 경우 | | 공급이 감소한 경우 | |
|---|---|---|---|---|---|
| | | 가격 | 균형량 | 가격 | 균형량 |
| 수요의 가격탄력성 | 비탄력적일수록 | 크게 하락 | 작게 증가 | 크게 상승 | 작게 감소 |
| | 탄력적일수록 | 작게 하락 | 크게 증가 | 작게 상승 | 크게 감소 |
| | 완전비탄력적 | 하락 | 불변 | 상승 | 불변 |
| | 완전탄력적 | 불변 | 증가 | 불변 | 감소 |

## (2) 공급의 탄력성과 수요의 변화

| 구분 | | 수요가 증가한 경우 | | 수요가 감소한 경우 | |
|---|---|---|---|---|---|
| | | 가격 | 균형량 | 가격 | 균형량 |
| 공급의 가격탄력성 | 비탄력적일수록 | 크게 상승 | 작게 증가 | 크게 하락 | 작게 감소 |
| | 탄력적일수록 | 작게 상승 | 크게 증가 | 작게 하락 | 크게 감소 |
| | 완전비탄력적 | 상승 | 불변 | 하락 | 불변 |
| | 완전탄력적 | 불변 | 증가 | 불변 | 감소 |

## | 2절 | 부동산의 경기변동이론

### 1 인플레이션

27회

| 인플레이션 (inflation) | 물가가 지속적으로 올라 화폐가치가 떨어지는 현상을 말한다. |
|---|---|
| 디플레이션 (deflation) | 물가가 지속적으로 떨어져 화폐가치가 오르는 현상을 말한다. |
| 스태그플레이션 (stagflation) | 스태그네이션(stagnation, 경기침체)과 인플레이션(inflation)의 합성어로, 불황과 물가상승이 동시에 나타나는 현상을 말한다. |

### 2 일반경기변동

#### 1. 개념

| 경기 | 생산활동과 소비활동을 말한다. |
|---|---|
| 경기변동 | 생산이나 소비활동이 활발하거나 침체하면서 반복되는 경제현상을 말한다.<br>➡ 경제활동이 상당한 규칙성을 보이며 변동하므로 경기순환이라고도 한다. |

#### 2. 국면

호황(prosperity) · 경기후퇴(recession) · 불황(depression) · 경기회복(recovery)의 4국면으로 구분된다.

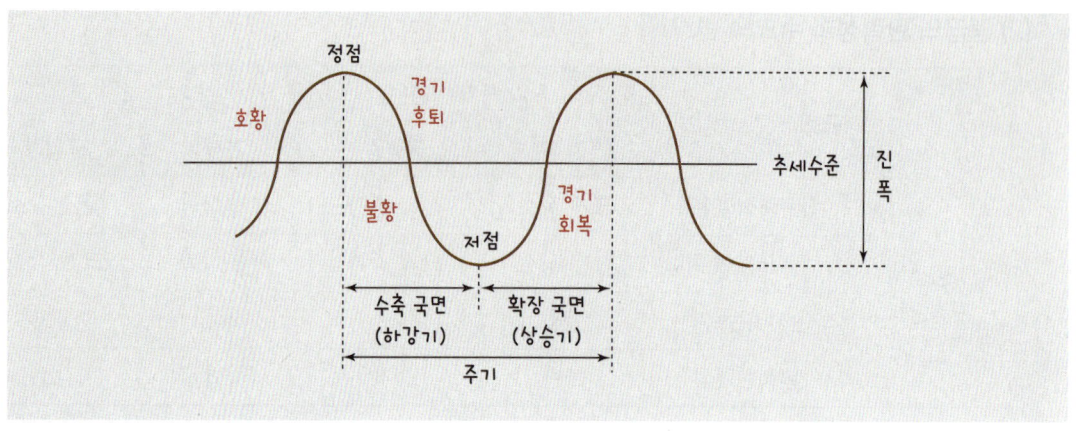

### 3. 경기변동의 주기와 진폭

| 경기변동의 주기 | 호경기로부터 시작하여 다시 호경기로 돌아오는 기간을 말한다. |
|---|---|
| 경기변동의 진폭 | 호경기의 정점(peak)과 불경기의 저점(trough) 사이의 폭을 말한다. |

## 3 부동산경기변동

### 1. 개념

#### (1) 부동산경기

부동산경기는 일반적으로 건축경기를 말한다.

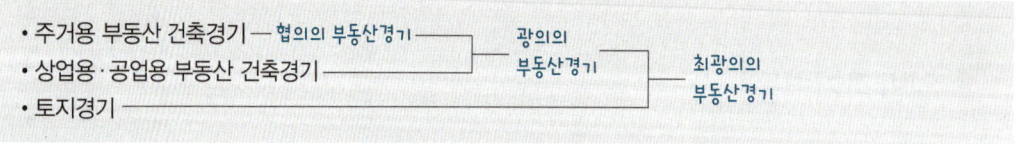

#### (2) 부동산경기변동

① 부동산경기도 일반경기처럼 순환(cyclical)변동, 추세(trend)변동, 계절(seasonal)변동, 불규칙(무작위·우발적, random)변동으로 나타난다.
② 순환(cyclical)변동의 관점에서 본다면, 부동산경기변동이란 부동산시장이 일반경기변동처럼 상승과 하강 국면이 반복되는 현상을 말한다.

### 2. 부동산경기변동의 특징 ⇨ 순환적 변동

① 부동산경기의 변동주기(17~18년)는 일반경기의 변동주기(8~10년)에 비해 약 2배 길다.
② 부동산경기의 변동은 일반경기의 변동에 비해 저점이 깊고 정점이 높다. 즉, 진폭이 크다.
③ 부동산경기는 타성기간(惰性期間)이 길다.
  └→ 부동산경기변동이 일반경기의 진퇴에 대해 뒤지는 시간차를 말한다.

④ 부동산경기는 주기의 순환국면이 명백하지 않고 일정하지 않으며, 불규칙적이다.
⑤ 부동산경기는 일반적으로 지역적·국지적으로 나타나 전국적·광역적으로 확대되는 경향이 있다.
⑥ 부동산경기는 일반경기와 병행·역행·독립·선행할 수도 있다. 그러나 일반적으로 주식시장의 경기는 일반경기에 비해 전순환적이고, 부동산경기는 일반경기에 비해 후순환적인 것으로 알려져 있다.
⑦ 부동산경기는 비교적 경기회복은 느리고, 경기후퇴는 빠르게 진행된다.
⑧ 부동산경기는 부문시장별 변동의 시차가 존재한다.

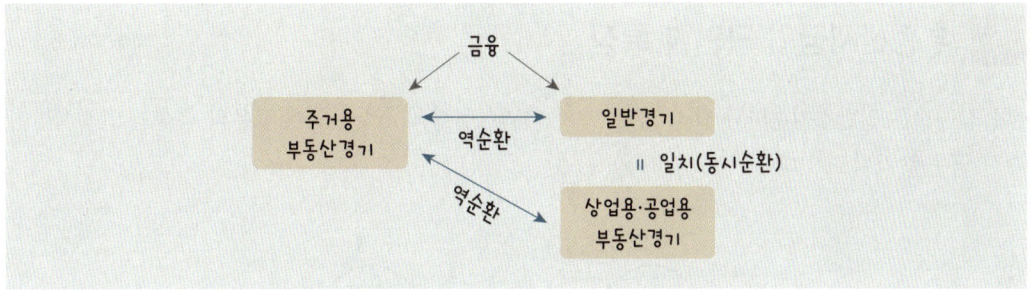

㉠ 상업용·공업용 부동산경기는 일반경제의 경기변동과 대체로 일치(동시순환)한다.
㉡ 주거용 부동산경기와 일반경제의 경기는 서로 역순환을 보인다.
㉢ 주거용 부동산경기와 상업용·공업용 부동산경기도 서로 역순환을 보인다.

## 4  부동산경기 측정의 지표

| 구분 | 내용 | 예 |
| --- | --- | --- |
| 선행지표 | 미래의 경제활동수준을 예측하는 경기종합지수 | 건축허가량, 택지분양실적, 택지조성량, 공실률 및 공가율, 건축자재수요동향, 건설인력수요 |
| 동행지표 | 경기변동 측정시점 현재의 경제활동수준을 나타내는 경기종합지수 | 건축착공량, 거래량 |
| 후행지표 | 과거의 경제상황을 확인하는 경기종합지수 | 건축완공량 |

### 1. 건축의 양 ⇨ 공급지표

① 건축허가량 ➡ 선행지표
② 건축착공량 ➡ 동행지표
③ 건축완공량 ➡ 후행지표

### 2. 부동산의 거래량 ⇨ 수요지표

① 주택의 거래량
② 택지의 분양실적

## 3. 부동산의 가격변동 ⇨ 보조지표

부동산의 가격은 명목지표로서 좋은 지표는 아니지만, 보조지표로서 활용되고 있다.

## 4. 기타

공가율과 임대료 수준, 주택 금융상태 등

## 5 부동산시장의 국면별 특징    25회·26회·29회·31회·33회

부동산시장은 일반경기순환과 달리 회복·호황·후퇴·불황의 4국면 외에 고유의 특성인 안정시장이라는 특수한 국면을 가지고 있다.

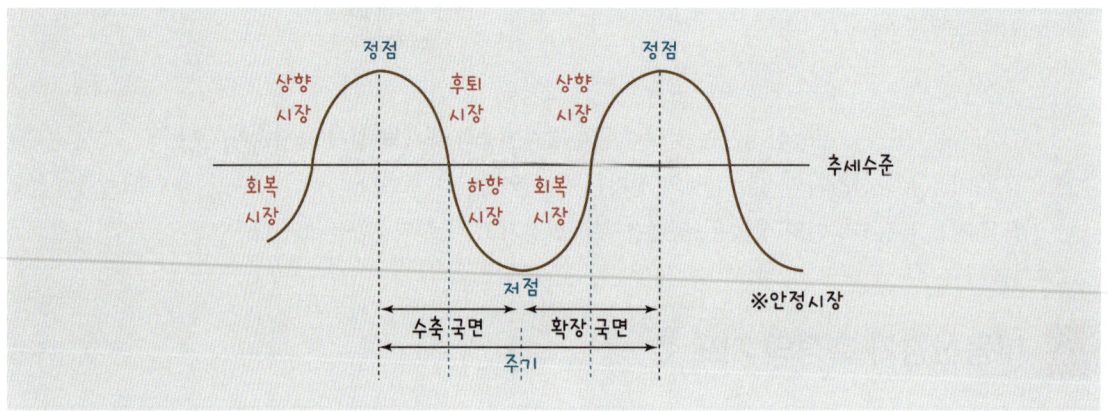

### 1. 회복·상향·후퇴·하향시장

| 회복시장 | 상향시장 | 후퇴시장 | 하향시장 |
|---|---|---|---|
| ① 매도인 주도시장<br>② 매도인 중시현상<br>③ 사례가격은 기준가격이 되거나 하한선<br>④ 건축허가 신청 건수 증가<br>⑤ 금리 하락<br>⑥ 공실률 감소 | ① 매도인 주도시장<br>② 매도인 중시현상<br>③ 사례가격은 하한선<br>④ 건축허가 신청 건수 최대<br>⑤ 금리 최저<br>⑥ 공실률 최저 | ① 매수인 주도시장<br>② 매수인 중시현상<br>③ 사례가격은 기준가격이 되거나 상한선<br>④ 건축허가 신청 건수 감소<br>⑤ 금리 상승<br>⑥ 공실률 증가 | ① 매수인 주도시장<br>② 매수인 중시현상<br>③ 사례가격은 상한선<br>④ 건축허가 신청 건수 최저<br>⑤ 금리 최고<br>⑥ 공실률 최대 |

### 2. 안정시장

① 부동산시장에서만 고려의 대상이 되는 시장으로서 부동산의 가격이 안정되어 있거나 가벼운 상승을 지속하는 유형의 시장이다.

② 주로 위치가 좋고 규모가 작은 주택이나 도심지 점포가 여기에 속하는데, '불황에 강한 유형의 시장'이라고도 한다.
③ 안정시장에서의 사례가격은 새로운 거래에 있어서 신뢰할 수 있는 기준이 된다.
④ 경기순환에 의해 분류된 것은 아니나, 경기와 전혀 무관하다고 할 수는 없다.

## 6 다른 형태의 경기변동

| 장기적(추세적, trend) 변동 | ① 50년 또는 그 이상의 장기적인 기간으로 측정되며, 일반경제가 나아가는 전반적인 방향을 의미한다.<br>② 부동산 부문에서는 어떤 지역의 신개발 또는 재개발 등으로 나타난다. |
|---|---|
| 계절적(seasonal) 변동 | 계절적 특성에 따라 나타나는 경기변동 현상을 말하며, 이는 계절이 가지는 속성과 그에 따른 사회적 관습 때문에 나타난다.<br>예 대학가에서 방학 때의 원룸이나 오피스텔, 봄·가을 이사철 등의 경기변동 |
| 불규칙적(우발적·무작위적, random) 변동 | 예기치 못한 사태로 인해 발생되는 비주기적 경기변동 현상을 말한다.<br>예 정부정책[총부채상환비율(DTI) 규제 완화 후 주택거래 증가], 천재지변·혁명·전쟁 등에 의한 경기변동 |

## 7 부동산경기와 거미집모형

### 1. 의의

거미집모형은 부동산(주택)의 가격(임대료) 변동에 대한 공급의 시차를 고려하여 그 일시적 균형의 변동과정을 동태적으로 분석한 것을 말한다.

➡ 에치켈(M. J. Eziekel), 레온티예프(W. Leontief) 등에 의해 연구, 농·축산물의 가격변동을 설명, 폐쇄경제모형, 동태모형, 상·공업용 부동산에 주로 적용

### 2. 기본 가정

① 현실적으로 가격이 변동하면 수요는 즉각적으로 영향을 받지만 공급량은 일정한 생산기간이 경과한 후여야만 변동이 가능하다.
  ㉠ 수요 ➡ 시차가 존재하지 않는다.
  ㉡ 공급 ➡ 시차가 존재한다(∵ 생산기간이 길기 때문에).
② 공급자는 전기의 시장에서 성립된 가격을 기준으로 하여 금기의 생산량을 결정하고, 금기에 생산된 수량은 모두 금기의 시장에서 판매되어야 한다.
③ 미래의 공급결정은 현재의 가격에만 의존한다.

## 3. 장기에 걸친 균형점의 이동(거미집이론)

| 유형 | 조건 |
| --- | --- |
| 수렴적 진동형(수렴형)<br>⇨ 수·탄 ➡ 수 | • 수요곡선의 기울기의 절댓값 < 공급곡선의 기울기의 절댓값<br>• 수요의 가격탄력성 > 공급의 가격탄력성 |
| 발산적 진동형(발산형)<br>⇨ 공·탄 ➡ 발 | • 수요곡선의 기울기의 절댓값 > 공급곡선의 기울기의 절댓값<br>• 수요의 가격탄력성 < 공급의 가격탄력성 |
| 규칙적 진동형(순환형) | • 수요곡선의 기울기의 절댓값 = 공급곡선의 기울기의 절댓값<br>• 수요의 가격탄력성 = 공급의 가격탄력성 |

> **한눈에 보는  부동산 경기와 거미집 모형**
>
> 1. 부동산은 가격이 변동하면 수요가 즉각적으로 영향을 받아 변하게 되지만, 착공에서 완공까지 상당한 시간이 소비되기 때문에 공급은 일정한 시간이 경과한 후여야만 변동하게 된다.
> 2. 단기적으로 가격이 급등하게 되면 건물 착공량이 증가하게 되는데, 막상 공급물량이 시장에 출하되면 오히려 공급이 초과되어 침체국면에 접어든다.
> 3. 거미집이론은 수요곡선의 기울기의 절댓값과 공급곡선의 기울기의 절댓값에 따라 가격의 변동 모양이 달라지며, 주거용 부동산보다는 상업용이나 공업용 부동산에 더 잘 적용된다.

# POINT 02 부동산시장론

## 1 시장이론의 기초 및 시장형태

### 1. 시장의 개념
수요와 공급이 계속적으로 나타나 상품의 가격과 균형량이 정해지는 장소 및 거래과정을 말한다.

### 2. 시장형태
① 완전경쟁시장
② 불완전경쟁시장

## 2 부동산시장의 개념·구분 및 유형

### 1. 개념
① 매수인과 매도인에 의해 부동산의 교환이 자발적으로 이루어지는 곳을 말한다.
② 부동산권리의 교환, 가액 결정, 공간배분, 공간이용 패턴 결정 및 수요와 공급의 조절을 돕기 위해 의도된 상업활동을 하는 곳이다.

### 2. 구분

**(1) 추상적 시장**
자본시장의 일종으로서의 부동산시장을 말한다.

**(2) 구체적 시장**
시장지역(market area)으로서의 부동산시장을 말하는데, 일정한 지리적 공간을 수반하는 공간시장을 말한다.

| 구분 | 완전경쟁시장 | 부동산시장 |
| --- | --- | --- |
| 참여자 수 | 판매자와 구매자가 다수 ➡ 가격순응자 | 판매자와 구매자가 소수 ➡ 가격결정자 |
| 동질성 여부 | 동종동질 | 동종이질 |
| 진입장벽(이동성) | 진입과 탈퇴(이동) 자유 | 진입과 탈퇴(이동) 제한 |
| 정보공개성 | 완전한 정보 | 불완전한 정보 |
| 가격 | 수요와 공급에 의해 원활하게 조정 | 원활하게 조정되기 어려우며, 가격의 왜곡이 발생 가능 |
| 규모와 구매빈도 | 소액자금으로 빈번하게 구매 | 다액자금으로 빈번한 구매가 곤란 |

## 3. 유형 – 시장 범위에 따른 부동산시장의 분류

| 개별시장 | 특정한 위치·면적·형태를 가진 개별토지마다 형성되는 시장을 말한다. |
|---|---|
| 부분시장<br>(하위시장, sub-market) | 개별시장과 전체시장의 중간에 있는 규모의 시장을 말한다.<br>➡ 지역별 부분시장뿐만 아니라 거래되는 부동산의 위치·규모·질·용도 등에 따른 부분시장이 형성되어 시장 세분화가 이루어진다. |
| 전체시장 | 각 개별시장의 총합을 말한다. |

## 3 부동산시장의 특성 및 기능

26회·29회·31회·33회·36회

### 1. 특성

| 시장의 국지성(지역성)<br>➡ 부동성 | ① 위치에 따라 여러 개의 부분시장으로 나뉘고, 부분시장별로 불균형을 초래한다.<br>② 부동산활동 을 정보활동화하여 중개활동이 필요하다. |
|---|---|
| 거래의 비공개성(은밀성)<br>➡ 개별성 | ① 정보수집이 어렵고, 많은 정보탐색비용이 든다.<br>② 부동산가격이 불합리하게 형성되는 주요 원인으로 작용한다. |
| 부동산상품의 비표준화성<br>➡ 개별성 | 대량생산이 곤란하며, 일물일가의 법칙이 적용되지 않는다. |
| 시장의 비조직성<br>(집중통제의 곤란)<br>➡ 개별성 | 시장의 조직화가 곤란하며, 전국 단위의 유통망 조직이 곤란하다. |
| 수급조절의 곤란성<br>➡ 부증성 | 토지의 부증성으로 인해 토지의 물리적 공급을 완전비탄력적으로 만들며, 단기적으로 가격의 왜곡이 발생할 가능성이 높다. |
| 매매기간의 장기성 | 유동성, 환금성 면에서 곤란하다.<br>➡ 단기적으로 가격의 왜곡 발생 가능성 |
| 법적 제한 과다 | 부동산가격을 왜곡시켜 시장의 조절기능이 저하된다. |
| 진입장벽의 존재 | 거래비용이 많이 든다.<br>➡ 수요자와 공급자의 시장 진출입을 제약 |
| 자금의 유용성 | 부동산은 고가품이므로 자금의 조달과 깊은 관련이 있다. |

## 2. 기능

| | |
|---|---|
| 자원배분기능 | 각종 부동산공간에 대한 경쟁은 기존 건물의 유지와 수선, 건물개축 등을 통하여 자원배분의 역할을 수행한다. |
| 교환기능 | 부동산과 현금, 부동산과 부동산, 소유와 임대 등의 교환이 이루어진다. |
| 가격의 형성기능 (T. H. Ross) | 매도인의 요구가격과 매수인의 제안가격에 의해 형성된 부동산의 가격은 창조·파괴의 과정을 거친다. |
| 정보제공기능 | 부동산 활동주체에게 정보를 제공한다. |
| 양과 질의 조정기능 | 토지의 형질변경, 건물의 용도변경 등 부동산의 양과 질을 조정하여 부동산상품의 유용성이 최대가 되도록 한다. |

※ 자원배분기능: 재화나 서비스, 생산요소를 필요한 곳에 보내는 것을 말한다.

## 4 장·단기의 개념 및 균형

### 1. 장·단기 구분

| | | |
|---|---|---|
| 개별기업 | 단기 | 기존의 생산시설을 변경할 수 없을 만큼 짧은 기간 |
| | 장기 | 기존의 생산시설을 변경할 수 있을 만큼 충분한 기간 |
| 산업 전체 | 단기 | 기존기업이 다른 산업으로 퇴거하거나 새로운 기업이 그 산업에 진입해 오지 못할 정도로 짧은 기간 |
| | 장기 | 모든 산업으로의 이동이 자유롭게 이루어질 수 있을 정도로 충분히 긴 기간 |

### 2. 균형

| | |
|---|---|
| 단기균형 | 어느 기업이 완전경쟁시장의 기업이라면, 이 기업이 이윤을 극대화하기 위해서는 한계수입과 한계비용이 같아지는 지점의 생산량을 선택한다. |
| 장기균형 | 장기에는 진입과 탈퇴가 자유롭기 때문에 초과이윤도 손실도 존재하지 않고, 정상이윤만 존재한다. |

※ 한계비용: 생산량이 한 단위 증가할 때 늘어나는 비용
※ 정상이윤: 총수입과 총비용이 같아서 초과이윤도 손실도 존재하지 않는 상태

## 5 주택시장분석

### 1. 주택시장분석을 위한 기초개념

#### (1) 주택서비스
주택소유자가 주택으로부터 얻는 효용(效用)을 말한다.

#### (2) 주택유량과 주택저량
주택시장분석에서 유량(flow)의 개념뿐만 아니라 저량(stock)의 개념을 파악하는 것은 주택공급이 단기적으로 제한되어 있기 때문이다. 즉, 단기적으로 생산공급은 증가가 어렵기 때문에 저량의 개념으로 공급량을 분석하고, 장기적으로 저량과 유량을 함께 사용하여 특정 지역의 주택시장에 대한 공급량을 분석한다.

### 2. 주택수요와 주택소요(住宅所要)

| 구분 | 주택수요(housing demand) | 주택소요(housing needs) |
|---|---|---|
| 의의 | 구매력이 있는 수요자가 시장경제 원리에 의거하여 주택을 사려는 것 | 구매력이 없는 저소득층을 위해 복지 차원에서 정부가 시장경제 원리에 개입하여 주택을 우선 공급하는 것 |
| 적용개념 | 시장경제상의 개념 | 사회·복지정책상의 개념 |
| 적용원리 | 시장경제 원리에 방임함으로써 시장기능으로 문제를 해결하므로 경제적 기능이 강조 | 정부가 시장경제 원리에 개입함으로써 적극적 개입에 의한 문제해결을 도모하므로 정치적 기능이 강조 |
| 적용대상 | 구매력이 있는 중산층 이상의 계층 | 구매력이 없는 무주택 저소득계층 |
| 예 | 아파트 분양신청 | 임대주택 |

## 6 주택시장의 여과과정(순환과정)

27회·30회·31회

### 1. 개념

#### (1) 여과현상
시간이 경과하면서 주택의 질과 주택에 거주하는 가구의 소득이 변화함에 따라 발생하는 현상을 말한다.

#### (2) 종류

| 하향여과<br>(filtering-down) | 고소득(상위)계층이 사용하던 주택이 저소득(하위)계층의 사용으로 전환되는 현상을 말한다. |
|---|---|
| 상향여과<br>(filtering-up) | 저소득(하위)계층이 사용하던 주택이 수선되거나 재개발되어 고소득(상위)계층의 사용으로 전환되는 현상을 말한다. |

### (3) 특징
① 주택여과현상은 주로 하향여과를 통해 연쇄적으로 공급이 된다.
② 주택의 여과과정이 원활하게 작동하는 주택시장에서 주택여과효과가 긍정적으로 작동하면 주거의 질을 개선하는 효과가 있다.

### (4) 고가주택시장과 저가주택시장의 장·단기 효과

| 고가주택 시장 | 단기 | 하향여과 발생 ⇨ 고가주택의 부족 ⇨ 고가주택의 임대료 상승 ➡ 초과이윤 발생 |
|---|---|---|
| | 장기 | 신규공급자 시장 진입 ⇨ 공급증가 ⇨ 임대료 하락 ➡ 초과이윤 소멸 |
| 저가주택 시장 | 단기 | 저가주택의 수요 증가 ⇨ 저가주택의 임대료 상승 ➡ 초과이윤 발생 |
| | 장기 | 저가주택 신축금지 ⇨ 하향여과 발생 ⇨ 임대료 하락 ➡ 초과이윤 소멸<br>➕ 저가주택 임대료 ⇨ 불변, 주택량 ➡ 증가(∵ 하향여과로 인해) |

## 2. 여과과정과 주거분리

### (1) 의의
<mark>저소득층의 주거지역과 고소득층의 주거지역이 서로 나뉘고 있는 현상을</mark> 말한다.

### (2) 특징
① 주거분리는 <mark>도시 전체뿐만 아니라 지리적으로 인접한 근린지역에서도 발생</mark>할 수 있다.
② 저소득가구의 침입과 천이 현상으로 인하여 주거입지의 변화가 야기될 수 있다.
③ 고소득층 주거지역의 경계와 인접한 저소득층 주택은 대부분 할증되어 거래되며, 저소득층 주거지역의 경계와 인접한 고소득층 주택은 대부분 할인되어 거래되는 경향이 있다.

### (3) 여과과정과 주거분리

| 고소득층 주거지역 | 개량 후 주택가치 상승분 > 주택의 개량비용 ➡ 주거분리 ⇦ 정(+)의 외부효과 |
|---|---|
| | 개량 후 주택가치 상승분 < 주택의 개량비용 ➡ 하향여과 ⇦ 침입 |
| 저소득층 주거지역 | 개량 후 주택가치 상승분 > 주택의 개량비용 ➡ 상향여과 ⇦ 재개발 |
| | 개량 후 주택가치 상승분 < 주택의 개량비용 ➡ 주거분리 ⇦ 부(-)의 외부효과 |

## 3. 불량주택의 문제
① 불량주택은 시장실패가 아니며, 오히려 시장에서 하향여과 과정을 통한 효율적 자원배분의 결과이다.
② 불량주택의 철거와 같은 정부의 시장개입은 근본적인 대책이 될 수 없고, 불량주택에 거주하는 저소득자의 실질소득 향상이 효과적인 대책이 될 수 있다.

## 7 효율적 시장

27회·28회·29회·31회·32회·36회

### 1. 개념

부동산시장이 새로운 정보를 얼마나 지체 없이 가격에 반영하는가 하는 것을 '시장의 효율성(market efficiency)'이라 하고, 정보가 지체 없이 가격에 반영되는 시장을 '효율적 시장(efficient market)'이라 한다.

### 2. 구분

| 약성 효율적 시장 | 현재의 부동산가격이 과거의 부동산가격 및 거래량 변동 등과 같은 역사적 정보(과거의 정보)를 완전히 반영하고 있는 시장 |
|---|---|
| 준강성 효율적 시장 | 일반투자자에게 공개되는 모든 정보(과거·현재의 정보)가 신속·정확하게 현재의 부동산가격에 반영되는 시장 |
| 강성 효율적 시장 | 현재의 부동산가격이 부동산에 관한 모든 정보(과거·현재·미래의 정보), 즉 이미 투자자들에게 공개된 정보뿐만 아니라 공표되지 않은 정보까지도 신속·정확하게 반영하는 완벽한 효율적 시장 |

**한눈에 보는 효율적 시장**

분석방법 → 투자자가 과거의 정보를 가지고 투자분석을 하는 것

| 구분 | 반영되는 정보 | | | 분석 방법 | 정상 이윤 | 초과이윤 | | | 정보 비용 |
|---|---|---|---|---|---|---|---|---|---|
| | 과거 | 현재 | 미래 | | | 과거 | 현재 | 미래 | |
| 약성 효율적 시장 | ○ | × | × | 기술적 분석 | ○ | × | ○ | ○ | ○ |
| 준강성 효율적 시장 | ○ | ○ | × | 기본적 분석 | ○ | × | × | ○ | ○ |
| 강성 효율적 시장 | ○ | ○ | ○ | 분석 불필요 | ○ | × | × | × | × |

→ 투자자가 과거와 현재의 정보(일반에게 공개되는 모든 정보)를 가지고 투자분석을 하는 것

## 8 할당(적) 효율적 시장

26회·29회·31회·33회

### 1. 의의

① 할당(적) 효율적 시장이란 자원의 할당이 효율적으로 이루어지는 시장을 말한다.
② "자원이 효율적으로 할당되었다."라는 말은 부동산투자와 다른 투자대상에 따르는 위험을 감안하였을 때, 부동산투자의 수익률과 다른 투자대상의 수익률이 같도록 할당되었다는 의미이다.

### 2. 부동산시장과 할당(적) 효율성

① 완전경쟁시장은 항상 할당 효율적 시장이나, 할당 효율적 시장이 완전경쟁시장을 의미하는 것은 아니다.
② 완전경쟁시장에서는 정보가 모두 공개되어 있어 정보비용이 '0'이며, 따라서 정보비용이 존재하는 시장은 완전경쟁시장이 아니다. 즉, 부동산거래에 정보비용이 수반되는 것은 시장이 불완전하기 때문이다.

③ 불완전경쟁시장에서 초과이윤이 발생할 경우, 초과이윤과 초과이윤 발생에 드는 비용이 동일하다면 불완전경쟁시장도 할당 효율적 시장이 될 수 있다. 또한 독점시장도 독점을 획득하기 위하여 지불하는 기회비용이 모든 투자자에게 동일하다면 할당 효율적 시장이 될 수 있다.
④ 부동산투기가 성립되는 것은 시장이 불완전해서라기보다는 할당 효율적이지 못하기 때문이다.
⑤ 소수의 사람들이 부동산을 매수하여 초과이윤을 획득할 수 있는 것은 정보시장이 공개적이지 못하기 때문이다.
⑥ 소수의 투자자가 다른 사람보다 값싸게 정보를 획득할 수 있는 시장은 할당 효율적 시장이 되지 못한다.
⑦ 부동산시장이 할당 효율적 시장이 아니라면 정보가치와 정보비용이 달라져 부동산가격이 과대평가 또는 과소평가되므로 투자자가 초과이윤을 얻을 수도 있다. 그러나 할당 효율적 시장은 정보가치와 정보비용이 같은 시장이므로 부동산가격의 과소평가 또는 과대평가 등의 왜곡가능성이 적어진다.

## 9 부동산시장에서 개발정보의 현재가치와 초과이윤  25회·29회·33회·35회

### 1. 투자자가 살 수 있고 토지소유자가 팔 수 있는 가격(불확실성하의 현재가치)

$$\text{불확실성하의 현재가치} = \frac{\text{기댓값}}{1 + \text{요구수익률}}$$

### 2. 정보의 현재가치

$$\text{정보의 현재가치} = \text{확실성하의 현재가치} - \text{불확실성하의 현재가치}$$

### 3. 초과이윤

$$\text{초과이윤} = \text{정보의 현재가치} - \text{정보(획득)비용}$$

## 10 지대이론

### 1. 지대와 지가

① 지대는 일정기간 동안의 토지서비스의 가격으로서 토지소유자의 소득으로 귀속되는 임대료를 말하며, 유량(流量, flow)의 개념이다.
② 지가는 한 시점에서 자산으로서의 토지 자체의 매매가격으로, 저량(貯量, stock)의 개념이다.

③ 지가는 장래 매 기간당 일정한 토지로부터 발생하는 지대를 이자율로 할인하여 합계한 것으로, 토지의 현재가치이다.

$$지가 = \frac{지대}{이자율}$$

④ 지가와 지대는 정비례하고, 지가와 이자율은 반비례한다.

## 2. 지대에 관한 논쟁

| 구분 | 고전학파 | 신고전학파 |
| --- | --- | --- |
| 지대의 기능에 대한 입장 | 생산요소를 노동·자본·토지로 구분하고, 지대는 다른 생산요소에 대한 대가를 지불하고 남은 잔여인 잉여로 파악 | 지대는 잉여가 아니라 생산요소에 대한 대가이며, 생산물가격에 영향을 주는 요소비용으로 파악 |
| 생산물가격과의 관계 | 생산물가격이 지대를 결정 | 지대가 생산물가격에 영향을 미침 |
| 지대를 보는 관점 | 지대는 잉여로서 불로소득 | 지대는 요소비용 |

## 3. 지대와 관련된 개념

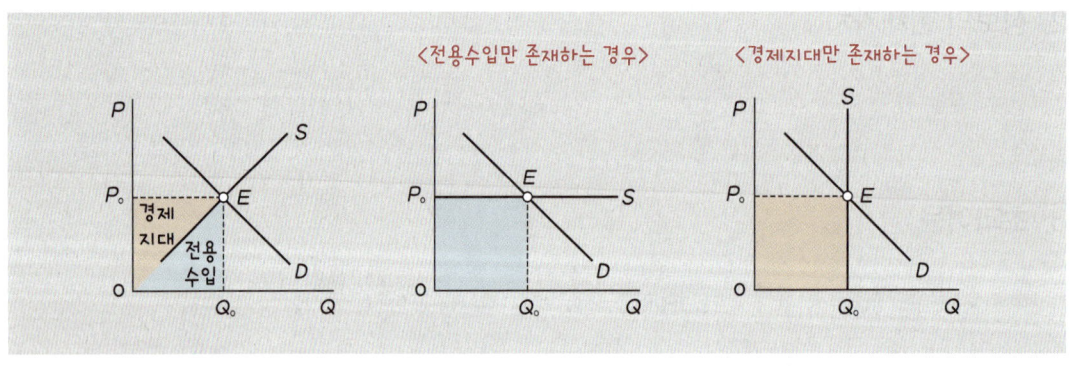

| 전용수입<br>(transfer earnings) | 어떤 생산요소가 다른 용도로 전용되지 않도록 하기 위해서 현재의 용도에서 지급되어야 하는 지급액 |
| --- | --- |
| 경제지대<br>(economic rent)<br>➡ 파레토(V. Pareto)<br>지대 | 생산요소가 실제로 얻고 있는 수입(총수입)과 전용수입과의 차액 |
| 공급의 탄력성과의 관계 | ① 공급의 탄력성이 커지면 전용수입은 증가하고 경제지대는 감소한다.<br>② 공급의 탄력성이 작아지면 전용수입은 감소하고 경제지대는 증가한다.<br>③ 공급이 완전탄력적이면 총수입은 모두 전용수입으로 구성된다.<br>④ 공급이 완전비탄력적이면 총수입은 모두 경제지대로 구성된다. |

## 11 지대결정이론

### 1. 차액지대설 – 리카도(D. Ricardo)

토지의 위치에 따른 비옥도의 차이가 생산성의 차이를 유발하여 지대 차이를 발생시킨다는 이론으로, 지대 발생의 원인으로 비옥도의 차이, 비옥한 토지량의 제한, 수확체감의 법칙을 제시하였다.

#### (1) 내용

① 한계지(marginal land)는 생산성이 가장 낮아 생산비와 곡물가격이 일치하는 토지를 말하며, 지대가 발생하지 않는다.
② 지대는 토지의 생산성과 한계지의 생산성과의 차이와 동일하다.
③ 지대는 일종의 불로소득이라고 할 수 있다.
④ 지대가 곡물가격을 결정하는 것이 아니라, 곡물가격이 지대를 결정한다.

#### (2) 평가

① 토지의 위치 문제를 경시하였고, 비옥도 자체가 아닌 비옥도의 차이에만 중점을 두었다.
② 최열등지(한계지)에서 지대가 발생하는 것을 설명하지 못한다.

### 2. 절대지대설 – 마르크스(K. Marx)

지대는 토지소유자가 토지를 소유하고 있다는 독점적 지위 때문에 받는 수입이므로, 최열등지(한계지)에서도 발생한다는 이론이다.

#### (1) 내용

① 토지의 사유화로 지대가 발생한다.
② 토지의 비옥도나 생산력에 관계없이 지대가 발생한다.
③ 한계지에도 토지소유자의 요구로 지대가 발생한다.
④ 지대의 상승이 곡물가격을 상승시킨다.

#### (2) 평가

① 토지의 위치문제를 경시하였다.
② 최열등지(한계지)에서 지대가 발생하는 것을 설명한다.

### 3. 준지대설 – 마샬(A. Marshall)

마샬은 일시적으로 토지와 유사한 성격을 가지는 생산요소에 귀속되는 소득을 준지대로 설명하고, 단기적으로 공급량이 일정한 생산요소에 지급되는 소득으로 보았다.

#### (1) 내용

① 생산을 위하여 사람이 만든 기계와 기타 자본설비에서 발생하는 소득으로 일시적 독점이윤이 지대와 유사하다는 점에서 준지대(quasi-rent)라고 한다.

② 고정생산요소의 공급량은 단기적으로 변동하지 않으므로 다른 조건이 동일하다면 준지대는 고정생산요소에 대한 수요에 의해 결정된다.
③ 준지대는 토지 이외의 고정생산요소에 귀속되는 소득으로서 단기간 일시적으로 발생한다.

### (2) 정리
준지대는 단기에 고정되어 있는 생산요소(생산을 위하여 사람이 만든 기계와 기타 자본설비)로 인해 얻게 되는 지대이다.

## 4. 위치지대설(입지교차지대설, 고립국이론) - 튀넨(V. Thünen)
튀넨은 리카도의 차액지대이론에 위치개념을 추가하여 이를 입지지대이론으로 발전시켰다.

### (1) 내용
튀넨은 도시중심지와의 접근성으로 거리에 따른 수송비 개념을 도입했는데, 도시중심지에 접근성이 높으면 수송비가 적게 들기 때문에 지대가 높다는 것이다. 따라서 튀넨에 의하면 토지의 비옥도가 동일하더라도 중심도시와의 접근성 차이에 의해 지대가 차별적으로 나타난다.

### (2) 특징

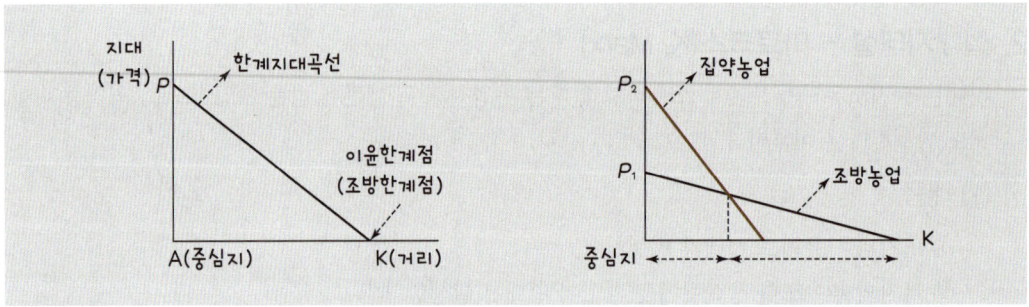

지대 = 생산물가격 - 생산비 - 수송비
　　 = (생산물가격 - 생산비) - 단위당 수송비 × 거리

① 지대란 생산물가격에서 생산비와 수송비를 뺀 것으로서, 수송비 절약이 곧 지대이다.
② 한계지대곡선은 우하향의 형태로 중심지에 가까울수록 지대가 높고, 멀어지면 낮아져 조방한계점에 이르면 '0'이 된다.
③ 서로 다른 지대곡선을 가진 농산물들이 입지경쟁을 벌이면서 각 지점에 따라 가장 높은 지대를 지불하는 농업적 토지이용에 토지가 할당된다.
④ 한계지대곡선은 작물의 종류나 농업의 유형에 따라 그 기울기가 달라질 수 있으며, 이 곡선의 기울기에 따라 집약적 농업과 조방적 농업으로 구분된다.
　㉠ 중심지에 가까운 곳: 집약적 토지이용현상, 집약농업
　㉡ 중심지에서 먼 곳: 조방적 토지이용현상, 조방농업
⑤ 가장 많은 지대를 지불하는 입지주체가 중심지와 가장 가깝게 입지한다.

## 5. 입찰지대설 - 알론소(W. Alonso)

도심으로부터 일정한 거리에 위치한 토지들은 여러 토지이용 활동들 간의 경쟁을 통해 특정 용도로 배분된다는 이론이다.

### (1) 내용

① 입찰지대(bid rent)란 단위면적의 토지에 대해 토지이용자가 지불하고자 하는 최대금액으로, 초과이윤이 '0'이 되는 수준의 지대를 말한다.
② 입지경쟁의 결과 최대의 순현가를 올릴 수 있어서 최고의 지불능력을 가지고 있는 토지이용자에게 그 토지가 할당된다.
③ 토지이용자에게는 최대지불용의액이다.

### (2) 입찰지대곡선

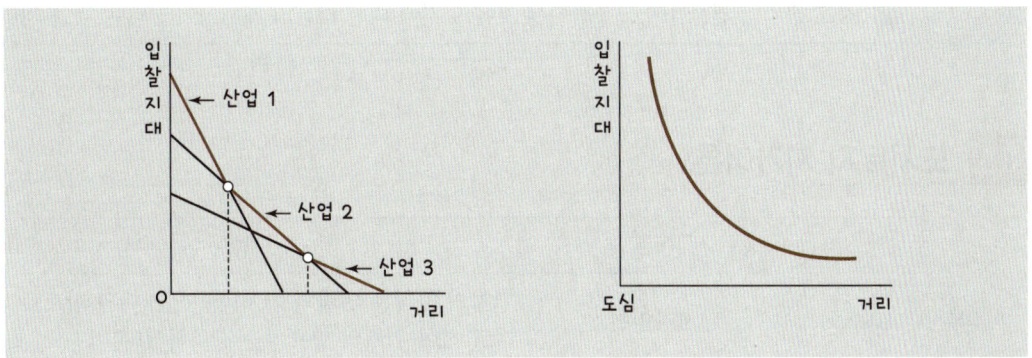

입찰지대곡선의 기울기 = $\dfrac{\text{생산물의 단위당 한계교통비}}{\text{토지이용자의 토지사용량}}$

① 도심으로부터의 거리에 따라 더 높은 지대를 지불할 수 있는 각 산업의 지대곡선들을 연결한 것을 입찰지대곡선이라 한다.
② 입찰지대곡선은 여러 개의 지대곡선 중 가장 높은 부분을 연결한 포락선이다.
③ 입찰지대곡선은 우하향하면서 원점을 향해 볼록한 형태를 지니게 된다.

## 12 생산요소의 대체성

| 의의 | 생산요소의 대체성(노동이 일정하다고 가정) = $\dfrac{자본}{토지}$ <br> ① 토지에 대한 자본의 결합비율 <br> ② 토지에 대한 자본의 대체관계 <br> ③ 토지에 대한 자본의 대체성 |
|---|---|
| 특징 | ① 토지에 대한 자본의 결합비율은 도심에 가까울수록 높고, 외곽으로 갈수록 낮아진다. <br> ② 토지에 대한 자본의 비율이 높다는 것은 그만큼 토지에 대한 자본의 대체성이 크다는 것을 의미한다. <br> ③ 도심지역에 입지하는 활동들은 대체로 토지에 대한 자본의 대체성이 큰 것들이다. <br> ④ 도심지역 건물들이 고층화되는 것은 토지에 대한 자본의 대체성이 크다는 것을 의미한다. |

## 13 도시토지 지가이론

| 주장자 | 이론 | 내용 |
|---|---|---|
| 마샬(A. Marshall) | 지가이론 | 택지의 가격은 위치의 가치와 농업지대의 합으로 나타난다고 하여 위치의 중요성을 강조하였다. |
| 허드(R. M. Hurd) | 지가이론 | 지가의 바탕은 경제적 지대이며, 지대는 위치에, 위치는 편리에, 편리는 접근성에 의존하므로 지가는 접근성에 따라 달라진다고 하였다. |
| 헤이그(R. M. Haig) | 마찰비용이론 | 공간의 마찰비용은 지대와 교통비의 합이며, 토지는 고정되어 있으므로 교통비의 절약액이 지대라고 하였다. <br> 마찰비용 = 교통비(수송비) + 지대 |
| 파크(R. Park), 버제스(E. W. Burgess), 홀리(A. H. Hawley) | 인간생태학이론 | 생태학자들은 지가를 잠재 토지이용자의 호가과정의 소산이라고 규정짓고, 그 과정에서 토지이용의 균형유형이 결정된다고 하였다. |
| 알론소(W. Alonso) | 페널티(penalty)이론 | 지가는 도심지에서 멀어짐에 따라 감소된다는 것으로, 중심지까지의 거리와 함수관계에 있는 수송비에 의해 지가가 결정된다는 이론이다. |

## 14 도시공간구조이론(도시내부구조이론)
24회·25회·26회·28회·29회·30회·32회·34회·35회

### 1. 동심원이론 – 버제스(E. W. Burgess)

#### (1) 의의
도시는 그 중심지에서 동심원상으로 확대되어 5개 지구로 분화되면서 성장한다는 이론이다.

#### (2) 토지이용 패턴

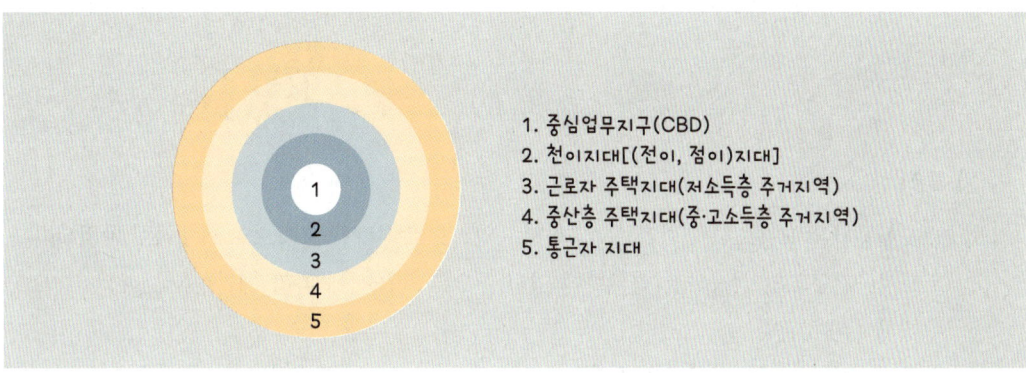

토지이용 패턴은 ① 중심업무지구 ➡ ② 천이(전이, 점이)지대 ➡ ③ 근로자 주택지대 ➡ ④ 중산층 주택지대 ➡ ⑤ 통근자 지대순으로 나타난다.

#### (3) 특징
① 도시의 공간구조를 도시생태학적 관점에서 접근하였다.
② 도시의 공간구조 형성을 침입, 경쟁, 천이 등의 과정으로 설명하였다.
③ 주택지불능력이 낮은 저소득층일수록 고용기회가 많은 도심지역에 주거입지를 선정하는 경향이 있다.
④ 도시는 중심지에서 멀어질수록 접근성, 지대, 인구밀도 등이 낮아지고, 범죄, 인구이동, 빈곤, 질병 등의 도시문제가 감소한다.

### 2. 선형이론 – 호이트(H. Hoyt)

#### (1) 의의
토지이용은 도심에서 시작되어 점차 교통망을 따라 동질적으로 확장되므로, 원을 변형한 모양으로 도시가 성장한다는 이론이다. 이는 단핵의 중심지를 가진 동심원 도시구조를 기본으로 하고 있다는 점에서 동심원이론을 발전시킨 것이라고 할 수 있다.
➡ 부채꼴모양(선형), 쐐기형 지대모형

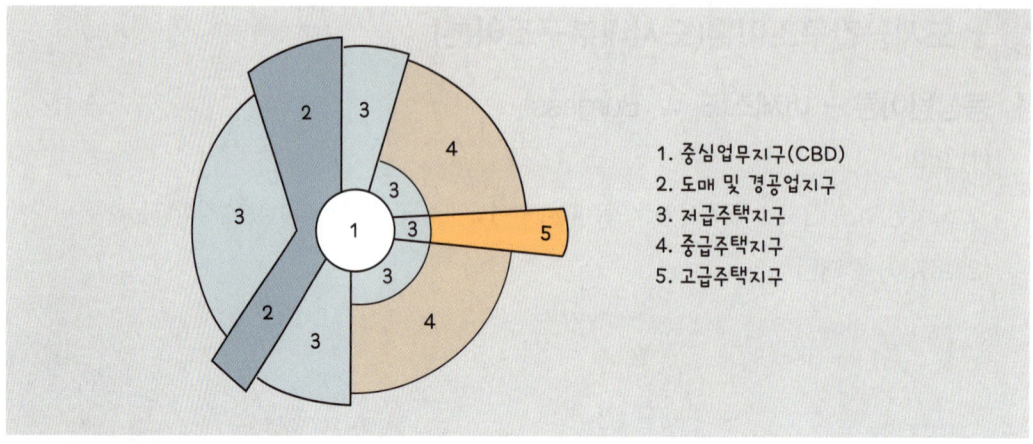

### (2) 특징

① 도시공간은 교통노선(개발축)을 따라 불규칙적으로 부채꼴 모양으로 확대하여 배치된다.
② 도시공간구조의 성장과 지역분화에 있어 주요 교통노선에 따라 쐐기형(wedge) 지대모형으로 확대하여 배치된다.
③ 주택가격의 지불능력이 도시주거공간의 유형을 결정하는 중요한 요인으로 본다.
④ 주택구입능력이 높은 고소득층의 주거지는 주요 간선도로 인근에 입지하는 경향이 있다.
⑤ 주택지불능력이 있는 고소득층은 기존의 도심지역과 주요 교통노선을 축으로 하여 접근성이 양호한 지역에 입지하는 경향이 있다.

## 3. 다핵심이론 – 해리스(C. D. Harris), 울만(E. L. Ullman)

### (1) 의의

도시가 성장하면 핵심의 수가 증가하고 도시는 복수의 핵심 주변에서 발달한다는 이론이다.

➡ 대도시에 적합한 이론

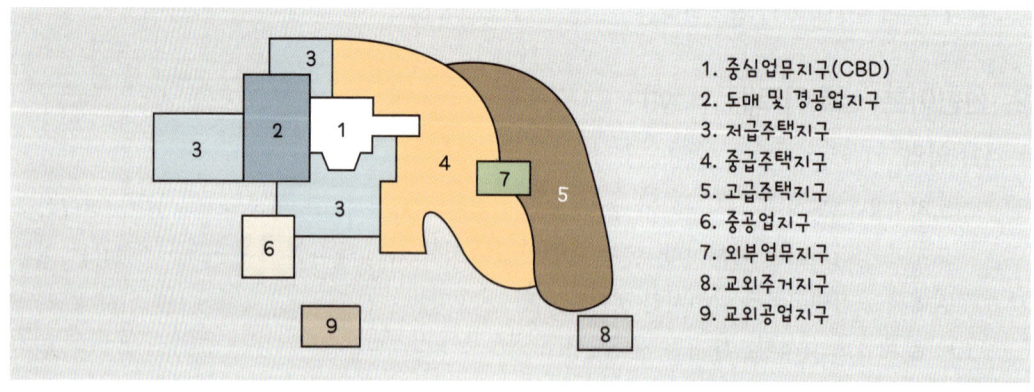

### (2) 특징

① 도시는 하나의 중심이 아니라 여러 개의 전문화된 중심으로 이루어진다. 즉, 단일의 중심업무지구를 핵으로 하여 발달하는 것이 아니라, 몇 개의 분리된 핵이 점진적으로 통합됨에 따라 전체적인 도시구조가 형성된다는 것이다.
② 도시 내부의 토지이용이 단일한 중심의 주위에 형성되는 것이 아니라 몇 개의 핵심지역 주위에 형성된다는 점을 강조하면서, 도시공간구조가 다핵심구조를 가질 수 있다고 보았다.
③ 도시 토지이용의 패턴은 하나의 핵으로 구성된 것이 아니라 같은 도시 내에 여러 개의 이산(離散)되는 핵으로 구성되어 있다는 이론이다.
④ 도시성장은 분산된 핵을 따라 행해졌으며, 핵의 형성은 입지조건에 따라 다르다.

### (3) 다핵이 성립하는 요인

① 동종의 활동(유사활동)은 집적이익이 발생하므로 특정 지역에 모여서 입지한다(집중지향성).
② 이종의 활동(이질활동)은 상호간의 이해가 상반되므로 떨어져서 입지한다(입지적 비양립성).

## 4. 다차원이론 - 시몬스(J. W. Simmons)

동심원이론, 선형이론, 다핵심이론 등의 이론은 토지이용의 공간적 분포를 설명하기에는 부족하다고 보아 이들 각 이론을 종합하여 3개의 차원에서 파악해야 한다는 이론이다.

## 5. 유상도시이론 - 베리(BJ. L. Berry)

교통기관의 현저한 발달로 종래 도시 내부에 집약되어 있던 업무시설과 주택이 간선도로를 따라 리본(ribbon) 모양으로 확산·입지하는 경향이 있다는 이론이다.

# 15 입지와 입지선정

## 1. 입지

어떤 입지주체가 차지하고 있는 주택, 공장, 상점, 학교, 사무실 등이 자리잡고 있는 자연적 및 인문적 위치를 말한다.
➡ 정적·공간적 개념

## 2. 입지선정

입지주체가 추구하는 입지조건을 갖춘 토지를 발견하는 것 또는 주어진 부동산에 관한 적정한 용도를 결정하는 것을 말한다.
➡ 농적·공간적·시간적 개념

## 3. 입지론과 적지론

- 주어진 용도에는 어떤 용지? (용지선정) ➡ 입지론(부동성)
- 주어진 용지에는 어떤 용도? (용도선정) ➡ 적지론(용도의 다양성)

## 4. 입지조건

입지조건이란 입지대상이 내포하고 있는 토지의 자연적·인문적 조건을 가리키는 것이다.

### (1) 자연적 조건

지세, 지질, 지형, 기후, 경관 등이 있다.

### (2) 인문적 조건

사회적·경제적·행정적인 측면이 있다.

# 16 상권

## 1. 상권의 의의와 특징

| | |
|---|---|
| 의의 | ① 대상 상가가 흡인할 수 있는 실질적인 소비자의 숫자가 존재하는 권역<br>② 상업활동을 성립시키는 지역조건을 가진 공간적 넓이<br>③ 상업활동을 하는 곳 |
| 특징 | ① 시장지역 또는 배후지(hinterland)라고도 부른다.<br>② 배후지의 인구밀도가 높고, 지역 면적이 크며, 고객의 소득수준이 높아야 좋은 상권을 형성한다.<br>③ 상권마다 매매관습과 소비관습의 차이가 있다.<br>④ 경쟁자의 출현은 상권을 차단하는 중요한 장애물이다. 그 밖에 고속도로, 철도, 하천, 공원, 사회적 지위, 소득수준, 문명, 종교 등의 차이도 상권차단의 장애물이다.<br>⑤ 취급 상품의 판매액에 따라 제1차·제2차·제3차 상권으로 분류하기도 한다. |

## 2. 상권획정의 방법

상권획정은 주어진 입지에 있어서 적합한 업종과 상권의 범위 그리고 매출액을 추정하는 방법이다.

| | |
|---|---|
| 시장침투 접근법 | ① 대부분의 상권 분석<br>② 상권의 중첩부분 인정 ➡ 경쟁이 심한 업종<br>예 백화점, 슈퍼마켓(마트), 선매품점 |
| 공간독점 접근법 | ① 거리제한을 두는 업종<br>② 면허가 필요한 업종<br>예 우체국, 주류판매점, 프랜차이즈점, 주유소 |
| 분산시장 접근법 | 전문화된 상품으로서 특정 수요계층을 대상으로 하는 경우<br>예 고급가구점 |

# 17 크리스탈러(W. Christaller)의 중심지이론

24회·29회·33회·34회·35회

## 1. 의의

•정주(定住)란 인간이 일정한 지역에서 터전을 잡아 살아가는 것을 말하며, 다양한 정주 공간 사이의 기능적 상호작용은 결과적으로 계층 구조를 형성하게 되는데 이를 정주체계라고 한다. 정주 공간은 촌락에서부터 대도시까지 규모가 다양하며 계층성이 나타난다. 촌락과 도시는 상호작용에 의해 하나의 정주체계를 이루며, 한 지역이나 국가의 도시들도 계층적 체계를 이룬다.

중심지는 중심성의 상대적 크기에 따라 고차 중심지와 저차 중심지로 구분되며, 고차 중심지일수록 저차 중심지보다 중심지 간의 거리가 더 멀고 규모가 크며 다양한 중심기능을 가진다는 이론이다. 이는 인간 정주체계의 분포원리와 상업입지의 계층체계를 설명하는 이론이다.

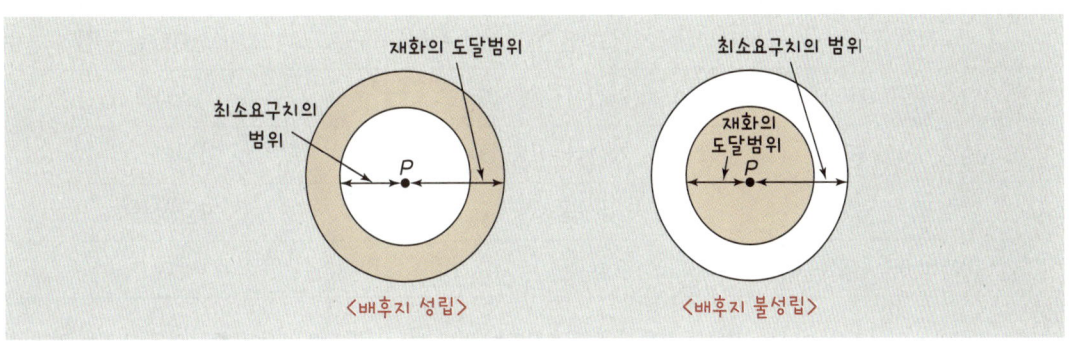

## 2. 주요 개념

| 중심지 | 도시가 위치한 지역의 중심에서 재화나 서비스를 생산·공급하는 곳 |
|---|---|
| 배후지 | 중심지에 의해 재화나 서비스를 제공받는 주변지역 |
| 최소요구치 | 중심지 기능이 유지되기 위한 최소한의 수요 요구 규모 |
| 최소요구범위 | 판매자가 정상이윤을 얻는 만큼의 충분한 소비자를 포함하는 경계까지의 거리 |
| 재화의 도달거리<br>(범위, range of a goods) | 중심지 활동이 제공되는 공간적 한계로 중심지로부터 어느 기능에 대한 수요가 '0'(또는 상품의 판매량이 '0')이 되는 지점까지의 거리 |
| 중심지 유지를 위한 조건 | 최소요구치의 범위보다 재화의 도달거리(범위)가 커야 한다. |

## 3. 형태(중심지의 배후지 분할)

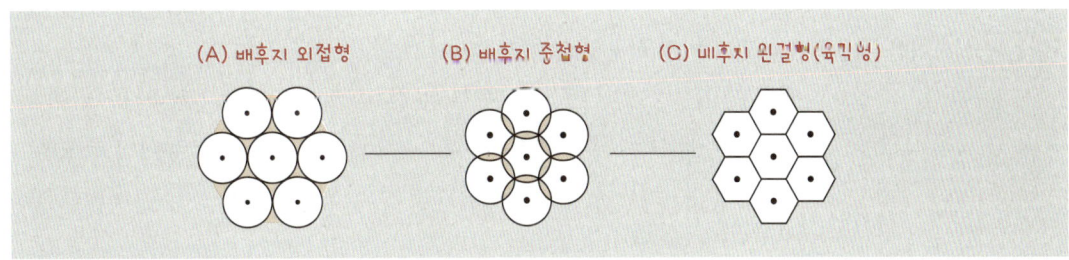

| 배후지 외접형(A) | 중심지의 서비스를 제공받지 못하는 소외지역이 발생한다. |
|---|---|
| 배후지 중첩형(B) | 중심지 간의 지나친 경쟁으로 불필요하게 중복되는 지역이 발생한다. |
| 배후지 완결형(C) | 겹치거나 소외되는 지역이 존재하지 않고 재화나 서비스를 제공한다. |

## 4. 내용

| 구분 | 저차원 중심지 | 고차원 중심지 |
| --- | --- | --- |
| 교통이 발달할수록 | 쇠락 | 발달 |
| 중심지의 수 | 많다 | 적다 |
| | 저차원 중심지에서 고차원 중심지로 갈수록 중심지의 수는 피라미드형 | |
| 배후지의 규모 | 규모가 더 작아지고 단순한 기능 수행 | 규모가 더 커지고 다양한 중심기능 수행 |
| 수요자의 도달거리 | 가깝다 | 멀다 |
| 중심지 간의 거리 | 가깝다 | 멀다 |
| 취급상품 | 저급상품 | 고급상품 |
| 소비자의 이용빈도 | 높다 | 낮다 |

➕ 인구가 증가하거나 경제가 활성화될수록 중심지의 규모는 커지고, 중심지가 많아지며, 중심지 간 거리는 가까워진다.

### 더 알아보기  허프(D. L. Huff)의 중심지이론(미시적 분석)

1. 허프는 소비자 행태에 많은 관심을 쏟았는데, 수요자의 개성, 즉 미시적 분석에 관심을 두고 중심지이론을 전개하였다.
2. 일반적으로 소비자는 소비할 때, 가장 가까운 곳에서 상품을 택하려는 경향이 있다.
3. 적당한 거리에 고차원 중심지가 있으면, 인근의 저차원 중심지를 지나칠 가능성이 커진다.

## 5. 비판

고객의 다목적 구매행동, 고객의 지역 간 문화적 차이를 반영하지 않았다는 비판이 있다.

# 18  레일리(W. J. Reilly)의 소매인력법칙   24회·25회·26회·27회·29회·30회·33회

## 1. 의의

① 중력모형을 이용하여 상권의 범위를 확정하는 모형이다.
② 두 중심지가 소비자에게 미치는 영향력의 크기는 두 중심지의 크기에 비례하고 거리의 제곱에 반비례한다고 보았다. 즉, 2개 도시의 상거래 흡인력은 두 도시의 인구에 비례하고, 두 도시의 분기점으로부터 거리의 제곱에 반비례한다고 보았다.

## 2. 내용

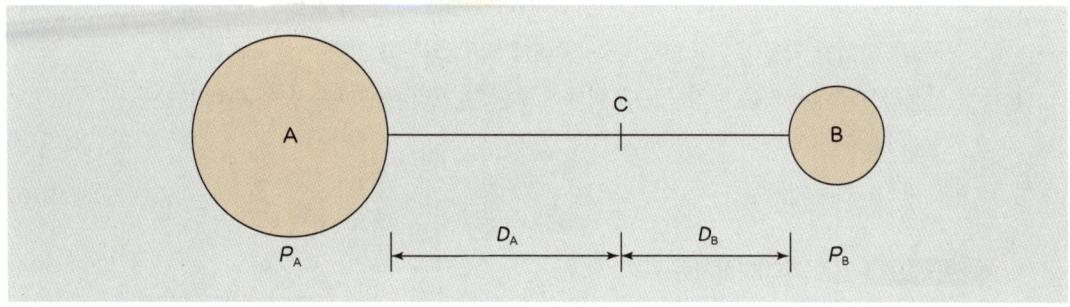

### (1) 상권의 경계지점(분기점)
큰 도시에서 멀고 작은 도시에서 가깝다.

### (2) 구매지향비율(고객유인력)

$$구매지향비율(고객유인력) = \frac{크기}{거리^2}$$ * 크기: 도시인구

- A 고객유인력 = $\dfrac{A도시의 크기}{A도시까지의 거리^2}$
- B 고객유인력 = $\dfrac{B도시의 크기}{B도시까지의 거리^2}$

### (3) B에 대한 A의 구매지향비율

$$B에 대한 A의 구매지향비율 = \frac{A도시의 인구}{B도시의 인구} \times \left(\frac{B도시까지의 거리}{A도시까지의 거리}\right)^2$$

## 19 허프(D. L. Huff)의 확률적 상권모형
25회·28회·29회·30회·31회·33회·34회·36회

### 1. 의의
허프는 레일리의 소매인력법칙이 구매중심점이 여러 곳에 존재하는 대도시에 적용하는 데에는 한계가 있다는 점을 보완하여, 구매중심점이 여러 곳에 존재하는 대도시에서 쇼핑 패턴을 결정하는 확률모형을 제시하고 있다.

### 2. 내용
① 소비자는 가장 가까운 곳에서 상품을 선택하려는 경향이 있으나, 적당한 거리에 고차원 중심지가 있으면 인근의 저차원 중심지를 지나칠 가능성이 커진다.
② 소비자들의 특정 상점의 구매를 설명할 때 실측거리, 시간거리, 매장규모와 같은 공간요인뿐만 아니라 효용이라는 비공간요인도 고려하였다.

③ 소비자는 일반적으로 점포의 매장규모가 클수록, 점포까지의 거리가 가까울수록, 시간이 적게 소요될수록 구매 시 효용이 증가한다고 보았다. 결국 어떤 매장이 고객에게 주는 효용이 클수록 그 매장이 고객들에게 선택될 확률이 더 높아진다는 공리에 바탕을 두고 있다.

④ <mark>특정 상점의 고객유인력은 매장규모에 비례하고 공간(거리)마찰계수 승에 반비례한다.</mark>

$$\text{고객유인력} = \frac{\text{면적}}{\text{거리}^\lambda} \qquad *\lambda: \text{공간(거리)마찰계수}$$

**➕ 더 알아보기　공간(거리)마찰계수**

1. 공간(거리)마찰계수는 시장의 교통조건과 쇼핑물건의 특성에 따라 달라지는 값이다.
2. 공간(거리)마찰계수는 교통조건이 나쁠수록 커지게 되며, 교통조건이 좋을수록 작아지게 된다.
3. 공간(거리)마찰계수는 도로환경, 지형, 주행수단 등 다양한 요인에 영향을 받을 수 있다.
4. 공간(거리)마찰계수는 일상용품점보다 전문품점의 경우가 작다.

⑤ 소비자거주지에 거주하는 소비자가 A, B 두 할인매장 중 A매장으로 구매하러 갈 확률(시장점유율)

$$\text{소비자가 A매장을 이용할 확률(시장점유율)} = \frac{\text{A고객유인력}}{\text{A고객유인력} + \text{B고객유인력}}$$

➡ <mark>소비자가 특정 점포를 이용할 확률은 경쟁점포의 수, 점포와의 거리, 점포의 면적에 의해 결정된다.</mark>

⑥ A매장의 이용객 수 = 소비자거주지 인구 × A매장을 이용할 확률(시장점유율)

### 3. 한계

허프의 상권분석모형은 고정된 상권을 놓고 경쟁함으로써 제로섬(zero-sum)게임이 된다는 한계가 있다.

## 20 컨버스(P. Converse)의 분기점모형　29회·32회·35회

컨버스는 레일리의 소매인력법칙을 응용하여 두 도시 간의 구매영향력이 같은 분기점(상권의 경계지점)의 위치를 구하는 방법을 제시하고 있다.

$$\text{A도시로부터 상권의 분기점까지의 거리}(D_A) = \frac{\text{도시 A와 B 간의 거리}}{1 + \sqrt{\dfrac{\text{B의 크기}}{\text{A의 크기}}}}$$

## 21 소비자분포기법과 소매입지이론

### 1. 소비자분포기법(CST; Customer Spotting Techniques)
① 애플바움(Applebaum) 교수가 제안한 모형으로서 지리적 상권의 범위를 획정하기 위한 실무적 기법이다.
② 소비자분포기법은 상권의 규모뿐만 아니라 고객의 특성 파악 및 판매촉진 전략 수립에 도움이 될 수 있다.

### 2. 넬슨(Nelson)의 소매입지이론

**(1) 의의**

특정 점포가 최대 이익을 얻을 수 있는 매출액을 확보하기 위해서 어떤 장소에 입지하여야 하는지를 제시하였다.

**(2) 점포입지의 원칙**

① 현재의 지역후보의 적합지점
② 잠재적 발전성
③ 고객의 중간 유인
④ 상거래지역에 대한 적합지점
⑤ 집중흡인력
⑥ 양립성
⑦ 경합성의 최소화
⑧ 용지경제학

## 22 공간균배의 원리와 점포의 종류

### 1. 공간균배의 원리

| 의의 | 경쟁관계에 있는 점포 사이에 경쟁이 나타나면 장기적으로 공간(배후지)를 균등하게 배분하게 된다는 원리 |
|---|---|
| 내용 | ① 시장이 좁고 수요의 교통비탄력성이 작은 경우 ➡ 집심적 입지<br>② 시장이 넓고 수요의 교통비탄력성이 큰 경우 ➡ 분산입지 |

### 2. 점포의 종류와 입지

**(1) 입지유형별 점포(소재 위치에 따른 점포의 분류)**

| 집심성 점포 | 배후지의 중심지(CBD)에 입지하는 것이 유리한 점포<br>예 백화점, 고급음식점, 영화관 |
|---|---|
| 집재성 점포 | 동일업종의 점포가 서로 한곳에 모여서 입지하여야 하는 유형의 점포<br>예 은행, 보험회사, 관공서, 기계점, 가구점 |
| 산재성 점포 | 동일업종의 점포가 서로 분산입지하여야 하는 유형의 점포<br>예 잡화점, 이발소, 공중목욕탕, 세탁소 |

| 국부적 집중성 점포 | 동일업종의 점포끼리 국부적 중심지에 입지하여야 하는 점포<br>예 농기구점, 석재점, 철공소, 비료상점, 종묘점 |

## (2) 상품에 따른 상점의 종류(구매 관습에 의한 상점의 분류)

| 편의품점 | 의의 | 일상의 생활필수품을 판매하는 상점 |
|---|---|---|
| | 특징 | ① 주로 저차원 중심지에 입지<br>② 상품은 주로 가정용이고, 고객은 주부이며, 늘 통행하는 길목에 위치<br>③ 상권은 도보로 10~20분 정도, 거리는 1,000m를 넘지 않는 범위<br>④ 주로 인근지역에 많고 도심상업지역에는 많지 않음 |
| 선매품점 | 의의 | 고객이 상품의 가격, 스타일, 품질 등을 여러 상점을 통해서 비교하여 구매하는 상품을 판매하는 상점[매회품(買回品)] |
| | 특징 | ① 주로 중차원 또는 고차원 중심지에 입지<br>② 집심성·집재성 점포에 속하는 경우가 많음<br>③ 고객의 취미 등이 잘 반영되어야 하므로 표준화가 어려움<br>④ 비교적 원거리에서 고객이 찾아오므로 교통수단·접근성이 좋아야 함<br>예 가구, 부인용 의상, 보석류 |
| 전문품점 | 의의 | 고객이 특수한 매력을 찾으려는 상품으로서 구매를 위한 노력을 아끼지 않고, 가격수준도 높은 광고된 유명상품을 취급하는 상점 |
| | 특징 | ① 고차원 중심지에 입지<br>② 집심성 점포에 속하는 경우가 많음<br>③ 구매결정에 신중을 기해야 하는 것<br>④ 구매빈도는 낮으나 이윤율은 높음<br>예 고급양복, 고급시계, 고급카메라, 고급자동차 |

## 23 부지선정의 단계와 가능매상고의 추계방법

### 1. 부지선정의 단계

① 기존 부지의 분석 ⇨ ② 도시분석 ⇨ ③ 근린분석 ⇨ ④ 대상근린지역의 선정 ⇨ ⑤ 대상부지 선정

### 2. 가능매상고의 추계방법

| 비율법 | 1인당(또는 가구당) 가처분소득에서 해당 점포에서 취급하는 상품들에 대한 지출가능금액의 비율을 구하는 방법 |
|---|---|
| 유추법 | 같은 회사 내의 다른 지역의 유사한 점포의 매출액을 통해 해당 점포의 예상매출액을 추계하는 방법 |

| 중력모형 | 두 물체 간의 인력은 거리의 제곱에 반비례하고, 질량의 크기에 비례한다는 만유인력 법칙을 적용하여 해당 점포의 예상매출액을 추계하는 방법 |
|---|---|
| 회귀모형 | 가능매상고에 영향을 주는 여러 가지 변수들을 설정하고, 이 변수들로 대상점포의 예상매상고를 추계하는 방법 |

## 24 입지인자의 개념 및 종류

### 1. 개념

**(1) 입지단위**

생산과정에서 소요되는 비용을 항목별로 세분한 하나하나의 비용항목이다.

**(2) 입지인자**

입지단위로 보아서 다른 장소 이상으로 이익을 가져오기 때문에 특정한 공업입지에 견인함으로써 얻게 되는 비용절약상의 이익을 말한다.

### 2. 종류

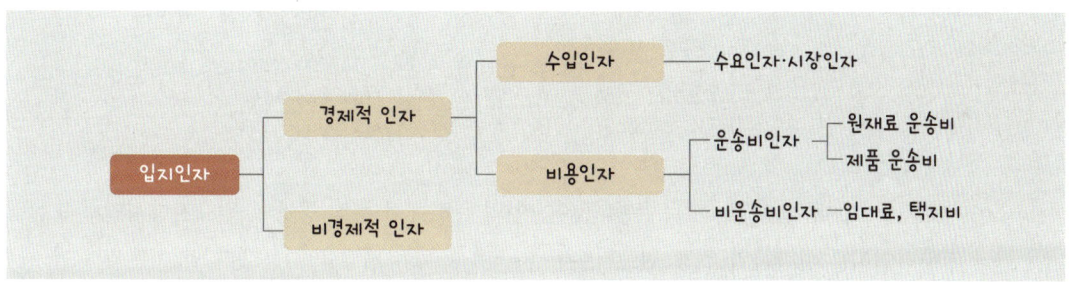

## 25 베버의 최소비용이론, 뢰쉬의 최대수요이론   24회·29회·30회·32회·33회·34회·35회·36회

### 1. 베버(A. Weber)의 최소비용이론

**(1) 의의**

산업입지의 영향요소를 운송비·노동비·집적이익으로 구분하고, 이 요소들을 고려하여 비용이 최소화되는 지점이 공장의 최적입지가 된다는 이론이다.

**(2) 산업입지에 영향을 주는 요소**

산업입지에서 중요한 것은 수송비, 노동비(임금), 집적이익 등인데, 그중에서 수송비(운송비)가 가장 중요한 요소이다. 수송비는 원료와 제품의 무게, 원료와 제품이 수송되는 거리에 의해 결정된다.

### (3) 최적 공장입지

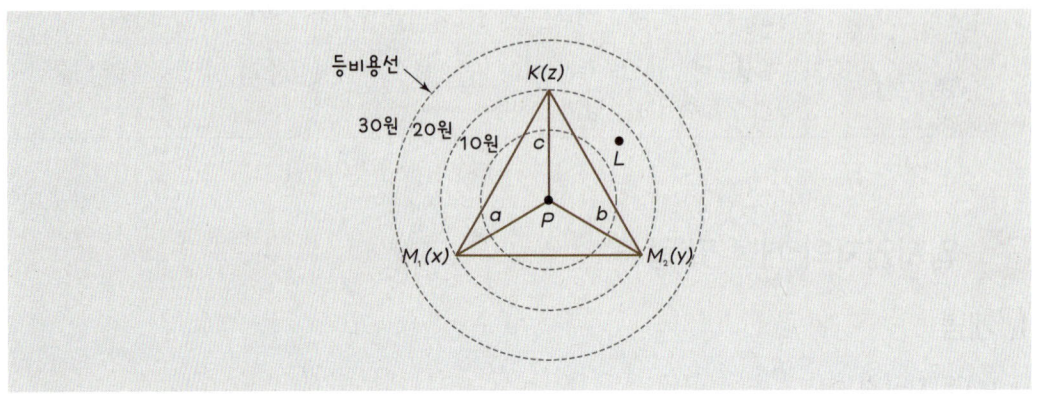

➕ **등비용선(isodapane)**: 최소수송비 지점에서 거리가 멀어짐에 따라 증가하는 수송비가 동일한 지점을 연결한 선을 말한다. 따라서 등비용선상에서는 총수송비가 동일하다.

### (4) 원료지수와 입지중량

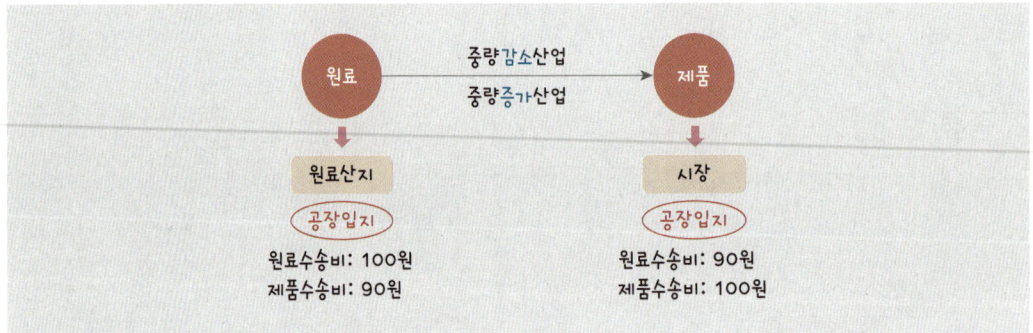

① **원료지수**: 베버(A. Weber)는 수송비(운송비)의 관점에서 특정 공장이 원료지향적인지 또는 시장지향적인지를 판단하기 위해 원료지수(material index) 개념을 사용했다. 베버는 원료를 보편원료와 국지원료로 구분하여 원료지수를 도출하였는데, 원료지수란 제품중량에 대한 국지원료중량의 비율을 말한다.

$$\text{원료지수} = \frac{\text{국지원료중량}}{\text{제품중량}} \begin{cases} > 1 \Rightarrow \text{원료지향형} \\ = 1 \Rightarrow \text{자유입지형} \\ < 1 \Rightarrow \text{시장지향형} \end{cases}$$

② **입지중량**: 제품 1단위의 이동에 필요한 중량으로서 제품중량에 대한 국지원료중량에 제품중량을 더한 값의 비율을 말한다.

$$\text{입지중량} = \frac{\text{국지원료중량} + \text{제품중량}}{\text{제품중량}} \begin{cases} > 2 \Rightarrow \text{원료지향형} \\ = 2 \Rightarrow \text{자유입지형} \\ < 2 \Rightarrow \text{시장지향형} \end{cases}$$

$$= \text{원료지수} + 1$$

### (5) 공장부지의 입지요인

① 원료지향형 입지와 시장지향형 입지의 결정

| 원료지향형 입지 | 시장(소비지)지향형 입지 |
|---|---|
| ㉠ 중량감소산업<br>　　예 시멘트공업, 제련공업<br>㉡ 원료수송비가 제품수송비보다 큰 산업<br>㉢ 원료중량이 제품중량보다 큰 산업<br>㉣ 부패하기 쉬운 원료·물품을 생산하는 산업<br>　　예 통조림공업, 냉동공업<br>㉤ 편재원료(국지원료)를 많이 사용하는 공장 | ㉠ 중량증가산업<br>　　예 청량음료, 맥주<br>㉡ 제품수송비가 원료수송비보다 큰 산업<br>㉢ 제품중량이 원료중량보다 큰 산업<br>㉣ 부패하기 쉬운 완제품을 생산하는 산업<br>㉤ 보편원료를 많이 사용하는 공장 |

② **자유입지형 산업**: 수송비가 입지선정에 거의 작용하지 않는 고도의 대규모 기술집약적 산업이다.
　　예 자동차, 항공기, 전자산업
③ **중간지향형 산업**: 제품이나 원료의 수송수단이 바뀌는 이적지점(移積地點 또는 적환지점, break-of-bulk point)은 운송비 절감효과가 크기 때문에 공장입지에 유리하다. 소비시장과 원료산지 사이에 이적지점이 있는 경우가 이에 해당한다.
　　예 제철, 정유, 합판
④ **집적지향형 산업**: 수송비의 비중이 적고 기술연관성이 높은 산업으로, 기술, 정보, 시설, 원료 등을 공동이용함으로써 비용을 절감하는 경우가 이에 해당한다.
　　예 기계공업, 자동차공업, 석유화학, 제철
⑤ **노동지향형 산업**: 노동집약적이고 미숙련공을 많이 사용하는 의류산업, 신발산업 등의 공장은 저임금지역에 입지하는 경향이 있다.

## 2. 뢰쉬(A. Lösch)의 최대수요이론

① 뢰쉬는 베버의 입지론이 너무 생산비에만 치우쳐 있음을 지적하며 이의를 제기하였다.
② 뢰쉬의 이론은 원자재가 균등하게 분포되어 있고 수송비가 모든 방향으로 동일하며, 장소에 따라 수요가 차별적이라는 전제하에 수요측면에서 경제활동의 공간조직과 상권조직을 파악한 것이다.
③ 수요 측면의 입장에서 기업은 시장확대가능성이 가장 높은 지점에 위치해야 한다고 보았다.

# POINT 03 부동산정책론

## 1 PIR과 RIR, 슈바베지수

### 1. 소득 대비 주택가격 비율(PIR; Price to Income Ratio)

가구당 연간소득에서 주택가격이 차지하는 비율을 말한다.

$$PIR = \frac{주택가격}{가구당\ 연간소득}$$

① 일반적으로 소득에 비해 주택가격의 상승률이 크면 PIR은 증가한다.
② PIR이 증가할수록 가구의 주택구입능력이 낮아지며 자가점유율이 저하된다.
③ PIR이 증가할수록 개별가구의 주택마련기간이 길어진다는 것을 의미한다.

### 2. 소득 대비 주택임대료 비율(RIR; Rent to Income Ratio)

임차인의 중위가구 월 소득에 대한 주택의 중위 월 임대료의 비율을 말하며, 임차가구의 임대료 지불능력과 임대주택시장의 효율성 및 주택불평등을 반영하는 지표라고 할 수 있다.

$$RIR = \frac{주택\ 월\ 임대료}{가구당\ 월\ 소득}$$

### 3. 슈바베지수(Schwabe index)

가구의 생계비 중에서 주거비가 차지하는 비율을 말한다.

$$슈바베지수 = \frac{주거비}{생계비} \times 100$$

## 2 부동산정책

### 1. 의의

부동산을 둘러싼 여러 가지 문제를 해결·개선함으로써 부동산과 인간의 관계를 보다 합리적으로 하려는 공적인 노력을 말한다. 즉, 공익추구를 위한 정부의 부동산활동이다.

## 2. 기능 - 시장개입의 이유

| 정치적 기능 | 사회적 목표를 달성하기 위해 시장에 개입하는 것<br>➡ 저소득층에의 주택공급에 관한 여러 가지 주택정책 |
|---|---|
| 경제적 기능 | 시장의 실패를 수정하기 위해 시장에 개입하는 것<br>➡ 외부효과의 제거문제 |

## 3. 시장의 실패

| 의의 | 시장이 어떤 이유로 인해 자원의 적정배분을 자율적으로 조정하지 못하는 것 |
|---|---|
| 원인 | ① 불완전경쟁(독과점)의 존재<br>② 규모의 경제 ➡ 기업이 생산시설의 규모를 확장함에 따라 생산량이 증가할 때 장기평균비용이 감소하는 것<br>③ 외부효과의 존재<br>④ 공공재의 부족<br>⑤ 거래 쌍방 간의 정보의 비대칭성 및 불확실성 |

# 3 공공재

28회·30회

## 1. 의의

모든 사람들이 공동으로 이용할 수 있는 재화나 서비스를 말하며, 소비에 있어서 비경합성(非競合性)과 비배제성(非排除性)의 특성을 지닌다.
📌 국방, 경찰, 소방, 도로, 의무교육, 공원

## 2. 특징

### (1) 소비의 비경합성 ⇨ 공동소비성

한 사람의 소비가 늘어나더라도 기존 소비자의 소비량이 줄어들지 않는 것을 말한다.
📌 국방서비스의 공급

### (2) 소비의 비배제성 ⇨ 무임승차자 문제(수익자부담의 원칙이 지켜지지 않음)

소비자가 대가를 지불하지 않더라도 소비를 배제할 수 없는 것을 말한다.
📌 등대를 이용하는 배

## 3. 내용

① 공공재의 생산을 시장에 맡길 경우 사회적 적정 생산량보다 과소하게 생산되는 경향이 있다.
② 공공재는 일반적으로 정부가 세금이나 공공의 기금으로 공급하는 경우가 많다.
③ 소비에 있어서 규모의 경제가 발생할 수 있다.

## 4 외부효과

24회·26회·28회

### 1. 의의

어떤 경제활동과 관련하여 거래당사자가 아닌 제3자에게 의도하지 않은 이익이나 손해를 가져다주는데도 이에 대한 대가를 지불하지도 받지도 않는 상태를 말한다. 외부성(externality)이라고도 한다.
➡ 부동산의 특성 중 부동성, 인접성과 관련이 있다.

### 2. 구분

| 정(+)의 외부효과(외부경제) | 부(−)의 외부효과(외부불경제) |
|---|---|
| 다른 사람(제3자)에게 의도하지 않은 혜택을 입히고도 이에 대한 보상을 받지 못하는 것<br>예 과수원, 양봉업 | 다른 사람(제3자)에게 의도하지 않은 손해를 입히고도 이에 대한 대가를 지불하지 않는 것<br>예 양식업, 공장폐수 |
| ① 사적 편익 < 사회적 편익<br>② 사적 비용 > 사회적 비용 → 사적 비용에 생산활동으로 인해 제3자에게 미치는 피해까지를 합한 것 | ① 사적 편익 > 사회적 편익<br>② 사적 비용 < 사회적 비용 |
| 과소생산, 과다가격 | 과다생산, 과소가격 |
| 보조금 지급, 조세 경감, 행정규제의 완화 | 조세 부과, 환경부담금 부과, 지역지구제 실시 |
| PIMFY(Please In My Front Yard) 현상 | NIMBY(Not In My Back Yard) 현상 |

**+ 더 알아보기  코즈의 정리(Coase theorem)**

미국 경제학자 코즈(R. H. Coase)는 재산권이 분명하게 확립되어 있고 거래비용(transaction cost)이 없다면 정부 개입 없이도 이해관계 당사자간의 협상에 의해 외부효과 문제를 효율적으로 해결할 수 있다는 것을 보여주었는데, 이를 코즈의 정리라고 한다.

## 5 토지정책의 수단

24회·31회·34회·36회

| | |
|---|---|
| 토지이용규제 | 개별 토지이용자의 토지이용행위를 사회적으로 바람직한 방향으로 유도하기 위해 법률적·행정적 조치에 의거하여 구속하고 제한하는 방법<br>예 지역지구제, 건축규제, 각종 인·허가, 개발권양도제 |
| 직접적 개입 | 정부나 공공기관이 토지시장에 직접 개입하여 토지에 대한 수요 및 공급자의 역할을 적극적으로 수행하는 방법<br>예 토지수용, 토지은행제도, 공영개발사업, 공공소유제도, 도시재개발 |
| 간접적 개입 | 기본적으로는 시장기구의 틀을 유지하면서 그 기능을 통해 소기의 효과를 거두려는 방법<br>예 부동산조세, 금융지원 및 보조금지급, 개발부담금, 정보체계구축 |

### 방's 출제포인트

**정부의 부동산시장에 대한 개입 수단**

| 직접 개입 수단 | 간접 개입 수단 |
| --- | --- |
| • 공공토지비축<br>• 토지수용<br>• 공영개발<br>• 공공임대주택정책 | • 취득세<br>• 종합부동산세<br>• 개발부담금제<br>• 임대료보조<br>• 대부비율(LTV), 총부채상환비율(DTI)<br>• 부동산가격공시제도 |

## 6 지역지구제

26회·27회·28회·29회·33회·35회

### 1. 의의

토지용도를 구분함으로써 이용목적에 부합하지 않은 토지이용이나 건축 등의 행위를 <mark>토지의 효율적·합리적 이용을 도모하는 방향으로 규제하는 제도</mark>이다. 지역지구제를 실시함으로써 토지이용에 수반되는 부(−)의 외부효과를 제거하거나 감소시킬 수 있다.

### 2. 목적 및 필요성

① 토지의 이용목적 및 입지특성에 따라 적합한 용도를 부여함으로써, 국토이용질서를 확립하고 토지자원을 효율적·합리적으로 이용하기 위하여 필요하다.
② 용도에 맞지 않고 어울리지 않는 토지이용을 규제함으로써, 부(−)의 외부효과를 제거 또는 감소시켜 효율적인 자원배분을 할 수 있게 한다.
③ 토지자원의 개발과 보전의 적절한 조화를 목적으로 한다.
④ 토지자원의 활용 측면에서 세대 간 형평성을 유지하기 위함이다.

### 3. 효과

**(1) 단기적 효과**

지역지구제 실시 ⇨ 부(−)의 외부효과 제거 ⇨ 주택수요 증가 ⇨ 주택가치 상승 ➡ 기존 투자자의 초과이윤 발생

**(2) 장기적 효과**

신규기업의 시장진입 ⇨ 주택공급 증가 ⇨ 주택가치 하락 ➡ 초과이윤 소멸

**(3) 산업의 종류별 효과**

① 비용불변산업: 주택가치는 원래 수준까지 하락하여 균형, 공급량 증가
② 비용증가산업: 주택가치는 원래보다 높은 수준에서 균형, 공급량 증가
③ 비용감소산업: 주택가치는 원래보다 낮은 수준에서 균형, 공급량 증가

## 4. 추가적인 제한이 있는 경우

어떤 지역에 지역지구제의 실시와 함께 주택의 신축을 제한하는 추가적인 제한이 있는 경우, 주택가치는 단기적으로 상승하지만, 장기적으로는 원래 수준(경쟁시장이 존재하는 경우)을 유지한다.

## 5. 지역지구제와 독점의 문제

① 어떤 특정 지역에만 용도의 지정 또는 변경 등의 독점적 지위를 부여한다면 진입장벽으로 인해 더 이상 공급이 늘지 않으므로 장기적으로도 부동산가치는 하락하지 않으며, 초과이윤은 모두 독점적 지위를 누리는 투자자에게 돌아간다.

② 초과이윤의 문제는 위치적 이점이 부동산가치에 이미 반영된 사후적 독점이 아닌, 반영되지 않은 사전적 독점에서 야기된다.

## 6. 문제점

① 토지이용의 경직성
② 다른 지역과의 형평성 문제 야기

## 7 개발이익환수제

28회 · 29회 · 30회

### 1. 개발이익의 개념

개발이익이란 개발사업의 시행이나 토지이용계획의 변경, 그 밖에 사회적 · 경제적 요인에 따라 정상지가(正常地價) 상승분을 초과하여 개발사업을 시행하는 자(사업시행자)나 토지소유자에게 귀속되는 토지가액의 증가분을 말한다(개발이익 환수에 관한 법률 제2조 제1호).

### 2. 개발이익의 환수

국가는 공공기관의 개발사업 등으로 인하여 토지소유자의 노력과 관계없이 정상지가 상승분을 초과하여 개발이익이 발생한 경우, 이를 개발부담금으로 환수할 수 있다. 개발이익환수제(개발부담금제)는 개발사업의 시행으로 이익을 얻은 사업시행자로부터 개발이익의 일정액을 환수하는 제도이다.

> **더 알아보기 개발부담금**
>
> 개발이익 중 「개발이익 환수에 관한 법률」에 따라 특별자치시장 · 특별자치도지사 · 시장 · 군수 또는 구청장(자치구의 구청장)이 부과 · 징수하는 금액을 말한다(개발이익 환수에 관한 법률 제2조 제4호).

## 8 토지은행제도(공공토지비축제도)

24회·28회·29회·30회·33회

### 1. 의의

공공이 토지를 매입한 후 보유하고 있다가 적절한 때에 이를 매각하거나 공공용으로 사용하는 제도로서, 정부가 직접적으로 부동산시장에 개입하는 정책수단이다.
➡ 현재 우리나라는 한국토지주택공사를 통하여 토지비축업무를 수행하고 있다.

### 2. 목적

공익사업용지의 원활한 공급과 토지시장의 안정에 기여하는 것을 목적으로 한다.

### 3. 장·단점

| | |
|---|---|
| 장점 | ① 개인 등에 의한 무질서하고 무계획적인 토지개발을 막을 수 있으므로 효과적인 도시계획 목표 달성에 기여할 수 있다.<br>② 공공재나 공공시설을 위한 토지를 값싸게 제때에 공급할 수 있다.<br>③ 개발이익을 사회에 환원할 수 있다. |
| 단점 | ① 막대한 토지매입비가 필요하다.<br>② 적절한 투기방지 대책 없이 대량으로 토지를 매입할 경우 지가 상승을 유발할 수 있다.<br>③ 토지 매입 시와 매출 시 사이의 과도기 동안 공공자유 보유상태의 토지를 정부가 관리해야 하는 문제가 있다.<br>④ 토지은행의 취지에 따라 투기를 억제하고 개발이익을 사회에 환원하기 위해서는 토지 매입 시 매입대상토지의 가격을 기회비용의 수준으로 묶어 둘 사전조치를 취해야 하는데 그것이 어렵다. |

## 9 임대료규제정책

24회·25회·26회·28회·29회·34회·36회

### 1. 의의

임대료규제를 임대료한도제 또는 임대료상한제라고도 하는데, 정부가 임대주택시장에 개입하여 임대료를 일정수준 이상 올릴 수 없도록 하는 제도이며, 최고가격제에 해당한다.

### 2. 정책적 효과

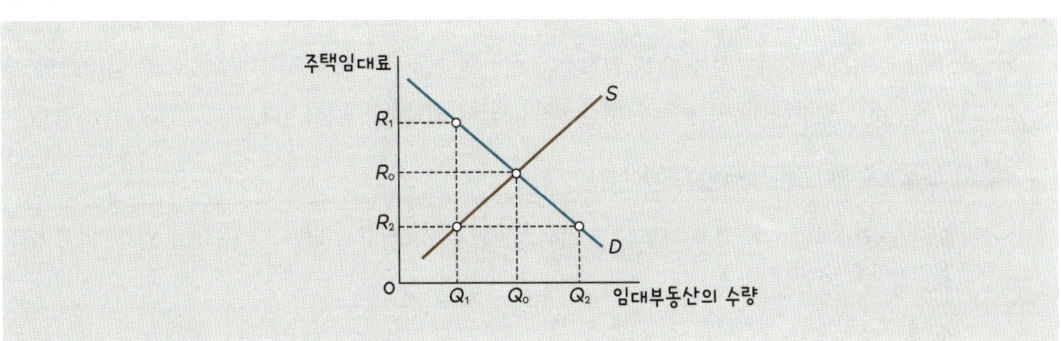

(1) 임대주택에 대한 초과수요가 발생한다. ➡ 공급부족

(2) 임차인

① 임차인들이 임대주택 구하기가 어려워진다.

② 임차인들의 주거이동이 저하된다. ➡ 사회적 비용 증가

(3) 임대인

① 기존의 임대주택이 다른 용도로 전환된다.

② 임대주택에 대한 투자를 기피하는 현상이 발생한다.

③ 임대주택 서비스의 질이 저하된다.

(4) 정부

정부의 임대소득세 수입이 감소한다.

(5) 시장

불법거래가 성행하고, 임대료에 대한 이중가격이 형성될 수 있다.

### 방's 출제포인트

**규제임대료**

1. 시장(균형)임대료보다 낮은 임대료로 설정 ➡ 정책 효과가 있다.
   ↳ 임대료 하락, 수요량 증가(투기발생), 공급량(장기) 감소, 품질 저하
   ↳ 초과수요
   ↳ 임대료 상승 압력
     ↳ 단기(비탄력적) ⇨ 초과수요 작다. ➡ 정책효과 크다.
     ↳ 장기(탄력적) ⇨ 초과수요 크다. ➡ 정책효과 작다.
2. 시장(균형)임대료보다 높은 임대료로 설정 ➡ 아무런 변화 없다.
   ↳ 초과공급 ➡ 나타나지 않는다.
   ↳ 현재의 균형임대료를 그대로 유지한다.
   ↳ 아무런 정책효과 없다.

## 10 임대료보조정책 ⇨ 간접적 개입

25회·26회·28회·29회·34회·36회

### 1. 의의

저소득층의 주택문제를 해결하기 위해 일정수준 이하의 저소득층에게 정부가 무상으로 임대료의 일부를 보조해 주는 것을 말하는데, 이는 정부의 간접적 개입에 해당하는 정책이다.

#### 더 알아보기 주택바우처(housing voucher)

주택바우처는 저소득임차가구에 주택임대료를 일부 지원해 주는 소비자 보조방식의 일종으로 임차인의 주거지 선택을 용이하게 할 수 있다.

## 2. 수요 측 보조금

임차인에게 보조금을 지급하는 방법으로 가격(임대료)보조방식과 소득보조방식이 있다.

| 구분 | 가격(임대료)보조방식 ⇨ 집세보조 | 소득보조방식 ⇨ 현금보조 |
|---|---|---|
| 의의 | 주택의 상대가격을 낮춤으로써 저소득임차가구의 주택소비를 증가시킴 | 실질소득이 현금보조액만큼 증가한 것과 같으므로 주택임차가구의 주택부담능력이 높아짐 |
| 정책적 효과 | ① 소비 증가, 효용 증가, 임대료 상승, 공급량 증가(장기)<br>② 소비증대 효과가 큼 | ① 소비 증가, 효용 증가, 임대료 상승, 공급량 증가(장기)<br>② 효용증대 효과가 큼 |

➕ 임대료보조로 인해 임차인이 실제 부담하는 지불임대료는 원래보다 낮아지게 된다.

## 3. 정책적 효과

### (1) 단기적 효과

① 임차인에게 임대료를 보조 ⇨ 임차인 입장에서는 임대부동산의 공급가격이 그만큼 하락한 효과와 임차인의 실질소득이 상승하는 효과가 발생 ⇨ 임대주택에 대한 수요가 증가 ➡ 시장임대료는 상승한다.

② 그러나 단기에 임대주택의 공급곡선이 수직이라면 임대주택의 공급은 불변 ➡ 임대주택의 공급곡선이 수직인 단기에는 시장임대료만 상승하고 임대주택의 거래량은 불변이며, 보조금의 혜택은 임대주택공급자에게 돌아간다.

### (2) 장기적 효과

임대료 상승으로 인해 장기적으로 임대주택의 공급이 증가(하향여과를 통한 공급) ➡ 시장임대료가 낮아져 임차인의 부담은 낮아지고, 그 결과 임대주택의 소비량이 증가하여 임대주택의 거래량도 증가한다.

---

**방's 출제포인트**

**임대료보조정책**

1. 장기적으로 시장임대료는 원래의 수준에서 균형을 이룬다.
2. 임대료보조정책은 저소득층의 효용을 증대시키고, 저가주택의 공급량을 증가시킨다.
3. 임대료보조로 인해 임차인이 실제 부담하는 지불임대료는 원래보다 낮아지게 된다.

## 11 공공임대주택정책 ⇨ 직접적 개입

29회·31회·34회

### 1. 의의

정부에서 사적 시장의 주택과 품질이 유사한 공공임대주택을 사적 시장보다 공공시장에서 값싸게 공급하는 것을 말하는데, 이는 정부의 직접적 개입에 해당하는 정책이다.

### 2. 정책적 효과

| 구분 | 사적 시장 | 공공시장 |
|---|---|---|
| 단기 | 수요 감소 ⇨ 임대료 하락 ➡ 임차인 혜택 | 공급 증가 & 낮은 임대료 ⇨ 수요 증가 ➡ 임차인 혜택 |
| | 단기적으로 사적 시장과 공공시장의 임대료 차액만큼 주거비 보조 효과 발생 ➡ 사적 시장과 공공시장의 임차인 모두 혜택 ||
| 장기 | 공급 감소 ⇨ 임대료 상승 ➡ 임차인 혜택 소멸 | 공급 증가 & 낮은 임대료 ➡ 임차인 혜택 |
| | ① 장기적으로 사회 전체의 임대주택 공급량 ➡ 불변<br>② 장기적으로 공공시장으로 이동한 임차인만 임대료 차액만큼 주거비 보조 효과 발생 ➡ 공공시장의 임차인만 혜택 ||

## 12 민간임대주택과 공공임대주택

31회·33회·34회·35회·36회

### 1. 민간임대주택

| 정의 || 임대 목적으로 제공하는 주택으로서 임대사업자가 등록한 주택 |
|---|---|---|
| 구분 | 민간건설 임대주택 | 임대사업자가 임대를 목적으로 건설하여 임대하는 주택으로, 「주택법」에 따라 등록한 주택건설사업자가 같은 법에 따라 사업계획승인을 받아 건설한 주택 중 사용검사 때까지 분양되지 아니하여 임대하는 주택을 포함 |
| | 민간매입 임대주택 | 임대사업자가 매매 등으로 소유권을 취득하여 임대하는 민간임대주택 |
| | 공공지원 민간임대주택 | 임대사업자가 법률규정에 해당하는 민간임대주택을 10년 이상 임대할 목적으로 취득하여 임대료 및 임차인의 자격 제한 등을 받아 임대하는 민간임대주택 |
| | 장기일반 민간임대주택 | 임대사업자가 공공지원 민간임대주택이 아닌 주택을 10년 이상 임대할 목적으로 취득하여 임대하는 민간임대주택 |

## 2. 공공임대주택

| 구분 | | 설명 |
|---|---|---|
| 정의 | | 임대 또는 임대한 후 분양전환을 할 목적으로 공급하는 「주택법」에 따른 주택으로서 대통령령으로 정하는 주택 |
| 구분 | 영구임대주택 | 국가나 지방자치단체의 재정을 지원받아, 최저소득 계층의 주거안정을 위하여 50년 이상 또는 영구적인 임대를 목적으로 공급하는 공공임대주택 |
| | 국민임대주택 | 국가나 지방자치단체의 재정이나 「주택도시기금법」에 따른 주택도시기금의 자금을 지원받아, 저소득 서민의 주거안정을 위하여 30년 이상 장기간 임대를 목적으로 공급하는 공공임대주택 |
| | 행복주택 | 국가나 지방자치단체의 재정이나 주택도시기금의 자금을 지원받아, 대학생, 사회초년생, 신혼부부 등 젊은 층의 주거안정을 목적으로 공급하는 공공임대주택 |
| | 통합 공공임대주택 | 국가나 지방자치단체의 재정이나 주택도시기금의 자금을 지원받아 최저소득 계층, 저소득 서민, 젊은 층 및 장애인·국가유공자 등 사회 취약계층 등의 주거안정을 목적으로 공급하는 공공임대주택 |
| | 장기전세주택 | 국가나 지방자치단체의 재정이나 주택도시기금의 자금을 지원받아, 전세계약의 방식으로 공급하는 공공임대주택 |
| | 분양전환 공공임대주택 | 일정기간 임대 후 분양전환할 목적으로 공급하는 공공임대주택 |
| | 기존주택등 매입임대주택 | 국가나 지방자치단체의 재정이나 주택도시기금의 자금을 지원받아, 주택 또는 건축물(기존주택등)을 매입하여 「국민기초생활 보장법」에 따른 수급자 등 저소득층과 청년 및 신혼부부 등에게 공급하는 공공임대주택 |
| | 기존주택 전세임대주택 | 국가나 지방자치단체의 재정이나 주택도시기금의 자금을 지원받아, 기존주택을 임차하여 「국민기초생활 보장법」에 따른 수급자 등 저소득층과 청년 및 신혼부부 등에게 전대(轉貸)하는 공공임대주택 |

## 13 분양가규제정책 ⇨ 분양가상한제

24회·27회·30회·33회

### 1. 의의
신규분양주택의 분양가격을 정부가 통제하는 것으로 공동주택의 분양가격을 산정할 때 일정한 건축비에 택지비를 더하여 분양가격을 산정하게 하고, 이렇게 산정된 분양가격을 시장균형가격보다 낮게 규제하는 분양가규제제도로서 최고가격제에 해당한다.

### 2. 목적
주택가격을 안정시키고 무주택자의 신규주택 구입부담을 경감시키기 위함이다.

## 3. 분양가상한제 적용주택(주택법 제57조)

**(1)** 사업주체가 일반인에게 공급하는 공동주택 중 다음의 어느 하나에 해당하는 지역에서 공급하는 주택의 경우에는 법률에서 정하는 기준에 따라 산정되는 분양가격 이하로 공급하여야 한다.
  ① 공공택지
  ② 공공택지 외의 택지에서 주택가격 상승 우려가 있어 국토교통부장관이 주거정책심의위원회 심의를 거쳐 지정하는 지역

**(2)** 도시형 생활주택에는 분양가상한제를 적용하지 않는다.

**(3) 분양가격**

「주택법」상 분양가상한제 적용주택의 분양가격은 택지비와 건축비로 구성된다.

**(4) 전매제한**

주택법령상 분양가상한제 적용주택 및 그 주택의 입주자로 선정된 지위에 대해 전매를 제한할 수 있다.

## 4. 정책적 효과

① 분양가격과 시장가격의 차이 때문에 단기적으로는 투기적 수요가 증대하며, 장기적으로는 주택산업의 생산성을 저하시켜 신축주택의 공급 감소를 초래할 수 있다.
② 정부가 주택가격 안정을 목적으로 신규주택의 분양가를 규제할 경우, 신규주택 공급량이 감소하면서 사회적 후생손실이 발생할 수 있다.
③ 수요나 공급의 가격탄력성이 비탄력적인 단기에는 탄력적인 장기보다 초과수요가 작아 정책효과는 크며, 수요나 공급의 가격탄력성이 탄력적인 장기에는 비탄력적인 단기보다 초과수요가 커져 정책효과는 작아진다.
④ 분양주택의 질적 수준이 저하될 수 있다.
⑤ 주택의 과소비가 초래될 수 있으며, 분양주택에 대한 프리미엄이 형성되면 분양권을 불법으로 전매하는 등의 현상이 나타날 수 있다.
⑥ 가격기능을 왜곡시켜 자원배분의 효율성을 저해하게 된다.
⑦ 도심지역보다는 외곽지역의 고밀도 개발을 촉진하여 토지이용의 비효율을 초래할 수 있다.
⑧ 공급자의 채산성을 악화시켜 장기화될수록 민간주택공급을 위축시킴으로써 중고주택의 가격을 상승시키며, 저소득층의 주택난 심화를 초래할 수 있다.
⑨ 장기적으로는 여과과정을 통한 저소득층의 주거안정가능성이 감소할 수 있다.
⑩ 불법적인 음성적 거래가 나타날 수 있으며, 규제가격과 음성적 거래에 의한 가격 간의 이중가격을 형성할 수 있다.

## 14 분양가자율화정책

### 1. 의의
정부가 사적 시장의 가격규제를 풀고 자율화함으로써 시장의 수요와 공급에 의해 가격이 결정되도록 하는 것을 말한다.

### 2. 정책적 효과
① 분양가를 자율화하기 위해서는 택지의 확보, 금융지원 등을 통한 공급증대 노력이 선행되어야 한다.
② 신규주택 가격이 상승하여 장기적으로 신규주택의 공급이 확대된다.
③ 전매차익을 줄여 투기적 수요는 감소된다.
④ 주택산업의 수익성이 향상되고, 경쟁으로 인해 주택의 품질이 개선된다.
⑤ 대형주택 위주로 주택공급이 확대될 가능성이 높으므로 대형주택 보유에 관한 과세를 강화하여야 한다.
⑥ 소형주택의 공급이 감소하고 대형주택 위주로 주택공급이 확대되므로 저소득층의 주택부담이 가중된다.

## 15 주택 선분양제도와 후분양제도

27회·30회

| 구분 | 선분양제도 | 후분양제도 |
|---|---|---|
| 의의 | 주택이 완공되기 이전에 소비자에게 분양하고, 계약금·중도금 등을 완공 이전에 납부하도록 하여 건설금융에 충당할 수 있게 허용한 제도 | 일정규모 이상 건설공사가 이루어진 뒤 공급하는 방식으로, 건설업자가 건설자금을 직접 조달하는 제도 |
| 장점 | ① 건설자금 조달 용이<br>② 주택공급 증가 ➡ 주택시장 활성화<br>③ 분양대금 분할납부로 금융부담 경감<br>④ 소비자 위험부담하에 주택구입 용이 | ① 분양권 매매차익 소멸 ➡ 투기 억제<br>② 완제품의 비교 선택 가능<br>③ 소비자의 선택폭 확대 ➡ 최적선택 용이<br>④ 업체의 품질경쟁 ➡ 품질 향상 |
| 단점 | ① 분양권 매매차익 발생 ➡ 투기 발생<br>② 완제품을 비교하여 선택할 수 없음<br>③ 소비자의 선택폭 축소 ➡ 최적선택 곤란<br>④ 부실공사 등 주택품질 저하<br>⑤ 시장위험이 수요자에게 전가 | ① 건설자금 조달 곤란<br>② 주택공급 감소 ➡ 주택시장 침체 가능성<br>③ 건설업체의 부도 가능성 확대<br>④ 건설업체의 시장위험부담 증가<br>⑤ 주택가격 일시납부로 목돈마련이 어려움 |

## 16 부동산조세정책

25회·26회·28회·29회·30회·31회·32회·33회·34회·35회·36회

### 1. 부동산조세

| 구분 | 취득단계 | 보유단계 | 처분단계 |
|---|---|---|---|
| 국세 | 상속세 | 종합부동산세 | 양도소득세 |
| 지방세 | 취득세 | 재산세 | – |

### 2. 부동산조세의 전가와 귀착

#### (1) 조세의 전가
조세가 부과되었을 때 각 경제주체들이 자신의 활동을 조정함으로써 조세의 실질적인 부담의 일부 또는 전부를 타인에게 이전시키는 현상을 말한다.

#### (2) 조세의 귀착
조세의 사실상 부담이 최종적으로 어떤 사람에게 귀속되는 것을 조세의 귀착이라 한다.

### 3. 재산세의 부과

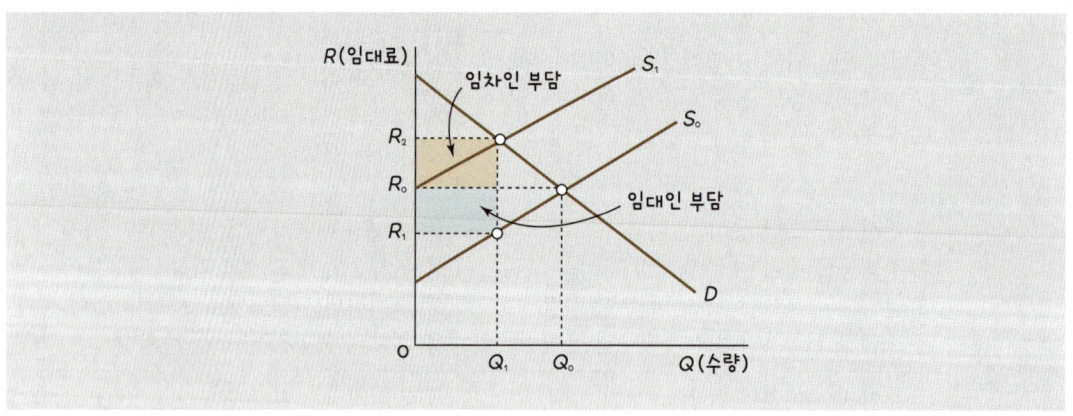

#### (1) 재산세의 부과
① 임대주택시장에서 임대인에게 재산세 부과 ⇨ 공급 감소 ⇨ 공급곡선 좌상향 이동 ➡ 임대료 상승, 거래량 감소
② 재산세 부과액만큼 공급곡선은 상방으로 이동한다.

## (2) 탄력성과 조세귀착

탄력성과 조세부담은 반비례한다.

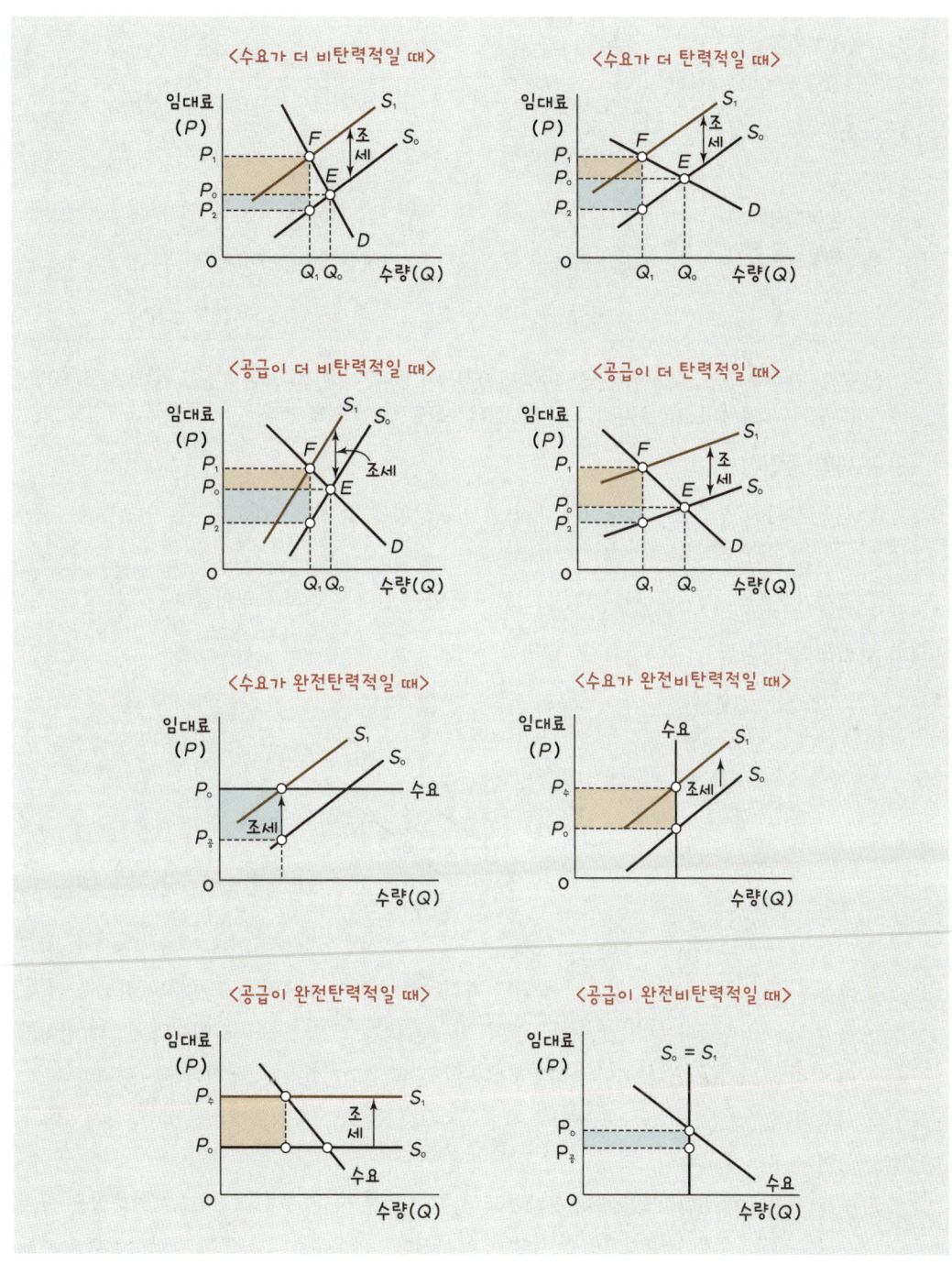

| | | | |
|---|---|---|---|
| 탄력성과 조세귀착 | 수요 | 탄력적 | 수요자부담 작다, 공급자부담 크다 |
| | | 비탄력적 | 수요자부담 크다, 공급자부담 작다 |
| | 공급 | 탄력적 | 공급자부담 작다, 수요자부담 크다 |
| | | 비탄력적 | 공급자부담 크다, 수요자부담 작다 |
| 전액부담 하는 경우 | 수요 | 완전탄력적 | 수요자부담 없음, 공급자 전액부담 |
| | | 완전비탄력적 | 수요자 전액부담, 공급자부담 없음 |
| | 공급 | 완전탄력적 | 공급자부담 없음, 수요자 전액부담 |
| | | 완전비탄력적 | 공급자 전액부담, 수요자부담 없음 |

➕ 공공임대주택의 공급확대정책은 임대주택의 재산세가 임차인에게 전가되는 현상을 완화시킬 수 있다
(∵ 공공임대주택의 공급은 사적임대주택시장의 수요탄력성을 크게 한다).

### (3) 조세의 중립성

① 세금 부과의 결과로 납세자의 상대적인 경제 상황에 변화가 초래되어서는 안 된다는 일반적 과세원칙을 말한다.
② 조세가 시장의 자원배분에 영향을 미치지 않아야 한다는 원칙을 의미한다.

### (4) 사회적 후생손실

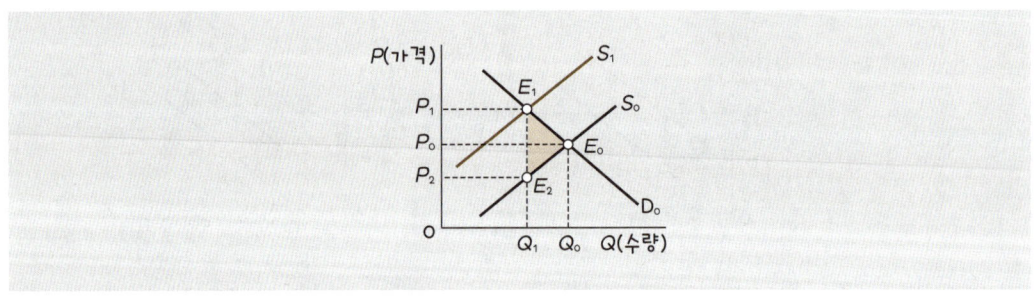

① 조세부과로 인해 공급이 감소하게 되면 가격은 상승하여 수요자는 조세부과 전보다 더 높은 가격을 지불하고 공급자는 더 낮은 가격(세후소득)을 받게 되므로, 소비자잉여와 생산자잉여가 감소하여 삼각형 크기($E_0 E_1 E_2$)의 사회적 후생손실(경제적 순손실)이 발생한다.
② 사회적 후생손실(경제적 순손실)은 세금부과로 인한 소비자잉여 감소분과 생산자잉여 감소분의 합이 정부의 조세수입보다 크기 때문에 발생한다.
③ 수요나 공급이 비탄력적일수록 조세부과 시 자원배분의 왜곡이 작아지므로(거래량은 작게 감소하므로) 사회적 후생손실(경제적 순손실)이 작아진다. 또한 수요나 공급이 탄력적일수록 조세부과 시 자원배분의 왜곡이 커지므로(거래량은 크게 감소하므로) 사회적 후생손실(경제적 순손실)이 커진다.
④ 수요나 공급이 완전비탄력적이면 자원배분의 왜곡은 초래되지 않으며 사회적 후생손실(경제적 순손실)도 없게 된다.

### 방's 출제포인트

**탄력성과 조세귀착, 자원배분의 왜곡, 사회적 후생손실**

1. 조세부과 시 수요나 공급이 비탄력적일수록, 조세부담은 커지고 자원배분의 왜곡과 사회적 후생손실(경제적 순손실)은 작아진다.
2. 조세부과 시 수요나 공급이 탄력적일수록, 조세부담은 작아지고 자원배분의 왜곡과 사회적 후생손실(경제적 순손실)은 커진다.

## 4. 양도소득세의 부과

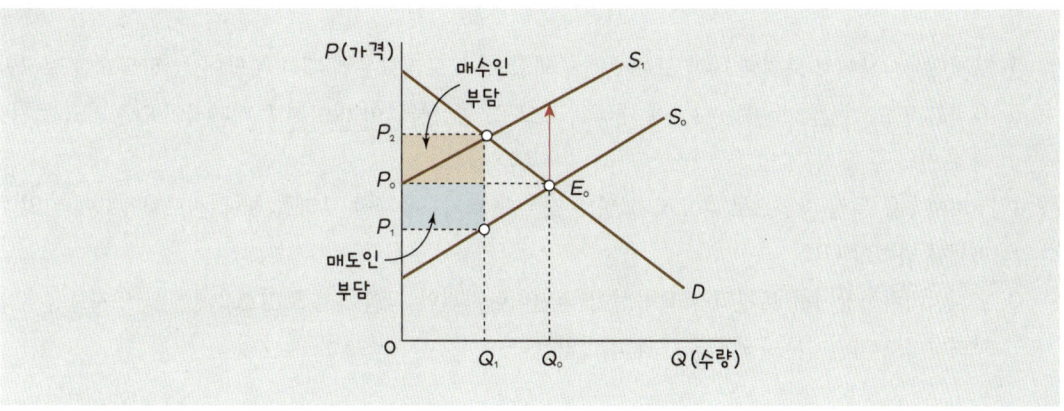

### (1) 주택공급의 동결효과가 존재하는 경우

양도소득세의 부과 ⇨ 주택공급의 동결효과 발생 ⇨ 주택공급 감소 ➡ 주택가격 상승

#### 더 알아보기 공급의 동결효과(lock in effect)

부동산의 양도소득에 대해 과세를 하면 부동산소유자가 양도소득세를 납부하지 않기 위해 부동산 처분을 기피함으로써 부동산의 공급이 감소하는 효과를 말한다.

### (2) 주택공급의 동결효과가 존재하지 않는 경우

양도소득세의 부과 ⇨ 자본이득의 크기 감소 ⇨ 주택수요 감소 ➡ 주택거래량 감소, 주택가격 하락

## 5. 토지보유세의 부과

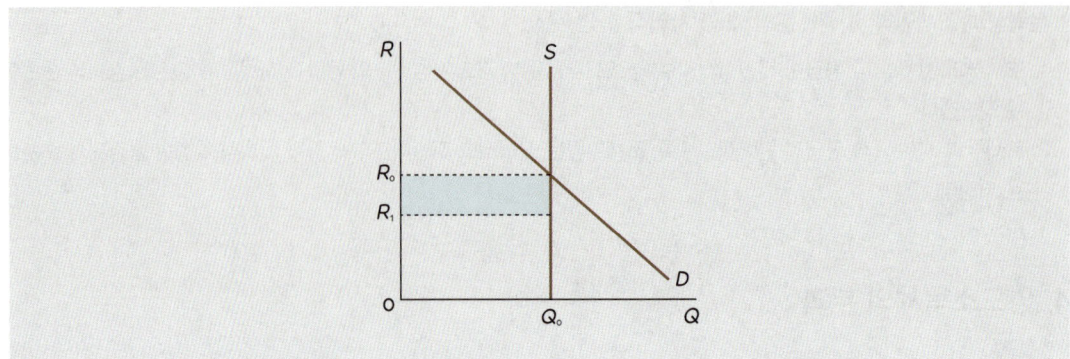

① 토지매매시장에서 토지에 대한 보유세를 중과할 경우 토지보유에 대한 부담이 늘어 필요한 토지만 보유하고 필요 이상의 토지는 시장에 내놓게 되므로, 공급물량이 많아져 토지가격이 안정되고 토지이용이 촉진될 수 있다.
② 토지이용을 특정 방향으로 유도하기 위해 정부가 토지보유세를 부과할 때에는 토지용도에 따라 차등 과세를 하여야 한다.
③ 토지임대차시장에서 토지의 공급곡선이 완전비탄력적인 상황에서 토지소유자에게 토지보유세가 부과되더라도 자원배분의 왜곡은 초래되지 않는다.

## 6. 토지단일세론 – 헨리 조지(Henry George)

① 토지세를 제외한 다른 모든 조세를 없애고 정부의 재정은 토지세만으로 충당하는 토지단일세를 주장하였다.
② 토지에서 발생하는 지대수입을 100% 징세할 경우, 토지세 수입만으로 재정을 충당할 수 있기 때문에 토지세 이외의 모든 조세는 철폐하자고 주장하였다.
③ 토지의 공급이 완전비탄력적이므로, 토지세는 임대인(토지소유자)에게 전적으로 귀착된다고 보았다. 이를 근거로 모든 세금을 폐지하고 토지단일세 도입을 주장하였다.

# POINT 04 부동산투자론

## 1 부동산투자의 개념·종류 및 장·단점
25회·27회·29회·31회·33회·34회·36회

### 1. 개념

**(1) 투자**

불확실한 미래의 수익을 기대하고 확실한 현재의 소비를 희생하는 행위를 말한다.

**(2) 부동산투자**

확실한 현재의 소비를 희생하여 생산활동을 통해 미래의 불확실한 수익의 획득을 목적으로 합리적 안전성과 원금의 궁극적인 회수를 전제로 항구적인 용도를 갖는 부동산에 자본을 투입하는 행위를 말한다.

➕ 투자의 대상이 되는 부동산 ➡ 투자성 부동산(수익성 부동산)

### 2. 투자의 3단계

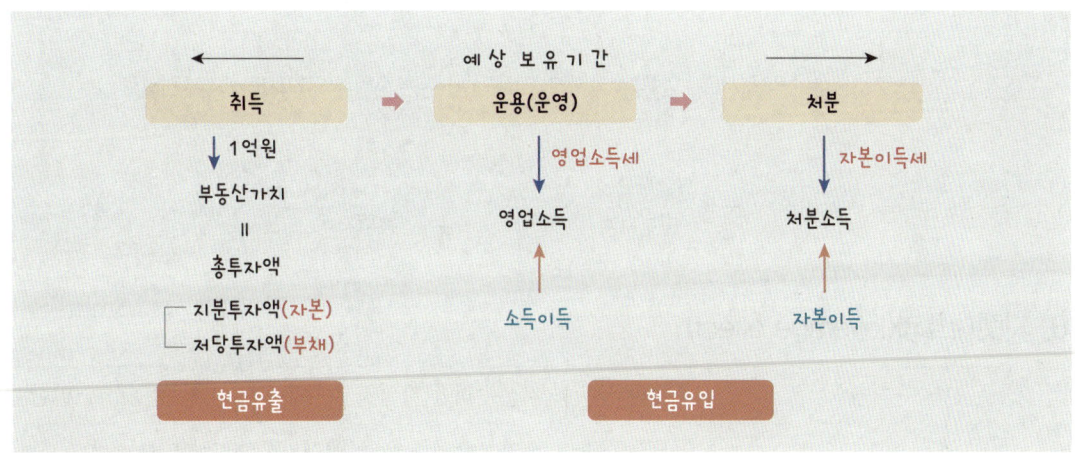

**방's 출제포인트**

투자액과 수익, 수익률

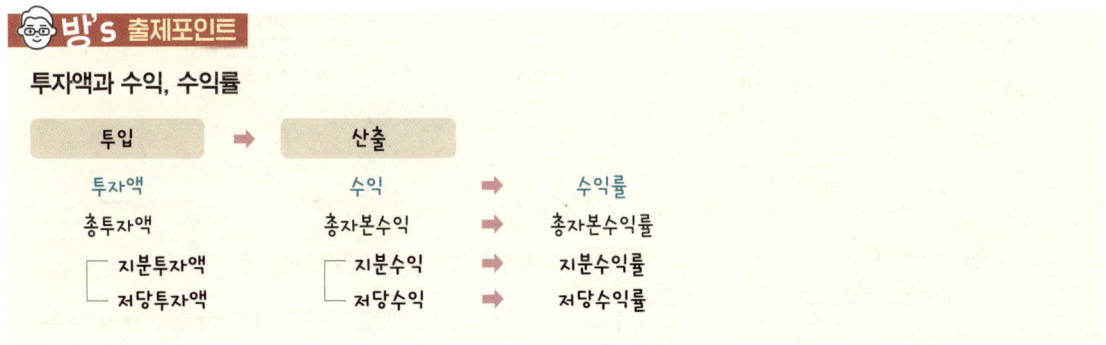

## 3. 부동산투자자의 종류

| | |
|---|---|
| **지분투자자**<br>(equity investor) | 자기자본을 투자하는 보통의 일반투자자를 말한다.<br>➡ 부동산투자에 대한 의사결정의 주체 |
| **저당투자자**<br>(mortgage investor) | 지분투자자에게 필요한 자금을 대출해 주는 대출자를 말한다.<br>➡ 저당대부를 제공하는 은행과 같은 대출기관 |

## 4. 부동산투자의 종류

| | |
|---|---|
| **실물투자**<br>(real investment) | 금, 은, 보석, 골동품, 예술품, 부동산 등의 실물에 투자하는 것을 말한다. |
| **재무투자**<br>(financial investment) | 공채, 주식, 사채, 외환 등의 금융유가증권에 투자하는 것을 말한다. |

## 5. 자기자본수익률과 총자본수익률

$$자기자본수익률(지분수익률) = \frac{지분수익}{지분투자액(자기자본)} \times 100(\%) = \frac{총자본수익 - 이자지급액}{지분투자액(자기자본)} \times 100(\%)$$

$$자기자본수익률(지분수익률) = 총자본수익률 + (총자본수익률 - 이자율) \times 부채비율$$

$$총자본수익률 = \frac{총자본수익}{총투자액} \times 100(\%) = \frac{소득이득 + 자본이득}{총투자액} \times 100(\%)$$

## 6. 지렛대효과(leverage effect)

| | | |
|---|---|---|
| 개념 | | 부채의 사용이 지분수익률(자기자본수익률)에 미치는 영향을 말한다. |
| 구분 | 정(+)의 지렛대효과 | 지분수익률 > 총자본수익률 > 차입이자율(저당수익률)<br>➡ 부채비율이 커질수록 지분수익률이 상승하는 것을 말한다. |
| | 부(−)의 지렛대효과 | 지분수익률 < 총자본수익률 < 차입이자율(저당수익률)<br>➡ 부채비율이 커질수록 지분수익률이 하락하는 것을 말한다. |
| | 영(0)의 지렛대효과 | 지분수익률 = 총자본수익률 = 차입이자율(저당수익률)<br>➡ 부채비율이 변화해도 지분수익률은 변하지 않는 것을 말한다. |
| 지렛대효과의 크기 | | 지분수익률(자기자본수익률) − 총자본수익률 |
| 지렛대효과와 금융적 위험 | | 투자재원의 일부인 부채가 증가함에 따라 원금과 이자에 대한 채무불이행의 가능성이 높아지며, 금리상승기에 추가적인 비용부담이 발생하는 경우의 위험을 금융적 위험(financial risk)이라고 한다. |

## 7. 장·단점

| 장점 | 단점 |
|------|------|
| ① 지렛대효과(leverage effect) 향유<br>② 절세효과 ➡ 이자지급액, 감가상각액<br>③ 구매력 보호<br>④ 소유의 긍지<br>⑤ 인적 통제 가능<br>⑥ 사업이윤을 얻음<br>⑦ 소득이득과 자본이득 향유 | ① 금융위험 부담<br>② 사업위험 부담<br>③ 낮은 환금성<br>④ 소유자의 노력 필요<br>⑤ 중개수수료 부담<br>⑥ 행정적 통제와 법률의 복잡성 |

> **더 알아보기** 소득이득과 자본이득
>
> 1. **소득이득(income gain)**: 보유기간 동안 생산활동을 통해 발생하는 이득을 말한다.
>    예 임대료 수입, 지대 수입
> 2. **자본이득(capital gain)**: 해당 기간 말(처분 시)에 자산을 처분할 때 자산가치의 상승으로 인한 이익을 말한다.
>    예 양도차익, 시세차익

## 2 부동산투자와 재산 3분법

투자재산을 예금·주식·부동산으로 3분하여 관리하자는 것이다.

➡ 투자재산을 예금·주식·부동산으로 3등분하여 관리(×)
➡ 투자재산을 예금·주식·부동산으로 각각 3분의 1씩 관리(×)

| 구분 | 예금 | 주식 | 부동산 |
|------|------|------|--------|
| 안전성 | 유리 | 불리 | 유리 |
| 수익성 | 불리 | 유리 | 유리 |
| 환금성 | 유리 | 유리 | 불리 |

## 3 부동산투자의 위험과 수익

30회·34회·36회

### 1. 위험의 개념

① 부동산투자에서 예상한 결과와 실현된 결과가 달라질 가능성이 있다.
② 어떤 투자안으로부터 얻게 될 결과에 대해 불확실성이 존재함으로써 발생하는 변동성, 즉 투자수익이 기대치를 벗어날 변동가능성이 있다.

## 2. 위험과 수익의 측정

### (1) 수익의 측정

① 기댓값: 각 상황이 발생할 경우 실현될 수 있는 값들을 평균한 것을 말한다.

$$기댓값 = \Sigma(각\ 상황이\ 발생할\ 경우\ 실현되는\ 값 \times 발생확률)$$

② 기대수익률: 각 상황이 발생할 경우 실현될 수 있는 수익률들을 평균한 것을 말한다.

$$기대수익률 = \Sigma(각\ 경제상황별\ 추정수익률 \times 발생확률)$$

### (2) 위험의 측정

① 의의: 투자의 위험은 그 투자로부터 예상되는 수익률의 분산도로 측정한다.
② 분산과 표준편차: 투자자산의 위험정도를 나타내는 척도이다. 분산의 제곱근이 표준편차인데, 표준편차 값이 클수록 변동성이 심하므로 위험이 크고, 값이 작을수록 위험이 작다.

$$분산 = \Sigma[(각\ 경제상황별\ 추정수익률 - 기대수익률)^2 \times 발생확률]$$

③ 변이계수: 기대수익률 한 단위당 위험도를 말한다.

$$변이계수 = \frac{표준편차}{기대수익률}$$

## 4 부동산투자의 위험

| 사업상의 위험 | 의의 | 부동산업 자체에서 연유하는 수익성에 관한 위험 |
|---|---|---|
| | 시장 위험 | 부동산의 수요와 공급의 변동, 경기변동, 인플레이션, 이자율의 변화 등과 같은 시장 상황의 변동으로 야기되는 위험 |
| | 운영 위험 | 사무실의 관리, 근로자의 파업, 영업경비의 변동 등 부동산의 운영과 관련하여 야기되는 위험 |
| | 위치적 위험 | 부동산 위치의 고정성으로 인해 사업상 안게 되는 위험 |
| 금융적 위험 | | 부채를 사용하여 투자하면 지렛대효과를 향유하나 파산의 위험도 커진다는 것<br>➡ 투자금액을 모두 자기자본으로 조달할 경우 금융적 위험을 제거할 수 있음 |
| 법적 위험 | | 부동산에 가지는 재산권의 법적 환경변화에 따른 위험<br>➡ 정부의 각종 정책, 즉 지역지구제나 토지이용규제 등의 법적환경의 변화로 인해 수익의 불확실성이 야기되는 위험 |

| | | |
|---|---|---|
| 인플레이션 위험 | 투자기간 동안의 전반적인 물가상승으로 인해 발생하는 구매력의 하락 위험 | |
| 유동성 위험 | 투자부동산을 현금으로 전환하는 과정에서 발생하는 시장가치의 손실 가능성 ➡ 부동산투자자가 원하는 시기·가격에 대상부동산을 현금화하지 못하는 경우는 유동성 위험에 해당한다. | |

※ 인플레이션 위험: 물가가 지속적으로 올라 화폐가치가 떨어지는 현상(디플레이션과 반대 개념)
※ 유동성 위험: 어떤 자산이 얼마나 쉽게 현금으로 전환될 수 있는지를 나타내는 척도

## 5 부동산투자의 수익률

27회·32회·34회·36회

### 1. 의의

투하된 자본에 대한 순수익의 비율을 말한다.

$$수익률 = \frac{순수익}{투하자본}$$

### 2. 수익률의 종류

| 수익률의 종류 | 요구수익률 | 투자에 대한 위험이 주어졌을 때 투자자가 대상 부동산에 투자를 결정하기 위해 보장되어야 할 최소한의 수익률<br>➕ 필수수익률, 외부수익률, 투자의 기회비용이라고도 한다. | 사전수익률 |
|---|---|---|---|
| | 기대수익률 | 투자대상으로부터 투자로 인해 기대되는 예상수익률<br>➕ 내부수익률이라고도 한다. | |
| | 실현수익률 | 투자가 이루어지고 난 후에 실제로 실현된 수익률<br>➕ 실제수익률, 사후수익률, 역사적 수익률이라고도 한다. | 사후수익률 |
| 기대수익률과 요구수익률의 관계 | ① 기대수익률 > 요구수익률 ➡ 투자↑ ➡ 대상부동산 가치↑ ➡ 기대수익률↓<br>② 기대수익률 = 요구수익률 ➡ 균형투자량<br>③ 기대수익률 < 요구수익률 ➡ 투자↓ ➡ 대상부동산 가치↓ ➡ 기대수익률↑ | | |
| 투자가치 | 부동산을 소유함으로써 예상되는 미래의 편익이 부동산투자자에게 주는 현재가치<br>➡ 대상부동산이 특정 투자자에게 부여하는 주관적 가치 | | |
| 시장가치 | 부동산이 시장에서 매매되었을 때 형성될 수 있는 가치<br>➡ 대상부동산이 시장에서 가지는 객관적 가치 | | |
| 투자 채택 여부 | 투자가치 ≥ 시장가치 ➡ 투자채택<br>투자가치 < 시장가치 ➡ 투자기각 | | |

## 6  부동산투자의 위험과 수익의 관계

### 1. 투자자의 위험에 대한 태도

기대수익률이 동일할 경우, 투자자들은 덜 위험한 투자대안을 선택한다. ➡ 위험회피적

➕ 위험회피형 투자자라도 회피할 수 없는 위험이나 감수할 만한 유인책이 있는 위험은 감수할 수 있다.

| 위험회피형 투자자 | 동일한 위험증가에 대해 |
|---|---|
| 보수적 투자자 | 공격적 투자자보다 더 높은 수익률을 요구<br>(∵ 공격적 투자자보다 위험의 회피도가 높기 때문) |
| 공격적 투자자 | 보수적 투자자보다 더 낮은 수익률을 요구<br>(∵ 보수적 투자자보다 위험의 회피도가 낮기 때문) |

### 2. 위험·수익의 상쇄관계

요구수익률 = 무위험률 ⇐ 위험이 전혀 없는 경우 (무위험자산에 대한 수익률)
 = 무위험률 + 위험할증률 ➡ 위험조정률(risk-adjusted rate)
 = 무위험률 + 위험할증률 + 예상 인플레이션율 ➡ 피셔(Fisher)효과

① 위험을 전혀 감수하지 않을 경우, 투자자가 얻을 수 있는 수익률은 무위험률밖에 없다.
② 무위험(수익)률의 상승은 투자자의 요구수익률을 상승시키는 요인이다.
③ 위험이 큰 투자대상일수록 투자자들은 높은 위험에 대한 대가를 요구하게 되므로 요구수익률이 커지게 된다.
④ 위험할증률이 투자자마다 다르므로 요구수익률은 주관적 수익률이다.

### 3. 위험과 가치의 균형

$$\text{부동산의 투자가치} = \frac{\text{투자에 대한 예상순수익}}{\text{요구수익률}}$$

① 부동산의 투자가치란 부동산에 투자함으로써 예상되는 미래의 편익의 현재가치로서, 이때의 할인율로 요구수익률이 사용된다.
② 위험이 커지면 부동산의 투자가치는 하락하므로, 위험과 부동산의 투자가치는 반비례관계에 있게 된다.

## 7 위험의 관리방법과 처리방법
25회·26회·28회·30회·31회·32회·33회·34회·36회

### 1. 위험의 관리방법

(1) 의의

위험 발생 원인을 사전에 파악하여 위험을 분산·경감시키는 일련의 과정을 말한다.

(2) 위험관리의 방법

① 위험의 전가: 위험으로 인한 장래의 손실을 제3의 계약자나 보험회사에게 떠넘기는 방법이다.
   예 계약에 의한 위험전가(임대차계약, 하청계약, 리스계약), 보험계약, 이자율 스왑(swap)
② 위험의 보유: 위험으로 인한 장래의 손실을 스스로 부담하는 방법이다. 예 준비금, 충당금
③ 위험의 회피: 가장 기본적인 위험에 대한 대비수단으로서 손실의 가능성을 원천적으로 회피해 버리는 방법이다. 예 위험한 투자 제외
④ 위험의 통제: 손실의 발생횟수나 발생규모를 줄이려는 방법이다.
   예 보수적 예측방법, 위험조정할인율의 사용, 민감도분석, 평균-분산결정법, 포트폴리오 기법

### 2. 위험의 처리방법

(1) 위험한 투자를 제외시키는 방법

정부채권이나 정기예금에 투자하는 방법이다. ➡ 위험회피

(2) 보수적 예측방법

투자수익을 가능한 한 낮게 추계하고 이를 기준으로 투자를 결정하는 방법이다. ➡ 기대수익률을 하향조정하는 방법

(3) 위험조정할인율의 사용

기대되는 미래수익을 현재가치로 환원할 때 높은 위험이 존재하는 투자안일수록 높은 위험조정할인율을 적용하여 할인을 하는 방법이다. ➡ 요구수익률을 상향조정하는 방법

### 3. 민감도 분석(감응도 분석)

(1) 의의

① 민감도 분석은 투자효과를 분석하는 모형의 투입요소가 변화함에 따라, 그 결과치에 어떠한 영향을 주는지를 분석하는 기법이다. (28회)
② 민감도 분석은 모형의 투입요소가 변화함에 따라, 그 결과치인 순현재가치와 내부수익률이 어떻게 변화하는지를 분석하는 것이다. (30회)
③ 민감도 분석은 타당성 분석에 활용된 투입요소의 변화가 그 결과치에 어떠한 영향을 주는지를 분석하는 기법이다. (31회)
④ 민감도 분석을 통해 투입요소의 변화가 그 투자 안의 내부수익률에 미치는 영향을 분석할 수 있다. (34회)

### (2) 내용

① 투자안의 경제성 분석에서 민감도 분석을 통해 투입요소의 변화가 그 투자안의 순현재가치에 미치는 영향을 분석할 수 있다. (26회)

② 재무적 사업타당성 분석에서 사용하였던 주요 변수들의 투입 값을 낙관적, 비관적 상황으로 적용하여 수익성을 예측하는 것을 말한다. (32회)

## 8 포트폴리오 이론(portfolio theory) 24회·25회·26회·28회·29회·30회·32회·33회·34회·35회·36회

### 1. 의의

① 투자 시 여러 종목에 분산투자함으로써 위험을 분산시켜 안정된 수익을 얻으려는 자산투자 이론이다.
② 용도의 다양성과 부동성으로 인해 부동산상품을 지역, 유형 등으로 구분하여 부동산 포트폴리오를 구성할 수 있다.
   ➡ 부동산 유형별 분산투자뿐만 아니라 지역별 분산투자로도 위험을 낮출 수 있다.
③ 부동산은 고가성, 불가분성, 낮은 환금성, 수익률 파악 곤란 등으로 포트폴리오 구성이 어려운 면도 있다.

### 2. 포트폴리오의 수익 – 포트폴리오의 기대수익률

포트폴리오를 구성하는 개별자산들의 기대수익률을 구성비율로 가중평균한 값이다.

$$\text{포트폴리오의 기대수익률} = \Sigma(\text{개별자산의 기대수익률} \times \text{각 개별자산의 구성비율})$$

$$\text{개별자산의 기대수익률} = \Sigma(\text{각 경제상황별 추정수익률} \times \text{발생확률})$$

① 포트폴리오의 기대수익률은 포트폴리오를 구성하는 개별자산의 기대수익률과 구성비율(weights)에 의해 결정된다.
② 포트폴리오의 기대수익률은 구성자산의 수익률 및 각 자산에 대한 상대적 투자비중에 의해 결정되며, 총투자금액의 크기와는 아무런 관계가 없다.
③ 동일한 자산으로 구성되어 있으며, 각 구성자산에 대한 투자비중이 같은 두 포트폴리오는 총투자금액의 크기에 관계없이 동일한 포트폴리오이다. 또한 동일한 자산들로 포트폴리오를 구성하여도 개별자산의 투자비중에 따라 포트폴리오의 기대수익률과 분산은 다를 수 있다.

### 3. 포트폴리오의 위험 – 포트폴리오의 분산

#### 방's 출제포인트

**포트폴리오의 위험**
1. 분산투자   2. 비체계적 위험   3. 구성자산 수   4. 상관계수

## (1) 체계적 위험과 비체계적 위험

부동산투자에 수반되는 위험은 체계적 위험(systematic risk)과 비체계적 위험(nonsystematic risk)으로 구분할 수 있다.

> 총위험 = 체계적 위험 + 비체계적 위험

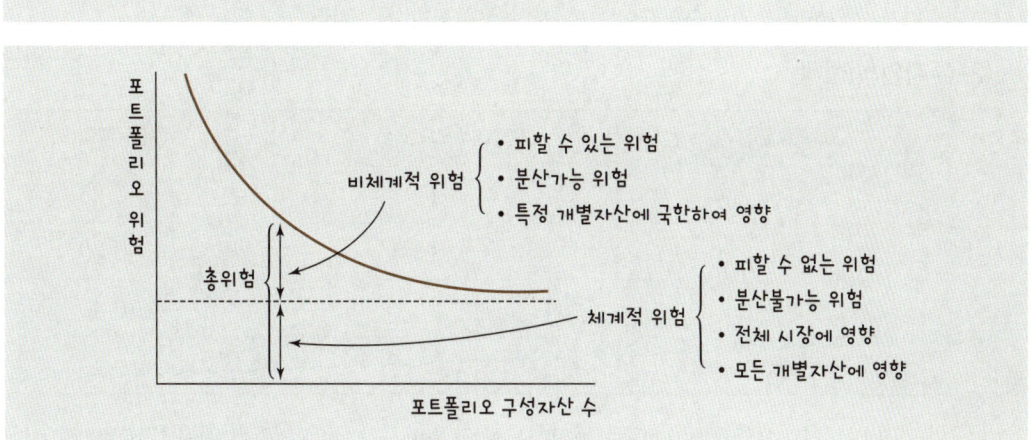

① 체계적 위험: 전쟁의 발생이나 예상 밖의 높은 인플레이션의 발표 등과 같이 전체 시장에 영향을 미치는 위험으로, 모든 부동산에 영향을 주는 '피할 수 없는 위험'이다.

② 비체계적 위험: 노사문제나 매출액 변동 등과 같이 특정 개별자산에 국한하여 영향을 미치는 위험으로, 투자대상을 다양화하여 분산투자함으로써 해결할 수 있는 '피할 수 있는 위험'이다.

## (2) 포트폴리오 효과

분산투자 효과는 포트폴리오를 구성하는 투자자산 종목의 수를 늘릴수록 비체계적 위험이 감소되어 포트폴리오 전체의 위험이 감소되는 것이다.

## (3) 상관계수

상관계수는 두 개의 확률변수(두 자산의 수익률)가 함께 움직이는 정도를 나타내는 척도이다.

① 상관계수는 언제나 −1에서 +1까지의 값만을 갖는데, 상관계수의 크기에 따라 제거 정도는 달라지며, 두 자산의 수익률 간의 상관계수가 −1에 가까울수록 위험분산 효과가 커진다.

② 두 개별자산으로 구성된 포트폴리오에서 자산 간 상관계수가 음(−)인 경우에 양(+)인 경우보다 포트폴리오 위험분산 효과가 크다.

③ 두 자산을 이용하여 포트폴리오를 구성한다고 해도 상관계수가 +1의 값을 갖는 경우는 위험(비체계적 위험)이 제거되지 않으며, −1의 값을 갖는 경우는 위험(비체계적 위험)이 완전히 제거될 수도 있다. 그러므로 상관계수가 +1의 값을 갖는 경우를 제외하면, 구성자산의 수를 많이 하여 포트폴리오를 구성한다면 위험(비체계적 위험)이 감소될 수 있다.

## 4. 평균-분산지배원리(평균-분산결정법)

### (1) 의의
① 기대수익률의 평균과 분산을 이용하여 투자대안을 선택하는 방법이다.
② 두 투자안의 기대수익률이 동일하다면 표준편차가 작은 투자안을 선택하고, 두 투자안의 표준편차가 동일하다면 기대수익률이 큰 투자안을 선택한다는 원리이다.

### (2) 투자안의 선택

| 투자대상 | 기대수익률(%) | 표준편차(%) |
|---|---|---|
| (가) | 0.1 | 0.25 |
| (나) | 0.1 | 0.30 |
| (다) | 0.2 | 0.40 |
| (라) | 0.4 | 0.40 |

(가)와 (나)는 기대수익률이 0.1%로 동일하므로 표준편차가 0.25%로 더 작은 (가)가 선호된다. (다)와 (라)는 표준편차가 0.40%로 동일하므로 기대수익률이 0.4%로 더 큰 (라)가 선호된다.
➡ 따라서 (가)와 (라) 투자만이 효율적 투자대상 또는 효율적 포트폴리오이다.

### (3) 한계점
기대수익률도 크고 표준편차도 큰 대안과 기대수익률도 작고 표준편차도 작은 대안은 비교가 불가능하다.

### (4) 극복방안
① 변이계수
② 포트폴리오 기법

## 5. 최적 포트폴리오의 선택

### (1) 효율적 프론티어[효율적 투자선, 효율적 전선(前線), efficient frontier]
① 평균-분산 지배원리에 의해 동일한 위험수준에서 최대의 기대수익률을 얻을 수 있는 포트폴리오의 집합을 말한다.
② 효율적 프론티어가 우상향하는 경우에는 주어진 위험에서 투자자가 이 이상의 수익률을 얻을 수 없기 때문에, 더 높은 수익률을 얻기 위해서는 더 많은 위험을 감수해야 한다는 것을 의미한다.
③ 효율적 프론티어에서는 추가적인 위험을 감수하지 않으면 수익률을 증가시킬 수 없다.
④ 투자위험(표준편차)과 기대수익률은 정(+)의 상관관계를 가진다.

### (2) 무차별곡선

① 투자자들의 위험에 대한 태도는 무차별곡선으로 표시되는데, 무차별곡선은 투자자에게 동일한 효용을 주는 수익과 위험의 조합을 나타낸 곡선이다.
② 무차별곡선이 아래로 볼록한(convex) 우상향의 형태를 갖는 것은 투자자가 위험회피적이라는 것을 의미한다.
③ 위험회피도의 차이에 따라 무차별곡선의 모양이나 기울기가 달라진다.
④ 투자자가 위험을 회피할수록 위험(표준편차, X축)과 기대수익률(Y축)의 관계를 나타낸 투자자의 무차별곡선의 기울기는 급해진다.

### (3) 최적 포트폴리오의 선택

① 효율적 프론티어(효율적 투자선, 효율적 전선)와 투자자의 무차별곡선이 접하는 지점에서 결정된다.
② 위험회피형 투자자 중에서 공격적 투자자(乙)는 보수적 투자자(甲)에 비해 위험이 높더라도 기대수익률이 높은 투자안을 선호한다고 할 수 있다.
③ 최적 포트폴리오의 선정은 투자자의 위험에 대한 태도에 따라 달라질 수 있다.

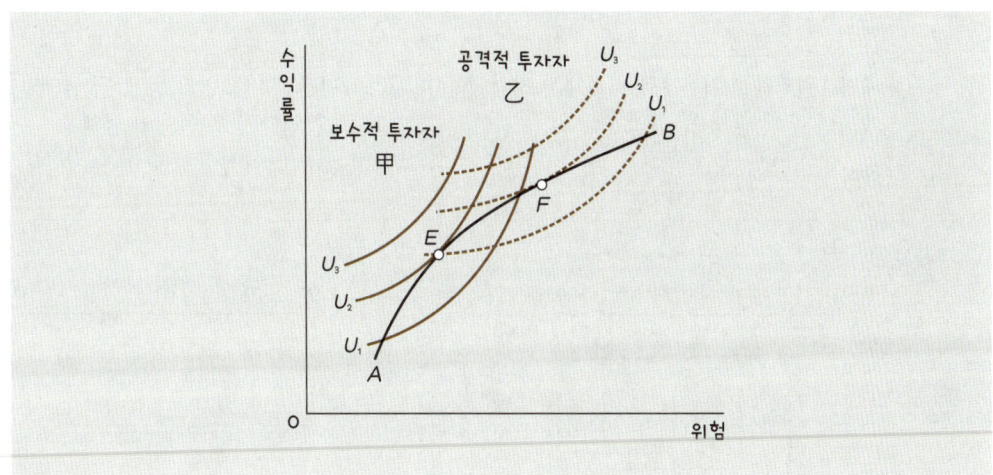

## 9 화폐의 시간가치 계산

24회·26회·28회·29회·30회·31회·32회·33회

### 1. 의의

① 화폐는 시간이 지남에 따라 그 가치가 달라지는 것이므로, 현금흐름의 발생시점이 다를 경우 동일시점의 가치로 환산해야 비교가 가능하다.
② 화폐의 평가는 현시점에서 이루어지는 데 반해, 이로 인한 현금흐름은 미래에 발생하므로 서로 다른 시점의 현금흐름을 동일시점의 가치로 환산하는 것을 화폐의 시간가치 계산이라고 한다.
③ 화폐의 시간가치를 계산하는 공식에서는 원금에 대한 이자뿐만 아니라 이자에 대한 이자도 함께 계산하는 복리방식을 채택한다.

## 2. 자본환원계수

| 미래가치 | 현재가치 |
|---|---|
| ① 일시불의 내가계수<br>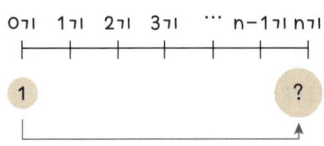<br>㉠ 1원을 이자율 $r$로 예금했을 때 $n$년 후에 받게 될 금액<br>㉡ 공식: $(1+r)^n$ | ① 일시불의 현가계수<br>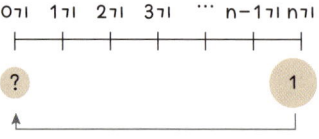<br>㉠ $n$년 후의 1원을 할인율 $r$로 할인할 경우의 현재의 금액 ➡ 일시불의 내가계수의 역수<br>㉡ 공식: $\dfrac{1}{(1+r)^n}$ |
| ② 연금의 내가계수<br>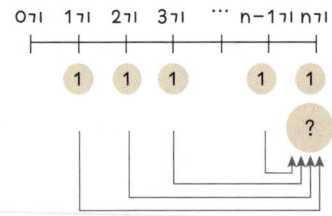<br>㉠ 매년 1원씩을 이자율 $r$로 계속해서 적립했을 때 $n$년 후에 받게 될 금액<br>㉡ 공식: $\dfrac{(1+r)^n-1}{r}$ | ② 연금의 현가계수<br>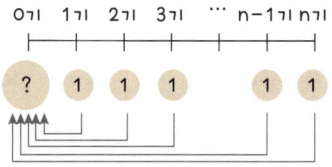<br>㉠ $n$년간 매년 1원씩 받게 될 금액을 이자율 $r$로 할인할 경우 현재의 금액<br>㉡ 공식: $\dfrac{1-(1+r)^{-n}}{r}$ |
| ③ 감채기금계수<br>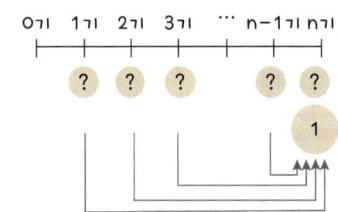<br>㉠ $n$년 후에 1원을 만들기 위해서 매 기간 불입해야 할 금액 ➡ 연금의 내가계수의 역수<br>㉡ 공식: $\dfrac{r}{(1+r)^n-1}$ | ③ 저당상수<br>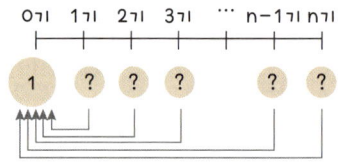<br>㉠ 1원을 이자율 $r$로 빌린 후 $n$년 동안 매년 지불해야 하는 금액 ➡ 연금의 현가계수의 역수<br>㉡ 공식: $\dfrac{r}{1-(1+r)^{-n}}$ |

| 주어진 금액 | × | 자본환원계수 | = | 구하는 금액 |
|---|---|---|---|---|
| 저당대부액 | × | 저당상수 | = | 부채서비스액(저당지불액) |
| 부채서비스액(저당지불액) | × | 연금의 현가계수 | = | 미상환저당잔금 |

- 저당대부액 = $\dfrac{\text{부채서비스액}}{\text{저당상수}}$

- 저당상수 = $\dfrac{\text{부채서비스액}}{\text{저당대부액}}$

① 현재 5억원인 주택가격이 매년 전년 대비 5%씩 상승한다고 가정할 때, 5년 후의 주택가격은 일시불의 미래가치계수를 사용하여 계산할 수 있다.
② 정년퇴직자가 매월 연금형태로 받는 퇴직금을 일정기간 적립한 후에 달성되는 금액을 산정할 경우 연금의 미래가치계수를 사용한다.
③ 5년 후 주택구입에 필요한 자금 3억원을 모으기 위해 매월 말 불입해야 하는 적금액을 계산할 경우 감채기금계수를 사용한다.
④ 10년 후에 1억원이 될 것으로 예상되는 토지의 현재가치를 계산할 경우 일시불의 현재가치계수를 사용한다.
⑤ 연금의 현재가치계수는 미상환대출잔액(미상환저당잔금)을 계산하는 데 사용한다.
⑥ 저당상수는 원리금균등분할상환 시 융자금액에 대한 월 불입액을 계산하는 데 사용한다.

## 3. 자본환원계수의 관계

① 연금의 현재가치계수와 일시불의 미래가치계수를 곱하면 연금의 미래가치계수가 된다.
② 연금의 미래가치계수와 일시불의 현재가치계수를 곱하면 연금의 현재가치계수가 된다.
③ 감채기금계수와 연금의 현재가치계수를 곱하면 일시불의 현재가치계수가 된다.
④ 저당상수와 연금의 미래가치계수를 곱하면 일시불의 미래가치계수가 된다.
⑤ 일시불의 미래가치계수와 일시불의 현재가치계수를 곱하면 1이 된다.
⑥ 감채기금계수와 연금의 내가계수를 곱하면 1이 된다.
⑦ 저당상수와 연금의 현가계수를 곱하면 1이 된다.

# 10 잔금비율과 상환비율

## 1. 잔금비율과 상환비율

저당대부액 중 미상환된 원금을 잔금이라 하고, 잔금이 차지하는 비율을 잔금비율이라 한다. 또한 '1'에서 잔금비율을 뺀 것을 상환비율이라고 한다.

- 상환비율 + 잔금비율 = 1
- 상환비율 = 1 − 잔금비율

## 2. 잔금비율

$$\text{일정 기간 후의 잔금비율} = \frac{\text{미상환 저당잔금}}{\text{저당대부액}}$$

$$= \frac{\text{연금의 현가계수(잔여기간)}}{\text{연금의 현가계수(융자기간)}}$$

## 11 영업의 현금흐름의 계산

24회·25회·27회·28회·29회·30회·34회

```
        단위당 연간 예상임대료
      × 임대단위 수
      ─────────────────────
        가능총소득(PGI; Potential Gross Income)
      − 공실 및 불량부채
      + 기타 소득
      ─────────────────────
        유효총소득(EGI; Effective Gross Income)
      − 영업경비(OE; Operating Expenses)
      ─────────────────────
        순영업소득(NOI; Net Operating Income)
      − 부채서비스액(DS; Debt Service)
      ─────────────────────
        세전현금흐름(BTCF; Before-Tax Cash Flow)
      − 영업소득세(TO; Taxes from Operation)
      ─────────────────────
        세후현금흐름(ATCF; After-Tax Cash Flow)
```

① **가능총소득**: 투자한 부동산에서 얻을 수 있는 최대한의 수입으로 가능조소득, 총임료수입, 잠재총수익이라고도 한다.

② **공실 및 불량부채**: 공실이나 임대료 회수가 불가능한 금액 등으로 인해 발생하는 손실액을 의미하며, 공실 및 대손충당금(貸損充當金)이라고도 한다.

③ **기타 소득**: 주차장 임대료, 유료 세탁기, 자판기 수입 등의 기타 수입을 말한다.

④ **유효총소득**: 가능총소득에서 공실 및 불량부채에 대한 충당금을 빼고 기타 소득을 더한 것으로 유효조소득, 유효총수익이라고도 한다.

⑤ **영업경비**: 부동산을 운영하는 데 들어가는 수리비, 관리비, 수수료, 재산세, 보험료, 광고비 등으로 운영경비라고도 한다.

### 방's 출제포인트

**영업경비 계산 시 불포함 항목**

**취득세**, 공실·불량부채, **부채서비스액**, 영업소득세, **감가상각비**, **소**유자 급여, **개**인적 업무비

⑥ **순영업소득**: 유효총소득에서 영업경비를 뺀 것으로 순운영소득이라고도 한다.

⑦ **부채서비스액 또는 저당지불액**: 매 기간 갚아야 할 원금상환분과 이자지급분의 합으로 저당지불액, 대출금의 원리금상환액이라고도 한다.

⑧ **세전현금흐름**: 순영업소득에서 부채서비스액을 뺀 것을 말한다.

⑨ **세후현금흐름**: 세전현금흐름에서 영업소득세를 뺀 것을 말한다.

## 12 지분복귀액의 계산

투자자들이 일정기간 동안 투자부동산을 운영한 후 처분 시에 지분투자자에게 돌아오는 수입

```
    매도가격(selling price)
  - 매도경비(selling expense)
  ─────────────────────────
    순매도액(net sales proceed)
  - 미상환 저당잔금(unpaid mortgage balance)
  ─────────────────────────
    세전지분복귀액(before-tax equity reversion)
  - 자본이득세(capital gain tax)
  ─────────────────────────
    세후지분복귀액(after-tax equity reversion)
```

① **매도경비**: 투자한 부동산의 처분과 관련된 비용(중개수수료 등)을 말한다.
② **순매도액**: 매도가격에서 매도경비를 뺀 것을 말한다.
③ **세전지분복귀액**: 순매도액에서 미상환 저당잔금을 뺀 것을 말한다.
④ **세후지분복귀액**: 세전지분복귀액에서 자본이득세를 뺀 것을 말한다.

## 13 영업소득세의 계산

25회

```
    순영업소득            세전현금흐름
  + 대체충당금          + 대체충당금
  - 이자지급액          + 원금상환액
  - 감가상각액          - 감가상각액
  ──────────           ──────────
    과세소득              과세소득
  × 세율                × 세율
  ──────────           ──────────
    영업소득세            영업소득세
```

① **대체충당금**: 정기적으로 냉·난방설비, 위생설비, 소화설비 등의 대체를 위해 매 기간 일정액씩 적립하는 금액을 말한다.
  ➡ 자본적 지출로 취급되어 영업소득세 공제가 되지 않는다.
② **이자지급액과 원금상환액**: 부채서비스액 중 이자지급액은 영업소득세 공제가 되지만, 원금상환액은 투자자의 지분가치를 증가시키므로 세금공제가 되지 않는다.
③ **감가상각액**: 감가상각액(감가상각비)도 영업소득세 공제가 된다.

### 한눈에 보는 현금흐름의 측정

**〈영업의 현금흐름 계산〉**

   가능총소득
− 공실 및 불량부채
+ 기타 소득
   유효총소득
− 영업경비
   순영업소득
− 부채서비스액
   세전현금흐름
− 영업소득세
   세후현금흐름

**〈지분복귀액 계산〉**

   매도가격
− 매도경비
   순매도액
− 미상환저당잔금
   세전지분복귀액
− 자본이득세
   세후지분복귀액

**〈영업소득세 계산〉**

   순영업소득     세전현금흐름
+ 대체충당금    + 대체충당금
− 이자지급분    + 원금상환분
− 감가상각액    − 감가상각액
   과세소득       과세소득
× 세율         × 세율
   영업소득세     영업소득세

## 14 어림셈법(경험셈법)

24회·26회·29회·32회·33회·34회·35회

| 구분 | 할인현금흐름분석법 | 어림셈법 |
|---|---|---|
| 분석대상 | 대규모 부동산의 투자분석에 주로 사용 | 영업경비 및 수익의 발생이 안정적인 소규모 부동산의 투자분석에 주로 사용 |
| 현금흐름 | 투자기간 동안의 모든 현금흐름을 고려 | 처분 시의 매각수익을 고려하지 않으며, 보유기간 동안 발생하는 운영소득 중 첫해 소득만을 고려 |
| 시간가치 | 현재가치로 할인하며 화폐의 시간가치를 고려 | 현재가치로 할인하지 않으므로 화폐의 시간가치를 고려하지 않음 |
| 장·단점 | 논리적이고 정교하나 계산과정이 복잡 | 이해하기 쉽고 간단 |

➕ 어림셈법에는 승수법과 수익률법이 있으며, 승수와 수익률은 서로 역수관계에 있다.

| 승수법 | | 관계 | 수익률법 | |
|---|---|---|---|---|
| 총소득승수 | 총투자액 / 총소득 | | 총자산회전율과 역수 | |
| <mark>순소득승수</mark> | 총투자액 / 순영업소득 | 역수 관계 | 종합자본환원율 | 순영업소득 / 총투자액 |
| 세전현금흐름승수 (세전현금수지승수) | <mark>지분투자액</mark> / 세전현금흐름 | | 지분배당률 | 세전현금흐름 / 지분투자액 |
| 세후현금흐름승수 (세후현금수지승수) | 지분투자액 / 세후현금흐름 | | 세후수익률 | 세후현금흐름 / 지분투자액 |

┗ 자본회수기간    ┗ 총투자액 중 자기자본액

## 15 비율분석법

26회·27회·28회·29회·30회·33회·34회·36회

### 1. 대부비율(융자비율, 저당비율, LTV)
└─ 부동산가치에 대한 융자액의 비율

$$대부비율 = \frac{융자액(부채잔금)}{부동산가치(= 총투자액)}$$

➕ 부채비율 = $\frac{타인자본}{자기자본} \times 100$

➕ 총부채상환비율(소득 대비 부채비율, DTI) = $\frac{연간\ 부채상환액}{연간\ 소득액}$

➕ 총부채원리금상환비율(DSR) = $\frac{연간\ 금융부채\ 원리금상환액}{연간\ 소득액}$

총부채원리금상환비율이란 차주의 총금융부채 상환부담을 판단하기 위하여 산정하는, 차주의 연간 소득 대비 연간 금융부채 원리금상환액 비율을 의미한다.

### 2. 부채감당률(DCR)
└─ 순영업소득이 부채서비스액의 몇 배가 되는지를 나타내는 비율

$$부채감당률 = \frac{순영업소득}{부채서비스액}$$

➕ 부채감당률이 '1'보다 작다는 것은 순영업소득이 부채서비스액을 감당하기에 부족하다는 것을 의미하며, 부채감당률이 '1'보다 크다는 것은 순영업소득이 부채의 할부금을 상환하고도 잔여액이 있다는 의미이다.

### 3. 채무불이행률 ⇨ 손익분기율
└─ 유효총소득이 영업경비와 부채서비스액을 감당할 수 있는 능력이 있는지를 측정하는 비율

$$채무불이행률 = \frac{영업경비 + 부채서비스액}{유효총소득}$$

### 4. 총자산회전율
└─ 투자된 총자산에 대한 총소득의 비율로서 기업이 자산을 얼마나 효율적으로 활용해 수익을 창출하는지 보여주는 지표

$$총자산회전율 = \frac{총소득}{부동산가치(총자산)}$$

### 5. 영업경비비율

$$영업경비비율 = \frac{영업경비}{(유효)총소득}$$

> **방's 출제포인트**
>
> **LTV & DTI 제약하에 최대 대출가능금액을 구하는 문제**
>
> 1. **LTV 기준**: 부동산가치 × LTV = 대출가능액
> 2. **DTI 기준**: 연간소득액 × DTI ÷ 저당상수 = 대출가능액
> 3. **추가 대출가능금액**: LTV 기준과 DTI 기준 중 작은 것 − 기존대출액

## 16  전통적인 투자안의 평가방법(비할인현금모형)  25회·26회·27회·28회·29회

### 1. (단순)회수기간법

| 의의 | ① 자본회수기간(payback period): 최초로 투자된 금액을 전액 회수하는 데 걸리는 기간<br>② 회수기간법: 투자안의 회수기간을 목표회수기간과 비교하여 투자결정하는 방법 |
|---|---|
| 투자안의 결정 | ① 독립적인 투자안<br>  ㉠ 투자안의 회수기간 ≤ 목표 회수기간 ➡ 투자 채택<br>  ㉡ 투자안의 회수기간 > 목표 회수기간 ➡ 투자 기각<br>② 상호배타적인 투자안: 투자안의 회수기간이 목표회수기간보다 짧은 투자안들 중에서 회수기간이 가장 짧은 투자안을 선택 |
| 특징 | ① 자본회수기간 이후의 현금흐름을 전혀 고려하고 있지 않다.<br>② 모든 미래현금흐름에 대하여 동일한 가중치를 부여하고 있기 때문에 화폐의 시간가치를 무시하고 있다. |

> **⊕ 더 알아보기  현가회수기간**
>
> 현가회수기간은 초기 투자비를 현재가치로 회수하는 데 걸리는 기간을 의미한다. ➡ 화폐의 시간가치를 고려

### 2. 회계적 이익률법

| 의의 | ① 회계적 이익률(회계적 수익률): 예상되는 투자안의 미래평균이익(감가상각비 및 세금공제 후)을 투자안의 평균 순장부가치(평균투자액)로 나누어 계산<br>② 회계적 이익률(회계적 수익률)법: 회계적 이익률(회계적 수익률)을 목표 회계적 이익률과 비교하여 투자결정하는 방법 |
|---|---|
| 투자안의 결정 | ① 독립적인 투자안<br>  ㉠ 투자안의 회계적 이익률 ≥ 목표 회계적 이익률 ➡ 투자 채택<br>  ㉡ 투자안의 회계적 이익률 < 목표 회계적 이익률 ➡ 투자 기각<br>② 상호배타적인 투자안: 투자안의 회계적이익률이 목표 회계적 이익률보다 높은 투자안들 중에서 회계적 이익률이 가장 높은 투자안을 선택 |
| 특징 | ① 현금흐름이 아닌 회계적 이익(장부상의 이익을 나타내는 인위적인 수치)을 이용한다.<br>② 화폐의 시간가치를 무시하고 있다. |

## 17 할인현금흐름(현금수지)분석법 24회·25회·26회·27회·28회·29회·30회·31회·32회·33회·34회·35회·36회

### 방's 출제포인트

**부동산투자분석의 기법**
1. 화폐의 시간가치를 고려함: 순현가법, 수익성 지수법, 내부수익률법, 현가회수기간법
2. 화폐의 시간가치를 고려하지 않음: 승수법, 수익률법, 비율분석법, 단순회수기간법, 회계적 이익률법

### 1. 개념

장래 예상되는 현금유입과 현금유출을 현재가치로 할인하고 그 값을 비교하여 투자 여부를 결정하는 방법이다.

### 2. 종류

#### (1) 순현가법(net present value method)

① 의의: 순현가(NPV)란 투자로부터 예상되는 현금유입의 현가합에서 현금유출의 현가합(지분투자액)을 공제한 금액을 말하며, 순현가법이란 순현가를 '0'과 비교하여 투자결정을 하는 방법을 말한다.

➡ 현금유입: 세후소득 / 재투자율: 요구수익률

> 순현가 = 현금유입의 현가합 – 현금유출의 현가합
> └→ 지분투자액

② 투자안의 결정

> • 순현가(NPV) ≥ 0 ➡ 투자 채택
> • 순현가(NPV) < 0 ➡ 투자 기각

㉠ 독립적인 투자안: 순현가가 '0'보다 큰 투자안을 채택하고, 순현가가 '0'보다 작은 투자안을 기각한다.

㉡ 상호배타적인 투자안: 순현가가 '0'보다 큰 투자안들 중에서 순현가가 가장 큰 투자안을 최적 투자안으로 선택한다.

③ 특징

㉠ 투자자들의 부(富)는 그 투자안의 순현가 크기만큼 증가한다.
㉡ 순현가는 투자안의 모든 현금흐름을 사용한다.
㉢ 순현가는 화폐의 시간적 가치를 고려한다.
㉣ 순현가를 구할 때 할인율은 요구수익률을 사용한다. 따라서 순현가를 계산하기 위해서는 사전에 요구수익률이 결정되어야 한다.
㉤ 동일한 현금흐름의 투자안이라도 요구수익률에 따라 순현가는 달라질 수 있다.
㉥ 순현가법에서는 가치의 가산원칙(value additivity)이 성립한다.

POINT 04 부동산투자론  119

④ 연평균순현가

㉠ 전체 순현가에 대한 연간복리평균을 말하는 것으로, 순현가는 연평균 얼마의 순수익과 같은지를 의미한다.

㉡ 연평균순현가의 계산은 전체 순현가에 저당상수를 곱하거나, 연금의 현가계수로 나누어 계산한다.

> 연평균순현가 = 전체 순현가 × 저당상수
> = 전체 순현가 ÷ 연금의 현가계수

㉢ 연평균순현가는 사업기간이 서로 다른 사업 간의 비교를 가능하게 한다.

### (2) 수익성 지수법(profitability index method)

① 의의: 수익성 지수(PI)란 투자로부터 예상된 현금유입의 현가합을 현금유출의 현가합으로 나눈 비율을 말하며, 수익성 지수를 '1'과 비교하여 투자결정을 하는 방법이다.

➡ 현금유입: 세후소득 / 재투자율: 요구수익률

$$수익성\ 지수 = \frac{현금유입의\ 현가합}{현금유출의\ 현가합}$$

② 투자안의 결정

> • 수익성 지수 ≥ 1 ➡ 투자 채택
> • 수익성 지수 < 1 ➡ 투자 기각

㉠ 독립적인 투자안: 수익성 지수가 '1'보다 큰 투자안을 채택하고, 수익성 지수가 '1'보다 작은 투자안을 기각한다.

㉡ 상호배타적인 투자안: 수익성 지수가 '1'보다 큰 투자안들 중에서 수익성 지수가 가장 큰 투자안을 최적 투자안으로 선택한다.

### (3) 내부수익률법(internal rate of return method)

① 의의: 내부수익률(IRR)은 투자로부터 예상된 현금유입의 현가합과 현금유출의 현가합을 서로 같게 만드는 할인율이며, 내부수익률법은 내부수익률을 요구수익률과 비교하여 투자결정을 하는 방법이다.

㉠ 순현가를 '0'으로 만드는 할인율

㉡ 수익성 지수를 '1'로 만드는 할인율

➡ 현금유입: 세후소득 / 재투자율: 내부수익률

② 투자안의 결정

> • 내부수익률 ≥ 요구수익률 ➡ 투자 채택
> • 내부수익률 < 요구수익률 ➡ 투자 기각

㉠ **독립적인 투자안**: 내부수익률이 요구수익률보다 큰 투자안을 채택하고, 내부수익률이 요구수익률보다 작은 투자안을 기각한다.

㉡ **상호배타적인 투자안**: 내부수익률이 요구수익률보다 큰 투자안들 중에서 내부수익률이 가장 큰 투자안을 최적 투자안으로 선택한다.

③ 특징

㉠ 투자자산의 현금흐름에 따라 복수의 내부수익률이 존재할 수 있고 내부수익률이 존재하지 않을 수 있다.

㉡ 가치의 가산원칙(value additivity principle)이 성립하지 않는다.

㉢ 내부수익률법에서는 예상되는 미래현금흐름이 내부수익률로 재투자된다는 가정을 하고 있다.

㉣ 내부수익률을 구하기 위해서는 사전에 요구수익률이 결정되어 있지 않아도 된다.

④ **순현가법과 내부수익률법의 비교**: 복수의 투자안을 비교할 때 투자금액의 차이가 큰 경우, 순현재가치법과 내부수익률법은 분석결과가 서로 다를 수 있다.

㉠ 순현가법은 현금흐름의 재투자율로 투자자의 요구수익률을 가정하나, 내부수익률법에서는 현금흐름의 재투자율로 내부수익률을 가정한다.

㉡ 순현가법은 가치의 가산원칙이 성립하나, 내부수익률법은 가치의 가산원칙이 성립하지 않는다.

㉢ 순현가법을 이용하여 투자안의 경제성을 평가하는 것이 기업의 부(富)의 극대화에 부합되는 의사결정방법이 된다.

㉣ 일반적으로 순현가법이 내부수익률법보다 투자판단의 준거로서 선호된다.

**한눈에 보는 순현가법, 수익성 지수법, 내부수익률법 정리**

| 구분 | 순현가법 | 수익성 지수법 | 내부수익률법 |
|---|---|---|---|
| 현금유입 | 세후소득 | 세후소득 | 세후소득 |
| 재투자율 | 요구수익률 | 요구수익률 | 내부수익률 |
| 가치 가산원칙 | 성립 | 불성립 | 불성립 |
| 부(富)의 극대화 | 달성 | × | × |
| 투자의 결정 | NPV ≥ 0 | PI ≥ 1 | IRR ≥ 요구수익률 |

# POINT 05 부동산금융론(부동산금융·증권론)

## 1 부동산금융의 개요

25회·26회·33회

### 1. 금융과 부동산금융

(1) 금융

자금융통의 줄임말로, 자금조달행위를 말한다.

(2) 부동산금융

① 부동산과 관련된 자금조달행위로, 부동산을 매입 또는 개발하기 위해 자금을 조달하는 행위를 말한다.
② 주택금융과 토지금융으로 나뉘는데, 주택금융이 중심이 된다.

### 2. 주택금융

(1) 의의

주택의 구입, 개·보수, 건설 등 주택 관련 사업에 대한 자금대여와 관리 등을 포괄하는 특수금융을 말한다.

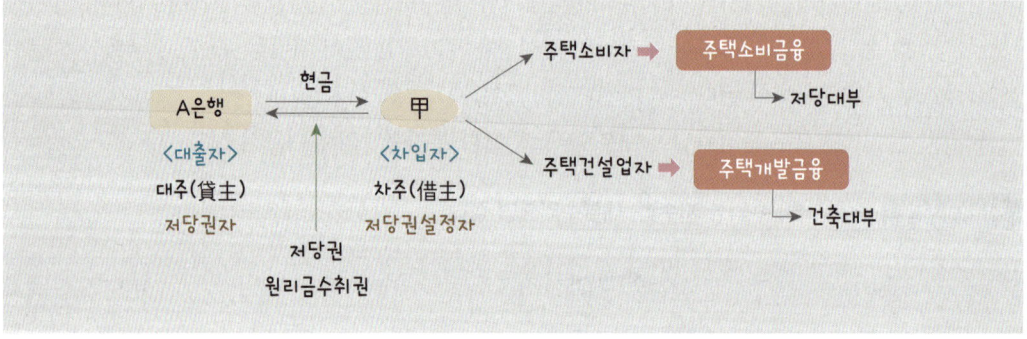

(2) 구분

① 주택소비금융(소비자금융): 예 저당대부
② 주택개발금융(공급자금융): 예 건축대부

| 저당대부 | 건축대부 |
| --- | --- |
| 일시불 대출 | 단계적 대출 |
| 단계적 상환 | 일시불 상환 |
| 장기 저리 | 단기 고리 |
| (반)영구적 저당 | 일시적(한시적) 저당 |

## 2  지분금융, 부채금융, 메자닌금융

24회·26회·28회·29회·31회·32회

| 지분금융 | 지분권을 판매하여 <mark>자기자본을 조달</mark>하는 것<br>예 부동산신디케이트, 조인트벤처, 부동산투자회사(REITs), 공모에 의한 증자, 부동산펀드 |
|---|---|
| 부채금융 | 저당을 설정하거나 사채를 발행하여 <mark>타인자본을 조달</mark>하는 것<br>예 저당금융, 신탁금융, 자산유동화증권, 주택저당증권, 주택상환사채 |
| 메자닌<br>금융 | 기업이 주식을 통한 자금조달이 어렵거나 담보나 신용이 없어 대출을 받기 어려울 때, 대출기관이 기업에 주식 관련 권리를 받고 무담보로 자금을 제공하는 금융기법<br>예 신주인수권부 사채(BW), 전환사채(CB), 후순위대출, 후순위채권, 우선주 |

## 3  우리나라의 주택금융제도

28회·33회

### 1. 주택도시기금(HUG; Korea Housing & Urban Guarantee Corporation) ⇨ 「주택도시기금법」

주거복지 증진과 도시재생 활성화를 지원하는 자금을 확보·공급하기 위하여 설치한 기금으로 국토교통부장관이 운용·관리하며, 기금의 운용·관리에 관한 사무의 전부 또는 일부를 주택도시보증공사에 위탁할 수 있다.

### 2. 주택금융신용보증기금 ⇨ 「한국주택금융공사법」

① 주택금융을 이용하는 주택구입자와 주택을 건설하는 업체의 신용보증을 통한 주택금융의 활성화를 위하여 한국주택금융공사에 설치한 기금으로, 한국주택금융공사가 관리·운용한다.
② 신용보증이란 한국주택금융공사가 주택수요자와 주택공급자에게 발생하는 채무를 주택금융신용보증기금(주택담보노후연금보증 계정은 제외)의 부담으로 보증하는 행위를 말한다.

## 4  부동산금융의 용어 및 기초개념

### 1. 저당(mortgage)

부동산을 담보로 필요한 자금을 조달하는 것을 말한다.

### 2. 융자원금

처음에 융자받은 금액을 말한다.

### 3. 융자기간

차입자에게 융자원금을 상환할 수 있도록 부여된 기간을 말한다.

## 4. 융자상환

정기적 혹은 주기적인 원금의 상환을 말한다.

➕ 상환기간이 길어질수록 매기의 상환금(월부금)은 적어진다.

## 5. 대출잔액(저당잔금, loan balance)

융자기간 중 상환되지 않은 융자원금의 부분을 말한다.

## 6. 원리금상환액(debt service)

융자기간 중에 원금상환분과 이자의 합계로 매달 대출자에게 납입하는 금액을 말한다.

➡ 부채서비스액, 저당지불액, 연간융자월부금

---

## 5  이자율(금리)

### 1. 의의

현재의 소비를 포기하고 이를 미래로 미루는 데 대한 화폐의 시간선호가치를 말한다.

➡ 항상 대출잔액(저당잔금)에 대해서 적용

> 대출잔액(저당잔금) × 이자율 = 이자

### 2. 대출시점의 대출금리(대출이자율)

> 대출금리 = 기준금리 + 가산금리

#### (1) 기준금리

코픽스(COFIX)나 CD금리가 적용된다.

➡ 자금조달비용지수

> **더 알아보기** 코픽스(COFIX; Cost Of Funds Index, 자금조달비용지수)
>
> 은행연합회가 정보제공은행(국내 8개 은행)들의 자금조달금리를 가중평균하여 산출한 '자금조달비용지수'를 말한다.

#### (2) 가산금리

각 은행별 내부정책에 따라 차입자의 거래실적, 연체실적 등 개인의 신용도 등에 기초하여 다르게 적용된다.

➡ 대출자와 차입자 간의 약정에 의해 정해지면 고정

## 6 고정이자율저당과 변동이자율저당

> • 실질이자율 = 명목이자율 − 인플레이션율
> • 명목이자율 = 실질이자율 + 예상 인플레이션율

### 1. 고정이자율저당(고정금리 주택담보대출)

**(1) 의의**

융자기간 동안 초기 이자율에 변동이 없는 고정된 이자율을 적용하는 융자제도를 말한다.

**(2) 특징**

① 융자기간 동안 대출 시 명목이자율로 표시된 대출이자율이 고정(동일하게 적용)되기 때문에 예상치 못한 인플레이션이 발생하면 그만큼 대출자의 실질이자율은 하락하게 된다.
② 명목이자율로 표시된 대출이자율은 고정되어 있는데 예상치 못한 인플레이션이 발생하여 시장이자율이 상승하면, 대출기관의 수익성은 악화되고 대출자는 이자율(금리) 위험이 발생한다.
③ 융자상환 도중에 시장이자율이 대출이자율보다 하락할 경우 차입자들은 기존의 융자를 조기에 상환하려고 할 것이며, 그 결과 대출자는 조기상환위험(만기 전 변제위험)에 직면하게 된다.

↳ 예상하지 못한 인플레이션으로 인해 대출자의 실질이자율이 시장의 실질이자율보다 낮아질 변동가능성

### 2. 변동이자율저당(변동금리 주택담보대출)

**(1) 의의**

시장상황에 따라 이자율을 변동시켜 이자율 변동위험의 전부 혹은 일부를 차입자에게 전가하기 위해 고안된 융자제도를 말한다.

**(2) 특징**

① 대출시점의 초기 이자율은 고정이자율저당보다는 낮은 것이 일반적이다.
② 다른 조건이 동일할 때 변동금리 주택담보대출의 조정주기가 짧을수록 금융기관은 이자율(금리) 변동위험을 차입자에게 더 전가하게 된다.
  ➡ 대출자는 짧은 조정주기, 차입자는 긴 조정주기를 원한다.
③ 시장상황의 변동에 따라 예상치 못한 인플레이션이 발생하면, 그만큼 명목이자율로 표시된 대출이자율이 변동하므로 대출자의 실질이자율은 불변이다.
  ➡ 예상치 못한 인플레이션이 발생하면 대출이자율에 반영되므로, 이자율(금리) 변동위험은 대출자로부터 차입자에게 전가된다.
④ 이자율 변동의 부담을 상당부분 차입자에게 전가하게 되므로, 채무불이행 위험도는 고정이자율저당에 비해 커지게 된다.

# 7 저당의 상환방법

## 1. 금리고정식 저당대부

### (1) 원금균등상환방식

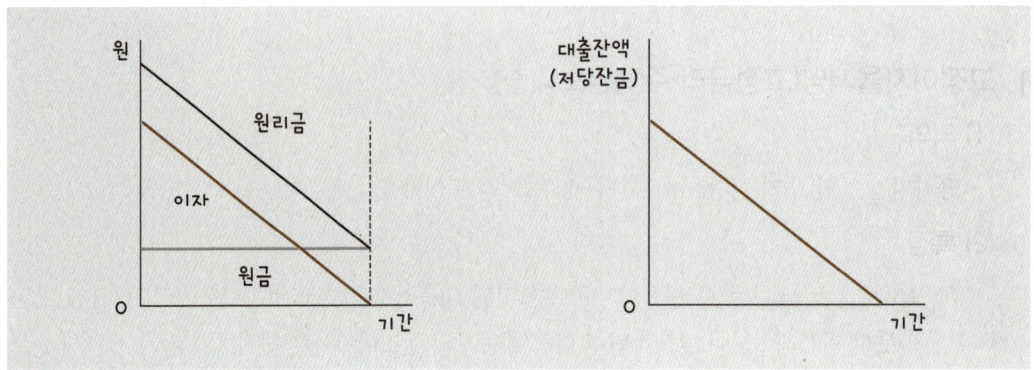

① 융자기간 동안 원금상환액은 동일하나 이자지급액은 점차 감소하여, 매 기간에 상환하는 원리금 상환액과 대출잔액(저당잔금)이 점차적으로 감소하는 상환방식이다.
② 시간이 지날수록 대출잔액(저당잔금)이 적어지므로 이자분은 줄어든다.
③ 원리금은 초기에 많고 후기에 적어진다.

### (2) 원리금균등상환방식

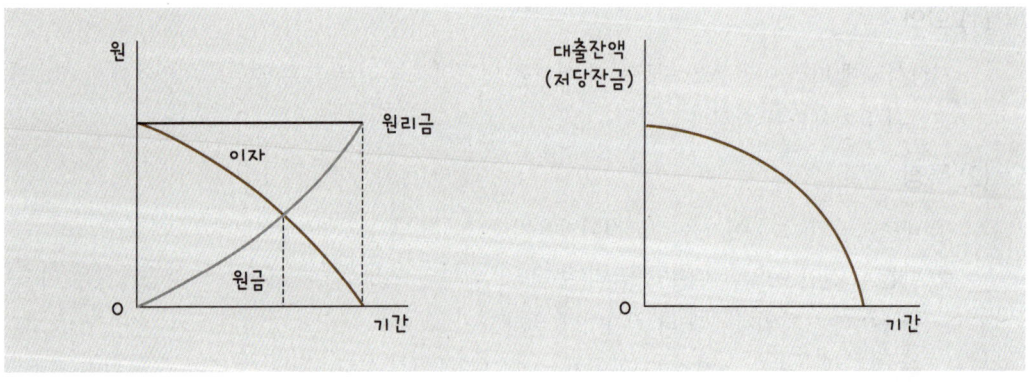

① 원리금상환액은 매기 동일하지만 원리금에서 원금과 이자가 차지하는 비중이 상환시기에 따라 다른 방식이다.
② 원리금상환액은 동일하나 원금상환액은 점차 증가하고, 이자지급액은 점차 감소한다.
③ 원리금상환액(저당지불액) = 저당대부액 × 저당상수
④ 이해하기 쉽고 차입자 편에서 장차 계획을 세우기 쉽다.

### (3) 원금균등상환방식과 원리금균등상환방식의 비교

① 상환 첫 회의 원리금상환액은 원금균등상환방식이 원리금균등상환방식보다 크다.
② 대출자 입장에서는 차입자에게 원리금균등상환방식보다 원금균등상환방식으로 대출해 주는 것이 원금회수 측면에서 보다 안전하다.

③ 원리금균등상환방식은 원금균등상환방식에 비해 초기 원리금에서 이자가 차지하는 비중이 크다.
④ 차입자가 대출금을 중도상환할 경우, 원금균등상환방식은 원리금균등상환방식보다 대출잔액이 적다.
⑤ 전체 대출기간 만료 시, 원금균등상환방식은 원리금균등상환방식에 비해 총원리금상환액(누적원리금상환액)이 더 적다.
⑥ 원리금균등상환대출이나 원금균등상환대출에서 거치기간이 있을 경우, 이자지급총액이 증가하므로 원리금지급총액도 증가하게 된다.
⑦ 원금균등상환방식은 원리금균등상환방식보다 대출금의 듀레이션(duration, 평균회수기간, 가중평균상환기간)이 더 짧다.

> **더 알아보기** 대출금의 듀레이션(duration, 평균회수기간, 가중평균상환기간)
>
> 1. 대출금을 회수하는 데 걸리는 시간을 의미한다.
> 2. 초기에 현금흐름이 많이 발생하는 원금균등상환방식이 원리금균등상환방식보다 대출금의 듀레이션(duration)이 더 짧다.

### (4) 점증(체증)상환방식

① 원리금상환액 부담을 초기에는 적게 하는 대신 점차 그 부담액을 늘려 가는 방식으로, 장래에 소득이나 매출액이 늘어날 것으로 예상되는 개인과 기업에 대한 대출방식이다.
② 대출 초기에 상환액이 적기 때문에 이자도 상환하지 못하는 경우가 발생되기도 한다.
  ➡ 부(−)의 상환이 나타날 수 있음
③ 미래의 소득 증가가 예상되는 젊은 저소득자에게 적합하다.
④ 주택의 보유예정기간이 짧은 경우 유리하다.
⑤ 인플레이션기에 유리하지만 디플레이션기에 채무불이행 가능성이 크다.

### (5) 만기일시상환방식

① 대출기간 동안 차입자가 이자만 상환하다가 만기에 일시로 원금을 상환하는 방식이다.
② 풍선저당(balloon mortgage) 또는 이자 매월 상환방법이라고도 한다.

> **더 알아보기** 대출조건이 동일한 경우, 대출금의 듀레이션(duration)이 짧은 기간에서 긴 기간의 순서
>
> 원금균등분할상환 ⇨ 원리금균등분할상환 ⇨ 점증(체증)상환방식 ⇨ 만기일시상환

## 2. 금리조정식 저당대부 − 이자율 조정을 통한 대처

### (1) 가변이자율 저당대부방법

① 이자율 변동의 위험을 차입자에게 전가하기 위해 고안된 융자제도이다.
② 대출 초기 금리는 고정금리보다 낮은 것이 일반적이다.

### (2) 조정이자율 저당대부방법

① 이자율을 변화시켜 인플레이션 위험에 대처한다는 것은 가변이자율저당과 비슷한 성격이다.
② 대출자에게 조금 더 많은 재량권을 부여했다는 점에서 구별된다.

### (3) 재협정(상)률 저당대부방법

일정기간(3~5년)마다 이자율이 대출자와 차입자 간의 재협상을 통해 결정되는 방법이다.

### 3. 가격수준조정 저당대부방법 – 대출잔액(저당잔금) 조정을 통한 대처

인플레이션 위험에 대해 저당잔금액(대출잔액)을 예상된 인플레이션율에 따라 정기적으로 조정하는 방법이다.

➡ 이자율의 변동을 통해 대처하는 방식이 아니다.

## 8 부동산금융의 동원방법

25회·26회·27회·29회·30회·36회

### 1. 부동산 신디케이션(syndication, 투자자의 합동조합)

#### (1) 의의

① 여러 명의 투자자가 부동산 전문가의 경험을 동원하여 공동의 부동산 프로젝트를 수행하는 것이다.
② 지분금융방식이다.

#### (2) 특징

① 투자자: 유한책임으로서 투자한도 내에서 책임을 지며 출자비율에 따라 배당을 받는다.
② 개발업자: 무한책임으로서 관리·운영의 책임을 진다.
③ 당초의 사업계획을 완성할 때 자동적으로 해산되는 경우가 많다.

### 2. 조인트벤처

#### (1) 의의

① 특정 목적을 달성하기 위해 공동으로 사업을 전개하는 조직체로서의 공동벤처회사를 말한다.
② 지분금융방식이다.

#### (2) 특징

① 조인트벤처는 주로 부동산개발업자와 대출기관 사이에 형성된다.
② 부동산개발업자가 대출기관과 조인트벤처를 구성하여 사업자금을 조달하는 방식이다.

### 3. 프로젝트 금융(project financing)

#### (1) 의의

① 특정한 프로젝트로부터 미래에 발생하는 현금흐름을 담보로 하여 프로젝트를 수행하는 데 필요한 자금을 조달하는 금융기법이다.
② 부채금융방식이다.

## (2) 특징
프로젝트 금융은 사업성을 기초로 자금을 조달하는 방식이다.
① 사업성이 담보가 되며, 사업주(차입자)의 개인적인 채무가 없는 비소구금융(非遡求金融, 비상환청구금융)이다.
   ➕ 현실적으로는 제한적 소구금융이다.
② 부동산개발로 인해 발생하는 현금흐름을 담보로 개발에 필요한 자금을 조달한다. 또한 원리금상환도 해당 프로젝트에서 발생하는 현금흐름에 의존한다.
③ 대규모 자금이 소요되고 공사기간이 장기인 사업에 적합한 자금조달수단이다.
④ 일반적으로 프로젝트 금융(PF)의 자금관리는 부동산 신탁회사가 에스크로우 계정(escrow account)을 관리하면서 사업비의 공정하고 투명한 자금집행을 담당한다.
⑤ 에스크로우 계정을 운영 ➡ 자금은 위탁계좌에 의해 관리
⑥ 부동산 개발사업 시 금융기관이 위험을 줄이기 위해 시행사와 시공사에 추가출자를 요구할 수 있다.
⑦ 시공사에게 책임준공 의무를 지우며, 시공사의 신용보강을 요구한다.
⑧ 프로젝트의 채무불이행 위험이 높아질수록 대출기관이 요구하는 금리가 높아진다.

## (3) 장·단점
① 장점
   사업주의 재무상태표에 해당 부채가 표시되지 않는다.
   ㉠ 다양한 사업주체가 참여하고 이해당사자 간에 위험배분이 가능하다.
   ㉡ 사업주 입장에서는 부외금융(簿外金融) 효과를 누릴 수 있어 채무수용능력이 제고된다.
   ㉢ 일정한 요건을 갖춘 프로젝트 회사는 법인세를 감면받을 수 있다.
   ㉣ 개발사업이 성공할 경우 금융기관은 높은 수익을 올릴 수 있다.
   ㉤ 각종 위험을 극복하기 위해 다양한 보증을 제공하게 되며, 이를 통하여 다른 개발사업에 비해 해당 개발사업의 위험이 감소될 수 있다.
   ㉥ 당해 개발사업에 대한 사업성 검토에 집중하면 되기 때문에 정보의 비대칭성 문제가 줄어든다.
   ㉦ 개발사업주와 개발사업의 현금흐름을 분리시킬 수 있어 개발사업주의 파산이 개발사업에 영향을 미치지 못하게 할 수 있다.

② 단점
   ㉠ 일반적으로 프로젝트 금융(PF)의 차입금리는 기업 대출금리보다 높다.
   ㉡ 여러 이해관계자가 참여하므로, 절차의 복잡성으로 인해 사업지연이 초래될 가능성도 있다.
   ㉢ 이해당사자 사이에 이견이 있을 경우 사업지연으로 추가비용이 발생할 가능성도 있다.
   ㉣ 프로젝트 금융이 부실화될 경우 해당 금융기관의 부실로 이어질 수 있다.

## 9 역저당 – 주택연금

28회·31회·33회·35회

### 1. 역저당(reverse mortgage)
대출자가 차입자에게 일정기간 동안 정기적으로 일정액을 지불하며, 기간 말에 그동안 지불한 원금과 누적이자를 일시불로 지불받는다.

### 2. 주택연금
시간이 지남에 따라 대출잔액이 늘어나는 구조이고, 원칙적으로 상환책임을 담보주택에만 한정하는 비소구형 대출이다. 주택담보 노후연금을 받을 권리는 양도·압류하거나 담보로 제공할 수 없다. 또한 주택담보 노후연금보증을 받은 사람과 그 배우자의 신탁수익권은 양도·압류·가압류·가처분하거나 담보로 제공할 수 없다.

➕ 주택연금의 보증기관은 한국주택금융공사이다.

### 3. 한국주택금융공사의 주택연금

#### (1) 의의
한국주택금융공사가 지급을 보증하는 역저당제도로, 만 55세 이상(부부 기준)의 주택연금 가입자가 소유주택을 담보로 맡기고 매월 연금 등의 방식으로 노후생활자금을 평생 동안 대출받는 제도이다. 한국주택금융공사는 연금가입자를 위해 보증하고, 은행은 연금가입자에게 주택연금을 지급한다.

#### (2) 주택연금담보 제공 방식
주택연금은 주택소유자가 소유권을 가지고 한국주택금융공사는 담보주택에 저당권을 설정하는 저당권방식과, 주택소유자가 주택을 공사에 신탁(소유권 이전)하고 한국주택금융공사는 우선수익권을 담보로 취득하는 신탁방식이 있다.

| 구분 | 저당권방식 | 신탁방식 |
| --- | --- | --- |
| 담보제공(소유권) | 근저당권 설정(가입자) | 신탁등기(공사) |
| 가입자 사망 시 배우자 연금 승계 | 소유권 이전등기 절차 필요 | 소유권 이전 없이 자동승계 |
| 보증금 있는 일부 임대 | 불가능 | 가능 |

#### (3) 종류
① **일반주택연금**: 만 55세 이상의 주택연금 가입자가 주택을 담보로 제공하고 노후생활자금을 평생 동안 매월 연금으로 수령하는 방식이다.

② **주택담보대출 상환용 주택연금**: 주택담보대출 상환용으로 인출한도(연금대출한도의 50~90%) 범위 안에서 일시에 목돈으로 찾아 쓰고 나머지는 평생동안 매월 연금으로 수령하는 방식이다.

③ **우대지급방식**: 부부 기준 2억 5천만원 미만의 1주택 소유자이면서, 1인 이상이 기초연금 수급권자일 경우, 일반 주택연금 대비 최대 20%를 더 수령하는 방식이다.

### (4) 주택연금 지급방식

① **종신지급방식**: 인출한도 설정 없이 평생 동안 매월 연금형태로 지급받는 방식
② **종신혼합방식**: 인출한도 범위(대출한도의 50%, 재건축 등 분담금 납부자금의 경우 70%) 안에서 수시로 찾아 쓰고 나머지 부분을 평생 동안 매월 연금형태로 지급받는 방식
③ **확정기간혼합방식**: 인출한도 범위(대출한도의 50%, 재건축 등 분담금 납부자금의 경우 70%) 안에서 수시로 찾아 쓰고 나머지 부분을 일정한 기간 동안만 매월 연금형태로 지급받는 방식. 다만, 인출한도 중 대출한도의 5%에 해당하는 금액(의무설정인출한도)은 매월 연금형태로 지급받는 기간이 종료된 이후 담보주택관리비, 의료비의 용도로만 사용
④ **대출상환방식**: 본인 또는 배우자가 담보주택을 담보로 대출받은 금액 또는 폐업 예정 소상공인인 본인 또는 배우자가 대출받은 금액 중 잔액을 상환하는 용도로 인출한도 범위(대출한도의 50% 초과 90% 이하) 안에서 지급받고, 나머지 부분을 평생 동안 매월 연금형태로 지급받는 방식
⑤ **대출상환우대방식**: 대출상환방식 대상자이면서 본인 또는 배우자가 기초연금 수급권자(65세 이상)이며 부부 기준 2억 5천만원 미만의 1주택만 소유한 경우 대출상환방식보다 인출한도 및 월지급금을 우대하여 지급받는 방식
⑥ **우대지급방식**: 본인 또는 배우자가 기초연금 수급권자(65세 이상)이며 부부 기준 2억 5천만원 미만의 1주택만 소유한 경우 인출한도 설정 없이 평생 동안 매월 연금형태로 지급받되 종신지급방식보다 더 많은 월지급금을 지급받는 방식
⑦ **우대혼합방식**: 본인 또는 배우자가 기초연금 수급권자(65세 이상)이며 부부 기준 2억 5천만원 미만의 1주택만 소유한 경우 인출한도 범위(우대지급방식 대출한도의 50%, 재건축 등 분담금 납부자금의 경우 70%) 범위 안에서 수시로 찾아 쓰고 나머지 부분을 평생 동안 매월 연금형태로 지급받는 방식

### (5) 가입요건

① **가입가능 연령**: 주택소유자 또는 배우자가 만 55세 이상
  ㉠ 확정기간방식은 연소자가 만 55세~만 74세
  ㉡ 우대지급방식은 주택소유자 또는 배우자가 만 65세 이상(기초연금 수급자)
② **주택보유 수**
  ㉠ 부부 기준 공시가격 등이 12억원 이하 1주택 소유자
    ⓐ 다주택자라도 공시가격 등의 합산가격이 12억원 이하이면 가능
    ⓑ 공시가격 등이 12억원 초과 2주택자는 3년 이내 1주택 처분 시 가능
  ㉡ 우대지급방식은 2억 5천만원 미만 1주택자만 가입 가능

### (6) 대상주택

① 「주택법」상 '단독주택', '공동주택', 「노인복지법」상 분양형 노인복지주택, 주거목적 오피스텔
  ➕ 상가 등 복합용도 주택은 전체 면적 중 주택이 차지하는 면적이 1/2 이상인 경우 가입 가능(단, 신탁방식으로 가입 시에는 불가)
② 우대지급방식은 2억 5천만원 미만 주택만 가입 가능

### (7) 보증기한(종신)

소유자 및 배우자 사망 시까지를 보증기한으로 한다. 단, 이용 도중에 이혼을 한 경우 이혼한 배우자, 이용 도중에 재혼을 한 경우 재혼한 배우자는 주택연금을 받을 수 없다.

### (8) 가입비(초기 보증료) 및 연보증료

① 초기 보증료: 주택가격의 1.5%(대출상환방식의 경우 1.0%)를 최초 연금지급일에 납부한다.
② 연보증료: 보증잔액의 연 0.75%(대출상환방식의 경우 1.0%)를 매월 납부한다.
③ 보증료는 취급 금융기관이 가입자 부담으로 공사에 납부하므로 연금지급총액(대출잔액)에 가산된다. 따라서 가입자가 직접 현금으로 납부할 필요가 없다.

### (9) 적용금리

① 적용금리는 '기준금리 + 가산금리'로 구성된다.
  ㉠ 기준금리: COFIX(신규취급액)을 적용, 신규취급액 COFIX 금리(6개월 주기로 변동)
  ㉡ 가산금리: 0.85%(대출상환방식의 경우 가산금리가 0.1%p 인하)
② 이자는 매월 연금지급총액(대출잔액)에 가산되므로 가입자가 직접 현금으로 납부할 필요가 없다.
③ 가입 이후에는 대출 기준금리 변경이 불가능하다.

### (10) 대출금 상환

① 이용자 사망 후 주택 처분가격으로 일시상환한다.
② 채무부담한도(대출금 상환액)는 담보주택 처분가격 범위 내로 한정한다.
③ 대출금은 언제든지 별도의 중도상환 수수료 없이 전액 또는 일부 정산이 가능하다(초기 보증료는 환급되지 않으나 연보증료는 잔여기간 확인 후 정산하여 환급 가능).

| 상환시점 | 상환할 금액 | 비고 |
| --- | --- | --- |
| 주택처분금액 > 연금지급총액 | 연금지급총액 | 남는 부분은 채무자(상속인)에게 돌아감 |
| 주택처분금액 < 연금지급총액 | 주택처분금액 | 부족분에 대해 채무자(상속인)에게 별도 청구 없음 |

## 10 저당의 유동화제도

33회·34회

### 1. 저당유동화의 의의

#### (1) 유동화

유동성이 없는 것을 유동성 있게 하는 것을 말한다.

#### (2) 자산의 유동화 ⇨ 자산유동화증권(ABS)

부동산과 같이 유동성이 낮은 자산을 보다 유동성이 높은 자산으로 바꾸어 놓는 것을 말한다.

#### (3) 저당의 유동화 ⇨ 주택저당증권(MBS)

저당권 자체를 하나의 상품으로 유통되게 하는 것을 말한다.

### 더 알아보기 | 자산유동화증권(ABS)과 주택저당증권(MBS)

1. **자산유동화증권(ABS)**: 대출채권, 매출채권, 부동산 등 모든 자산을 기초로 발행된 증권을 말한다.
2. **주택저당증권(MBS)**: 여러 자산 중 주택저당채권을 기초로 발행된 증권을 말한다.

## 2. 부동산증권

| | |
|---|---|
| 지분증권<br>(equity securities) | 지분금융을 얻을 목적으로 발행하는 증권<br>예) 부동산 뮤추얼 펀드, 리츠(REITs) |
| 부채증권<br>(debt securities) | 부채금융을 조달할 목적으로 발행하는 증권<br>예) 주택저당증권(MBS), 자산유동화증권(ABS) |

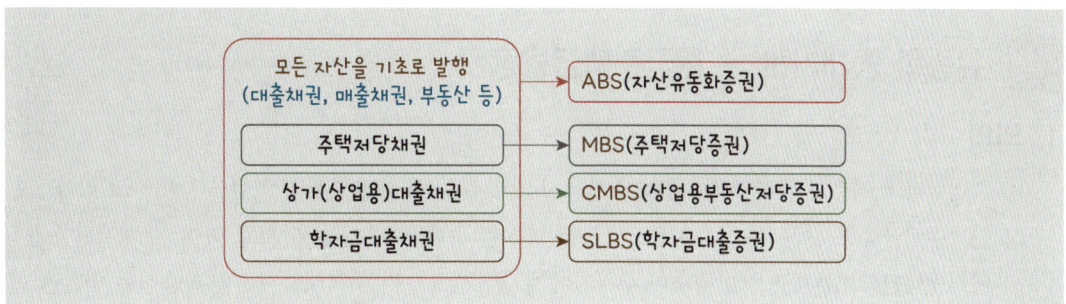

## 11 저당시장의 구조

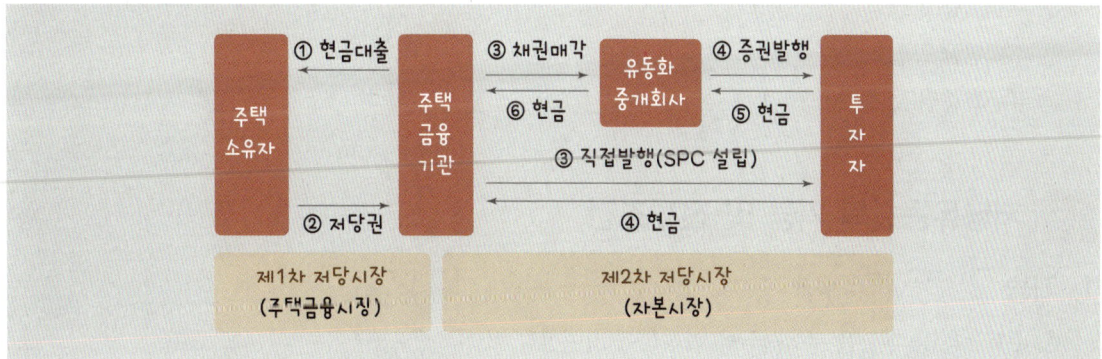

### 1. 제1차 저당시장(primary mortgage market)

① 저당대부를 원하는 수요자와 저당대부를 제공하는 금융기관으로 이루어지는 시장으로, 금융기관이 수취한 예금 등으로 주택담보대출을 제공하는 시장이다. ➡ **주택자금 대출시장**

② 제1차 저당대출자들은 설정된 저당을 자신들의 자산포트폴리오의 일부로 보유하기도 하고, 자금의 여유가 없을 경우에는 제2차 저당시장에 팔기도 한다.

## 2. 제2차 저당시장(secondary mortgage market)

① 저당대출기관과 다른 기관투자자들 사이에 저당을 사고파는 시장으로, 특별목적회사(SPC)를 통해 투자자로부터 자금을 조달하여 주택자금 대출기관에 공급해 주는 시장이다. ➡ **주택자금 공급시장**

> **⊕ 더 알아보기  특별목적회사(SPC)**
>
> 「상법」상 특수한 목적을 수행하기 위해 일시적으로 만들어지는 일종의 유한회사이다.
> **예** ABS를 발행하기 위해 설립된 페이퍼컴퍼니

② 제2차 저당시장은 저당대부를 받은 원래 저당차입자와는 아무런 직접적인 관계가 없다.
③ 제1차 대출기관들은 자신들이 설정한 저당을 팔아 저당대부에 필요한 자금을 조달한다.
④ 저당의 유동화에 기여하는 시장은 제2차 저당시장이다.

## 12 유동화 중개기관 – 한국주택금융공사

### 1. 의의

① 우리나라의 경우 한국주택금융공사가 저당시장에서 제2차 대출기관의 역할을 수행하고 있다.
② 한국주택금융공사에서는 금융기관으로부터 양수한 주택저당채권을 담보로 하여, 주택저당증권 및 주택저당채권담보부채권을 발행하여 투자자에게 판매함으로써 주택대출재원을 확충하는 역할을 한다.

### 2. 한국주택금융공사의 업무

① 보금자리론과 적격대출 공급
② 주택보증 공급
③ 주택연금 공급
④ 유동화증권(MBS, MBB) 발행

## 13 저당유동화의 기능 및 전제조건

### 1. 기능

① 주택금융 등과 같은 부동산금융 활성화에 기여한다.
② 투자자 입장에서는 자산포트폴리오 선택의 대안을 제공하는 역할을 한다.
③ 대출자(금융기관)들은 보다 적은 재원으로 보다 많은 차입자(자금수요자)에게 자금을 공급할 수 있다.
④ 자본시장 침체 시 자금흐름이 왜곡되는 것을 방지할 수 있는 제도적 장치로서의 기능을 한다.
⑤ 주택저당채권의 유동화를 통해 자본시장으로부터 주택자금대출 재원조달을 확대한다.
⑥ 장기대출채권을 투자자에게 매각함으로써 국제결제은행(BIS; Bank for International Settlements) 기준 자기자본비율을 제고한다.
⑦ 주택금융기관의 대출자금의 장기고정화에 따른 **유동성위험**과 금리변동에 따른 **금리위험이 감소**된다.

## 2. 전제조건

저당대부를 위해서는 필요한 자금이 저당시장에 원활하게 공급되는 것이 매우 중요한데, 이를 위해서는 적어도 저당수익률이 투자자들의 요구수익률보다는 크거나 같아야 한다.

## 14 주택저당증권(MBS)  24회·27회·28회·32회·34회·35회

### 1. 개념

저당대출기관이나 저당회사, 기타 기관투자자 등이 그들이 설정하거나 매입한 저당을 담보로 하여 발행하는 증권으로, 저당담보부증권(MBS; Mortgage Backed Securities)이라고도 한다.

### 2. 종류

**(1) 지분형 MBS – MPTS(Mortgage Pass-Through Securities, 이체증권)**

① 의의: 주택저당채권집합물(mortgage pool)에 대한 소유권과 원리금수취권을 투자자에게 모두 매각하는 방식을 말한다. 따라서 지분을 나타내는 증권으로서 증권발행자의 자산매각을 통한 자금조달방식에 해당되며, 유동화 기관의 부채로 표시되지 않는다.

② 특징
  ㉠ 저당차입자가 매기당 지불하는 원리금상환액 중에서 저당관리에 따른 비용을 공제하고 투자자에게 모두 지불된다. 주택담보대출의 원리금이 회수되면 MPTS의 원리금으로 지급되므로 유동화기관의 자금관리 필요성이 원칙적으로 제거된다.
  ㉡ 발행자는 주택저당채권집합물에 대한 소유권과 원리금수취권을 투자자에게 모두 이전한다.
  ㉢ 이자율위험과 조기상환위험(만기 전 변제위험), 채무불이행 위험을 투자자가 부담한다.
  ㉣ 위험이 투자자에게 이전되므로 초과담보 제공이 필요 없으며, 높은 위험에 따라 높은 수익이 제공된다.
  ㉤ 주택저당총액과 MPTS의 발행액이 같게 된다.

**(2) 채권형 MBS – MBB(Mortgage-Backed Bond, 저당채권)**

① 의의: 주택저당채권집합물에 대한 소유권과 원리금수취권을 발행자가 가지면서, 저당대출을 담보로 하여 자신의 부채로 채권을 발행하여 자금을 조달하는 방식을 말한다.

② 특징
  ㉠ 채권형 주택저당증권으로 발행자의 신용도를 중시하며, 주택저당채권집합물에 대한 소유권과 원리금수취권을 발행자가 보유한다.
  ㉡ 이자율위험, 조기상환위험(만기 전 변제위험), 채무불이행 위험을 발행자가 부담한다.
  ㉢ 주택저당대출차입자의 채무불이행이 발생하더라도 MBB에 대한 원리금을 발행자가 투자자에게 지급하여야 한다. 따라서 MBB 투자자 입장에서 MPTS(Mortgage Pass-Through Securities)에 비해 현금흐름이 안정적이고 불확실성이 작다는 장점이 있다.
  ㉣ MBB의 투자자(매수자)가 발행자의 조기상환(만기 전 변제)에 대해 방어할 수 있는 콜방어(call protection)가 인정된다.

ⓔ 발행자는 저당차입자로부터 받는 원리금상환액을 투자자에게 바로 이체하지 않고 자신들이 발행한 MBB에 대해 새로운 원리금을 지불하므로, 저당대출자와 MBB 투자자 간에 현금흐름이 바로 연결되지 않는다.

ⓕ 발행자의 신용으로 채권을 발행하기 때문에 위험이 발행자에 집중되어 유통성이 떨어지며, 발행자는 투자의 안전성을 높이기 위해 초과담보를 확보하므로 MBB 발행액은 주택저당총액보다 적다.

### (3) 혼합형 MBS - MPTB, CMO

① 의의: 원리금수취권은 투자자에게 이체되지만, 주택저당채권집합물에 대한 소유권은 발행자가 가지는 방식을 말한다.

② MPTB(Mortgage Pay-Through Bond, 지불이체채권)

　㉠ 의의: 발행자가 주택저당채권집합물에 대한 소유권은 보유하고 투자자에게 원리금수취권을 이전하는 것을 말한다.

　㉡ 특징

　　ⓐ MPTS와 MBB의 혼합형으로 지분형과 채권형이 혼합된 증권이며, 발행자의 재무상태표에 부채로 표시된다.

　　ⓑ 주택저당채권집합물에 대한 소유권은 발행자가 보유하고 원리금수취권은 투자자에게 이전한다.

　　ⓒ 이자율위험과 조기상환위험(만기 전 변제위험)을 MPTB 투자자가 부담하나 채무불이행 위험은 발행기관이 부담한다.

　　ⓓ 다른 조건이 같은 경우 MBB보다 작은 규모의 초과담보가 필요하다.

③ CMO(Collateralized Mortgage Obligation, 다계층채권)

　㉠ 의의: 저당채권의 집합을 담보로 발행된 다계층의 채권을 말한다. 위험의 분산과 다양한 투자 욕구를 충족하기 위해서 하나의 집합에서 만기와 이자율을 다양화한 여러 가지 종류의 채권을 발행한다.

　㉡ 특징

　　ⓐ 발행자는 주택저당채권집합물에 대한 소유권을 갖고 이를 담보로 다양한 채권을 발행한다.

　　ⓑ 조기상환위험은 투자자(증권소유자)가 부담하나 채무불이행 위험은 발행기관이 부담한다.

　　ⓒ MPTS와 MBB의 두 가지 성질을 다 가지고 있다.

　　ⓓ 다양한 만기구조를 갖고, 만기구조별로 수익률이 다르며, 계층선택에 따라 조기상환위험도 달라진다.

　　ⓔ 주택저당채권집합물(mortgage pool)을 담보로 발행된 총금액을 몇 개의 그룹으로 나누는데 이 그룹을 트랜치(tranche)라 하며, 트랜치별로 서로 다른 이자율이 적용되고 원금의 지급순서도 달라진다.

　　ⓕ 고정이자율이 적용되는 트랜치도 있고, 유동이자율(floating rate)이 적용되는 트랜치도 있다.

　　ⓖ 장기투자자들이 원하는 콜방어(call protection)를 실현시킬 수 있다.

　　ⓗ 다계층채권(CMO)에서 선순위 증권의 신용등급은 후순위 증권의 신용등급보다 높다.

**한눈에 보는 주택저당증권의 비교**

| 구분 | MPTS | MBB | MPTB | CMO |
|---|---|---|---|---|
| 유형 | 지분형 | 채권형 | 혼합형 | 혼합형 |
| 트랜치 수 | 1 | 1 | 1 | 여러 개 |
| 주택저당채권집합물에 대한 소유권자 | 투자자 | 발행자 | 발행자 | 발행자 |
| 원리금수취권자 | 투자자 | 발행자 | 투자자 | 투자자 |
| 조기상환위험부담자 (만기 전 변제위험) | 투자자 | 발행자 | 투자자 | 투자자 |
| 채무불이행 위험 | 투자자 | 발행자 | 발행자 | 발행자 |
| 콜방어 | 불가 | 가능 | – | 가능 (장기트랜치에 투자 시) |
| 초과담보 | 없음 | 큼 | 작음 | 작음 |

## 15 부동산투자회사(REITs)

24회·25회·26회·27회·29회·30회·33회·34회·35회·36회

### 1. 의의

① 자산을 부동산에 투자하여 운용하는 것을 주된 목적으로 설립된 회사이다.

② 주식발행을 통하여 다수의 투자자로부터 모은 자금을 부동산에 투자·운용하여 얻은 수익(부동산임대소득, 개발이득, 매매차익 등)을 투자자에게 배당하는 것을 목적으로 하는 주식회사이다.

➡ 지분금융방식, 부동산에 대한 간접투자상품

### 2. 종류

**(1) 자기관리 부동산투자회사**

자산운용 전문인력을 포함한 임·직원을 상근으로 두고, 자산의 투자·운용을 직접 수행하는 회사를 말한다.

**(2) 위탁관리 부동산투자회사**

자산의 투자·운용을 자산관리회사에 위탁하는 회사를 말한다.

**(3) 기업구조조정 부동산투자회사**

「부동산투자회사법」에서 규정하는 부동산을 투자대상으로 하며, 자산의 투자·운용을 자산관리회사에 위탁하는 회사를 말한다.

## 3. 개요(부동산투자회사 비교)

| 구분 | 일반리츠(K-REITs) | | 기업구조조정리츠 (CR-REITs) |
|---|---|---|---|
| | 자기관리 부동산투자회사 | 위탁관리 부동산투자회사 | |
| 회사 형태 | 「상법」상 주식회사 | | |
| 실체 형태 | 실체회사(상근 임직원) | 명목회사(비상근) ➡ 지점설치(×), 직원고용(×), 상근임원(×) | |
| 설립자본금 (최저자본금) | 5억원 (70억원) | 3억원 (50억원) | |
| 현물출자 | 영업인가 또는 등록 후, 최저자본금을 갖춘 후 현물출자는 가능 | | |
| | 부동산 + 지상권, 임차권 등 부동산 사용에 관한 권리, 신탁 수익권 등도 허용 | | |
| 주식의 분산 (1인당 소유한도) | 주식의 공모를 완료한 이후 발행주식의 100분의 50을 초과하지 못함 | | 제한 없음 |
| 주식공모 | 영업인가를 받거나 등록한 날부터 3년 이내에 발행 주식 총수의 100분의 30 이상을 일반의 청약에 제공 | | 의무사항 아님 |
| 상장 | 상장요건을 갖춘 후 즉시 | | |
| 회사의 자산구성 | 매 분기 말 현재 총자산의 100분의 80 이상을 부동산, 부동산 관련 증권 및 현금으로 구성(총자산의 100분의 70 이상은 부동산으로 구성) | | 매 분기 말 현재 총자산의 100분의 70 이상을 구조조정 관련 부동산으로 구성 |
| 운용기관 | 내부조직(상근직원 있음) | 자산관리회사에 위탁(상근직원 없음) | |
| 배당 | 50% 이상 의무 배당 | 90% 이상 배당(초과배당 가능) | |
| 차입과 사채 | 원칙적으로 자기자본의 2배를 초과할 수 없으나 주주총회 특별 결의 시 그 합계가 자기자본의 10배 범위에서 가능 | | |
| 합병제한 | 같은 종류의 부동산투자회사 간의 흡수합병의 방법으로 합병 가능 | | |
| 감독기관 | 국토교통부장관, 금융위원회 | | |
| 세제혜택 | 법인세 면제(×) | 90% 이상 배당할 경우 법인세 면제(○) | |

➕ 감정평가사 또는 공인중개사로서 해당 분야에 5년 이상 종사한 사람은 자기관리 부동산투자회사의 상근 자산운용전문인력이 될 수 있다.

➕ 부동산투자회사는 부동산을 취득한 후 5년의 범위에서 대통령령으로 정하는 기간 이내에는 부동산을 처분하여서는 아니 된다.

➕ 자기관리 부동산투자회사는 주주총회의 결의와 국토교통부장관의 영업인가를 받아 위탁관리 부동산투자회사로 전환할 수 있다.

➕ 부동산투자회사는 부동산 등 자산의 운용에 관하여 회계처리를 할 때에는 금융위원회가 정하는 회계처리기준에 따라야 한다.

➕ 자기관리 부동산투자회사의 경우는 해당연도 이익배당한도의 100분의 50 이상을 주주에게 배당하여야 하며, 이익준비금을 적립할 수 있다.

➕ 부동산투자회사의 임직원 또는 대리인, 주요 주주, 해당 부동산투자회사와 자산의 투자·운용업무에 관한 위탁계약을 체결한 자는 부동산투자회사의 미공개 자산운용정보를 이용하여 부동산 또는 증권을 매매하거나 타인에게 이용하게 하여서는 아니 된다.

# POINT 06 부동산개발 및 관리론

## 1 토지이용의 집약도
└→ 토지이용에 있어 단위면적당 투입되는 노동과 자본의 양

$$토지이용의 집약도 = \frac{투입되는 노동과 자본의 양}{단위면적}$$

### 1. 집약적 토지이용

**(1) 의의**

토지이용의 집약도가 높은 토지이용을 말한다.

**(2) 수확체감의 법칙 적용** →  토지가 고정되어 있는 상태에서 노동이나 자본의 투입량을 늘리면 총생산량(총수확량)은 증가하나 추가적인 생산량은 점점 감소하게 되는 것

도시의 토지이용에 있어서 건물의 고층화에도 적용된다.

**(3) 집약한계**

투입되는 한계비용이 산출되는 한계수입과 일치되는 데까지 추가투입되는 경우의 집약도를 말한다.

➡ 이윤극대화를 가져오는 토지이용의 집약도

### 2. 조방적 토지이용

**(1) 의의**

토지이용의 집약도가 낮은 토지이용을 말한다.

**(2) 조방한계**

최적의 조건하에서 겨우 생산비를 감당하는 수익밖에 얻을 수 없는 집약도를 말한다.

➡ 총수입과 총비용이 일치하는 손익분기점에서의 토지이용의 집약도

### 3. 입지잉여

**(1) 의의**

동일한 산업경영이라도 입지조건이 양호한 경우에 발생하는 초과수익을 말한다.

**(2) 발생 요건**

어떤 위치가 한계입지 이상이고 또한 그 위치를 최유효이용할 수 있는 입지주체가 이용하는 경우에 발생한다.

**(3) 한계입지**

입지조건이 상대적으로 나쁜 곳으로 초과수익을 전혀 기대할 수 없는 곳, 즉 입지잉여가 '0'이 되는 위치이다.

## 2 부동산이용

### 1. 지가구배(地價勾配)현상

도시의 지가 패턴은 도심이 가장 높고 도심에서 멀어질수록 점점 낮아지는데, 이와 같이 지가가 도심에서 도로를 따라 외곽으로 나갈수록 점점 낮아지는 현상이다.

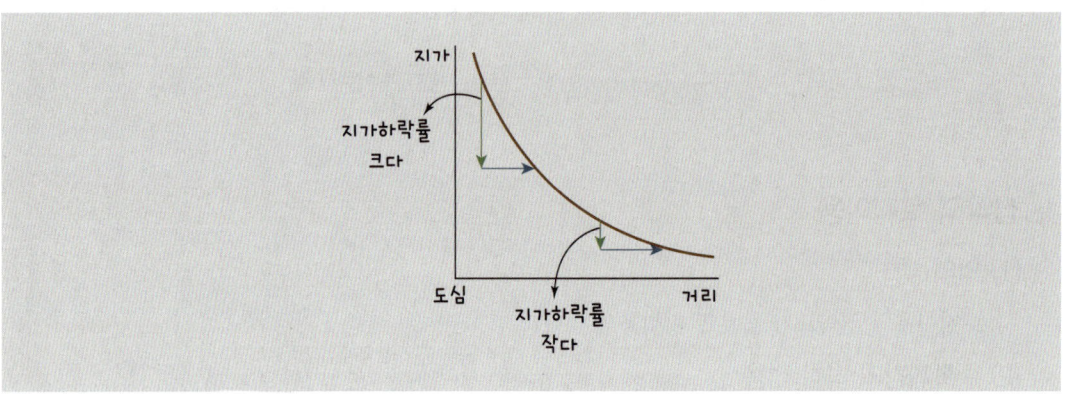

### 2. 직·주분리와 직·주접근

| | | |
|---|---|---|
| 직·주<br>분리 | 의의 | 직장을 도심에 두고 있는 근로자가 그 거처를 도심에서 멀리 두는 현상 |
| | 원인 | ① 도심의 지가상승<br>② 도심의 환경 악화<br>③ 도심의 재개발(주택의 철거)<br>④ 교통의 발달 |
| | 결과 | ① 인구의 시외곽 이주로 도심의 상주인구가 감소하면서 도심의 주·야간 인구 차가 커지는 공동화현상(도넛현상) 발생<br>② 외곽은 침상도시(寢牀都市, bed town)화<br>③ 도심고동(都心鼓動)의 비율이 커져 출퇴근 시 교통혼잡 발생<br>④ 외곽지역의 지가 상승 |
| 직·주<br>접근 | 의의 | 직장과 주거지를 가급적 가까운 곳에 두려는 현상 ➡ 회귀(return)현상 |
| | 원인 | ① 도심의 상대적 지가 하락<br>② 도심의 환경 개선<br>③ 정책적으로 유도<br>④ 교통체증의 심화 |
| | 결과 | ① 도심의 주거용 건물 고층화<br>② 도시회춘화현상 발생 |

## 3. 한계지의 지가법칙

### (1) 의의
특정의 지점과 시점을 기준으로 한 택지이용의 최원방권을 말한다.

### (2) 특징
① 한계지는 농경지 등의 용도전환으로 개발되는 것이 대부분이지만, 한계지의 지가수준은 농경지 등의 지가수준과는 무관한 경우가 많다. ➡ 단절지가(斷絕地價)
② 한계지의 지가와 도심부의 지가는 상호 무관하지 않고, 각 한계지의 지가 상호간에는 밀접한 대체관계가 성립한다.
③ 한계지는 철도와 같은 대중교통수단을 주축으로 하여 연장된다.
④ 농경지가 택지화된 한계지는 초기에 지가의 상승이 빠르다.
⑤ 자가(自家)의 한계지는 차가(借家)의 한계지보다 더욱 택지이용의 원방권에 위치한다.

## 4. 도시 스프롤(sprawl)현상

| 의의 | 도시의 성장·개발현상이 무질서·불규칙하게 평면적으로 확산되는 것 |
|---|---|
| 원인 | 개발도상국에서 도시계획이나 토지이용계획의 소홀로 인해 발생 |
| 유형 | ① 저밀도 연쇄개발현상<br>② 고밀도 연쇄개발현상(우리나라)<br>③ 간선도로를 따라 스프롤이 전개되는 현상<br>④ 개구리가 뛰는 것처럼 도시에서 중간 중간에 상당한 공지를 남기면서 교외로 확산되는 현상 ➡ 비지적(飛地的)현상 |
| 특징 | ① 토지의 최유효이용에서 괴리됨으로써 일어나는 현상<br>② 주거지역에서만 발생하는 것이 아니라 상업지역이나 공업지역에서도 발생<br>③ 대도시의 도심지보다는 외곽부에서 더욱 발생<br>④ 도시 외곽부의 팽창인 도시의 평면적 확산이며, 경우에 따라 입체 슬럼형태를 보인다.<br>⑤ 스프롤 지대의 지가현상은 지역특성에 따라 다양하며, 예외적인 경우를 제외하면 지가수준은 표준 이하이다.<br>⑥ 도시가 교외로 확산되면서 중간중간에 공지를 남기기도 한다.<br>⑦ 간선도로를 따라 확산이 전개되는 현상이 나타나기도 한다. |

# 3 부동산개발의 의의 및 분류

## 1. 의의
부동산개발이란 타인에게 공급할 목적으로 토지를 조성하거나 건축물을 건축, 공작물을 설치하는 행위로, 조성·건축·대수선·리모델링·용도변경 또는 설치되거나 설치될 예정인 부동산을 공급하는 것을 말한다. 다만, 시공을 담당하는 행위는 제외된다.

> **더 알아보기** 시행사와 시공사
>
> 1. **시행사**: 모든 공사의 전 과정에 대한 책임을 맡아 관리하는 회사를 말한다.
>    예) 토지소유자, 재건축조합
> 2. **시공사**: 시행사로부터 발주를 받아서 공사만을 담당하는 회사를 말한다.
>    예) 건설회사

### 2. 분류(외관에 따라)

#### (1) 유형적 개발

토지의 물리적인 변형을 초래하는 행위이다.

예) 건축·토목사업, 공공사업

#### (2) 무형적 개발

토지의 물리적인 변형을 초래하지 않고 이용상태의 변경을 초래하는 행위이다.

예) 용도지역·지구의 지정 또는 변경, 농지전용

#### (3) 복합적 개발

토지의 유형·무형의 개발행위가 동시에 이루어지는 경우를 말한다.

예) 토지형질변경사업, 도시재개발사업, 공업단지조성사업, 도시개발사업

## 4 부동산개발의 과정

### 1. 아이디어단계(구상단계)

모든 부동산개발은 구상으로부터 시작한다.

### 2. 예비적 타당성 분석단계(전실행가능성 분석단계)

부동산개발에서 얻은 수익이 비용을 상회할 가치가 있는지를 조사하는 것이다.

### 3. 부지구입단계(부지모색과 확보단계)

전실행가능성 분석단계가 완료되면 곧바로 부지의 구입에 착수한다.

### 4. 타당성 분석단계(실행가능성 분석 및 디자인단계)

#### (1) 공법상의 규제분석

법적·행정적으로 개발할 수 있는 공간의 양 및 종류를 결정한다.

#### (2) 부지분석

토양의 구조물 지지능력 및 건설에 따른 특별문제 등에 대한 정보를 조사한다.

### (3) 시장분석

택지조성의 경우는 택지면적 및 규모 등을, 공간창조의 경우는 건축면적 및 방의 수 또는 개발단위, 기대되는 임대료수익 및 고객이 원하는 형태 등에 대한 정보를 조사한다.

### (4) 재정분석

최적이윤을 가져다주는 규모 및 디자인을 결정하는 데 사용한다.

## 5. 금융단계

택지조성 및 건설자금의 융자 등을 고려하는 단계이다.

## 6. 건설단계(택지조성)

물리적인 공간을 창조하는 단계이다.

## 7. 마케팅단계(분양)

## 5 부동산개발의 위험분석

27회·28회

부동산개발은 그것이 내포하고 있는 불확실성(부동산개발은 현재에 이루어지지만 수익성은 미래에 나타남) 때문에 위험요소가 개재한다.

| 법률적 위험 | ① 토지이용규제와 같은 공법적인 측면과 소유권 관계와 같은 사법적인 측면에서 발생할 수 있는 위험을 말한다.<br>② 정부의 정책이나 용도지역제와 같은 토지이용규제의 변화로 인해 발생하기도 한다.<br>➡ 법률적 위험부담을 최소화하기 위해 이용계획이 확정된 토지를 구입하는 방법이 있다. |
|---|---|
| 시장위험 | ① 부동산시장의 불확실성이 개발자에게 지우는 부담을 말한다. 개발사업의 완성이 가까울수록 시장위험은 줄어들고 가치는 증가한다.<br>② 개발된 부동산이 분양이나 임대가 되지 않거나, 계획했던 가격 이하나 임대료 이하로 매각되거나 임대되는 경우를 말한다.<br>➡ 시장위험을 줄이기 위해 시장연구(market study)와 시장성 연구(marketability study)가 필요하다. |
| 비용위험 | ① 개발기간이 예상보다 길어지거나 예상하지 못한 인플레이션이 발생하는 등의 사유로 인해 비용부담이 증가하는 위험을 말한다.<br>② 비용위험부담은 개발기간이 연장될수록, 인플레이션이 심할수록 더 커진다.<br>➡ 비용위험을 줄이기 위해 개발업자는 시공사와 최대가격보증계약을 맺기도 한다. |

# 6 부동산개발의 타당성 분석

25회·27회·31회

## 1. 타당성 분석의 의의 및 체계

### (1) 의의

타당성 분석이란 계획하고 있는 개발사업이 투자 자본에 대한 기회비용(투자자의 요구수익률)을 확보할 수 있는지의 여부를 분석하는 것을 말한다.

### (2) 부동산분석의 체계

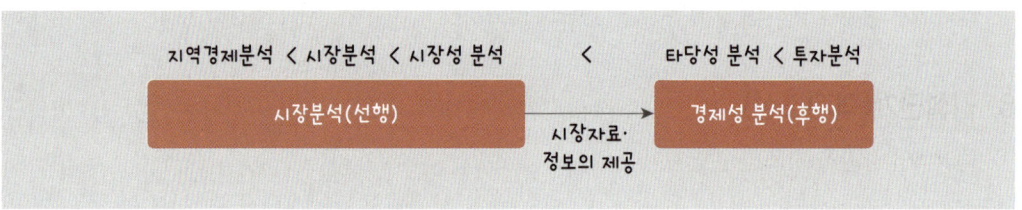

## 2. 부동산분석의 유형

| 지역경제분석 | | | 대상 시장지역의 인구, 고용, 소득 등 모든 부동산의 수요와 시장에 영향을 미치는 요인을 분석·확인 및 예측하는 작업 |
|---|---|---|---|
| 시장분석 | | | 특정지역이나 부동산 유형에 대한 수요와 공급 등을 분석하는 것 |
| 시장성분석 | 의의 | | 향후 개발될 부동산이 현재나 미래의 시장상황에서 매매되거나 임대될 수 있는지에 대한 경쟁력을 분석하는 것 |
| | 흡수율 분석 | 의의 | 일정기간에 특정한 지역에 공급된 부동산이 얼마의 비율로 흡수되었는지를 분석하는 것 |
| | | 내용 | ① 흡수율: 시장에 공급된 부동산이 단위시간 동안 시장에서 흡수된 비율<br>② 흡수시간: 공급된 부동산이 시장에서 전량(또는 일정량) 흡수되는 데 걸린 시간<br>➕ 흡수율이 높을수록, 흡수시간이 짧을수록 시장위험이 낮고 시장성은 높다. |
| | | 목적 | 단순히 과거의 추세를 파악하는 것만이 아니라 이를 기초로 개발사업의 미래의 흡수율을 파악하는 것 |
| 타당성분석 | | | 개발사업에 투자자금을 끌어들일 수 있을 정도로 충분한 수익이 발생하는지 분석하는 것 |
| 투자분석 | | | 투자자의 목적, 다른 투자대안의 수익성 등을 검토하여 대상개발사업의 채택 여부를 결정하는 것 |

### 더 알아보기 | 시장차별화와 시장세분화

1. **시장차별화**(market disaggregation): 제품의 특성에 따라 대상부동산을 범주화하여 다른 부동산과 구별하는 것을 말한다.
2. **시장세분화**(market segmentation): 소비자 특성에 따라 가능사용자를 범주화하여 다른 사람과 구별하는 것을 말한다.

## 3. 시장분석과 경제성 분석

| 시장 분석 | 의의 | 특정 개발사업이 시장에서 채택될 수 있는지를 분석하는 것<br>➡ 개발사업이 안고 있는 물리적·법률적·경제적·사회적 제약조건에 대한 분석도 포함 |
|---|---|---|
| | 목적 | 개발사업에 대한 투자결정을 하는 데 필요한 모든 정보를 제공하는 것 |
| | 역할 | ① 특정 용도에는 어떤 부지가 적합한가를 결정하는 역할을 한다(입지론).<br>② 주어진 부지에는 어떤 용도가 적합한가를 결정하는 역할을 한다(적지론).<br>③ 주어진 자본을 투자할 대안을 찾고 있는 투자자를 위해 수행되기도 한다.<br>④ 새로운 개발사업에 대해서는 물론 기존의 개발사업에 대해서도 행해진다. |
| | 구성 요소 | ① 지역분석(도시분석): 경제기반분석, 인구분석, 소득수준, 교통 등을 분석한다.<br>② 근린분석: 지방경제가 부지에 미치는 영향, 근린지역 내의 경쟁, 미래의 경쟁가능성, 인구의 특성 등을 분석한다.<br>③ 부지분석: 지역지구제, 편익시설, 접근성, 크기와 모양, 지형 등을 분석한다.<br>④ 수요분석: 경쟁력, 인구분석, 추세분석 등을 한다.<br>⑤ 공급분석: 공실률 및 임대료 추세, 건축착공량과 건축허가 수 등을 분석한다. |
| 경제성 분석 | | 시장분석에서 수집된 자료를 활용하여 개발사업에 대한 수익성을 평가하고, 최종적인 투자결정을 하는 것 |

## 7 부동산개발사업의 분류
24회·26회·27회·28회·29회·30회·31회·32회·34회·35회

### 1. 개발형태에 의한 분류

| 신개발방식 | 전혀 이용되지 않았던 부동산이나 이용되고 있던 부동산을 기존과는 달리 새롭게 개발하는 것을 말한다.<br>예 택지개발사업, 신도시개발사업 |
|---|---|
| 재개발방식 | 기존에 어떠한 용도로 활용되고 있던 부동산이 노후되거나 낙후되어 효율성이 극히 떨어진 경우에 새로운 방법으로 다시 개발하여 효율성을 높이는 일련의 활동을 말한다.<br>예 도시재개발, 주거환경개선사업, 재건축사업, 리모델링사업 |

## 2. 시행방법에 의한 분류

| 보전(保全) 재개발 | ① 사전에 노후·불량화의 진행을 막기 위하여 채택하는 방법 ➡ 신도시형<br>② 가장 소극적인 도시재개발의 형태 |
|---|---|
| 수복(修復) 재개발 | ① 현재의 대부분 시설을 그대로 보존하면서 노후·불량화의 요인만을 제거하는 방법<br>② 역사가 오래된 도시에서 많이 이용하는 방법 ➡ 선진국형<br>③ 소극적인 도시재개발의 형태 |
| 개량(改良) 재개발 | ① 기존 시설의 확장·개선 또는 새로운 시설의 첨가를 통해 도시기능을 제고하는 방법<br>② 수복 재개발의 일종 |
| 철거(撤去) 재개발 | ① 기존 환경을 완전히 제거하고 새로운 시설물로 대체시키는 방법 ➡ 개발도상국형<br>② 가장 전형적인 도시재개발의 형태 |

## 3. 토지취득방식에 따른 분류

| 단순개발방식 | 토지형질변경 등 토지소유자에 의한 자력개발방식 |
|---|---|
| 환지방식 | 택지화가 되기 전의 토지의 위치, 지목, 면적, 등급, 이용도 등 기타 필요사항을 고려하여 택지개발 후 개발된 토지를 토지소유자에게 재분배하는 방식<br>➡ 개발된 토지의 재분배 설계 시에는 평가식이나 면적식을 적용할 수 있다. |
| 매수방식 | 대상토지의 전면매수를 원칙으로 하여 개발하는 방식<br>➡ 사업시행자에 의한 수용절차 필요 |
| 혼합방식 | 대상토지를 전면매수 또는 환지하는 방식을 혼용하는 개발방식 |
| 합동·신탁 개발방식 | ① 합동개발방식: 토지소유자, 건설업자, 자금제공자 등이 합동으로 택지개발을 하는 방식<br>② 신탁개발방식: 신탁형식으로 택지개발을 하는 방식 |

**더 알아보기** 환지와 체비지

1. **환지(換地)**: 도시개발사업에 소요된 비용과 공공용지를 제외한 후 도시개발사업 전 토지의 위치·지목·면적 등을 고려하여 토지소유자에게 재분배하는 토지를 말한다.
2. **체비지(替費地)**: 도시개발사업에 필요한 경비에 충당하기 위해 환지로 정하지 아니한 토지를 말한다.

## 4. 개발주체에 따른 분류

| 공영개발방식 | 국가, 지방자치단체나 정부투자기관(공사)이 개발의 주체가 되어 개발하는 방식 |
|---|---|
| 민간개발방식 | 민간기업이 시장에서 자유롭게 토지를 취득한 후에 개발하는 방식 |
| 민관합동 개발방식 | 정부(또는 지방자치단체)와 민간기업이 합동으로 개발하는 방식<br>⊕ 민관합동개발사업이라고도 한다. |

## 5. 개발방식에 따른 분류

민간의 부동산개발 사업방식에는 자체개발사업, 지주공동사업, 토지신탁개발사업 그리고 컨소시엄 구성 방식이 있다.

### (1) 자체개발사업

| 의의 | 토지소유자가 사업기획을 하고 직접 자금조달을 하여 건설을 시행하는 방식이며, 통상적으로 가장 많은 사업의 형태이다. |
|---|---|
| 장점 | 개발사업의 이익이 모두 토지소유자에게 귀속되고, 사업시행자의 의도대로 사업추진이 가능하며, 사업시행의 속도도 빠르다. |
| 단점 | 사업의 위험성이 매우 높고, 자금조달의 부담이 크며, 위기관리능력이 요구된다. |

### (2) 지주공동사업

| 의의 | 토지소유자와 개발업자(건설사, 사업시행자, 자금조달자) 간에 부동산개발을 공동으로 시행하는 것으로서, 토지소유자는 토지를 제공하고 개발업자는 개발의 노하우를 제공하여 서로의 이익을 추구하는 형태이다. |
|---|---|
| 장점 | 불확실하고 위험도가 큰 부동산개발사업에 대한 위험을 토지소유자와 개발업자 간에 분산한다. |

① 공사비 대물변제형

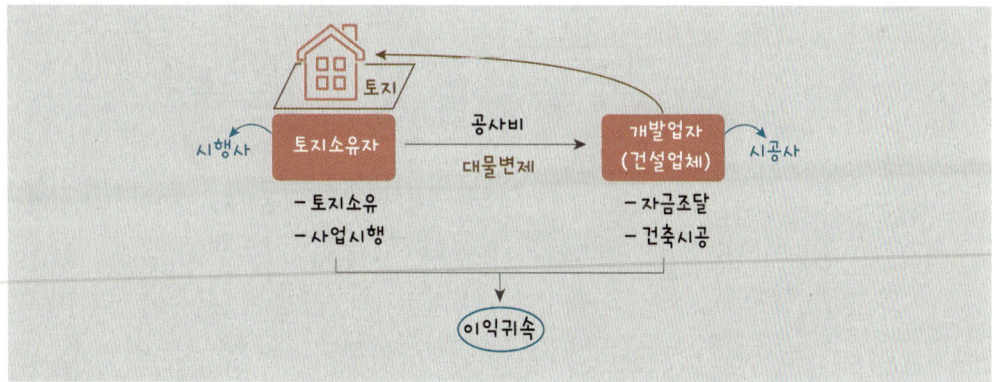

② 분양금 공사비 전산형

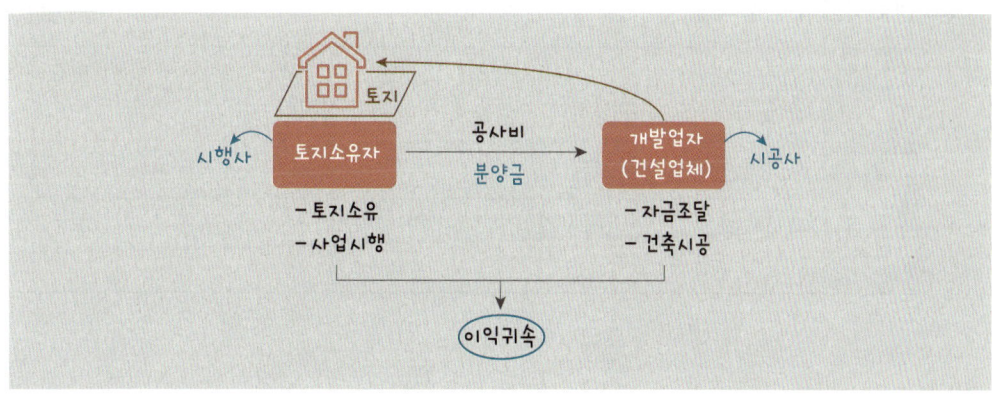

> **더 알아보기** 등가교환방식
>
> 토지소유자가 제공한 토지에 개발업자가 공사비를 부담하여 부동산을 개발하고, 개발된 부동산을 제공된 토지가격과 공사비의 비율에 따라 나누는 방식을 말한다.

③ **사업위탁방식:** 토지소유자가 개발업자에게 사업시행을 의뢰하고, 개발업자는 사업시행에 대한 수수료를 취하는 방식이다.

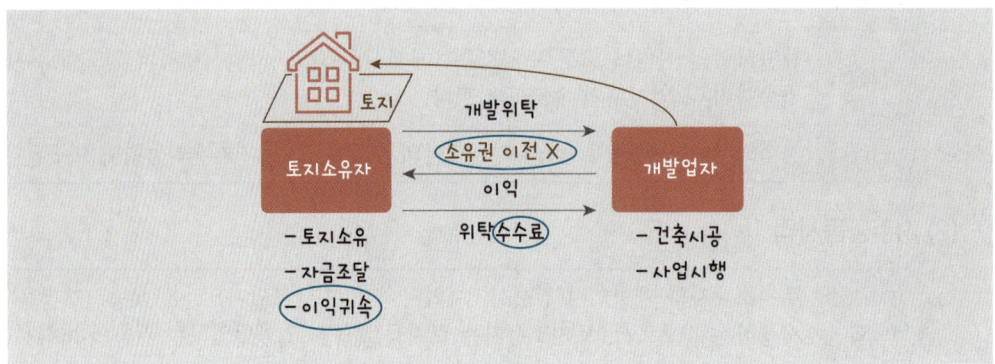

### (3) 토지신탁개발사업

토지소유자로부터 형식적인 소유권을 이전받은 신탁회사가 토지를 개발·관리·처분하여 그 수익을 수익자에게 돌려주는 방식이다.

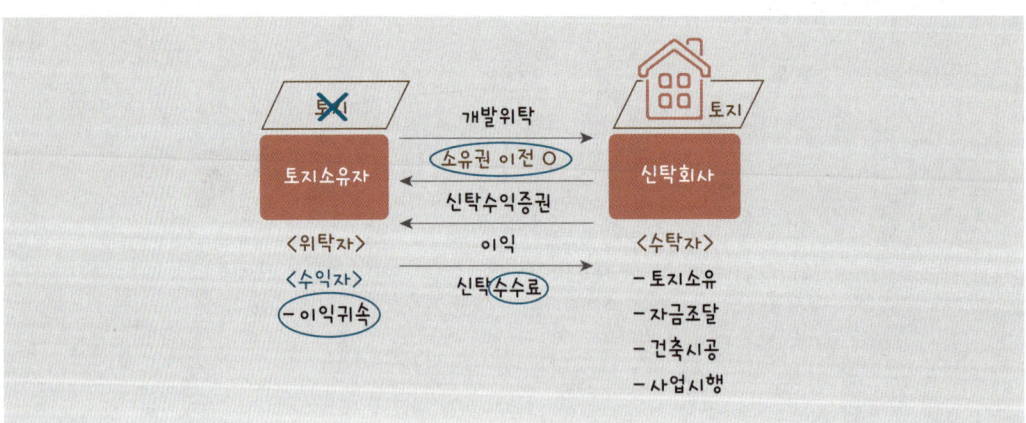

### (4) 컨소시엄 구성방식

| 의의 | 대규모 개발사업에 있어서 사업자금의 조달 또는 상호 기술보완 등의 필요에 의해 법인 간에 컨소시엄을 구성하여 사업을 수행하는 방식이다. |
|---|---|
| 장점 | 사업의 안정성이 확보된다. |
| 단점 | 사업시행에 시간이 오래 걸리고, 출자회사 간의 상호 이해조정이 필요하며, 책임의 회피 현상이 있을 수 있다. |

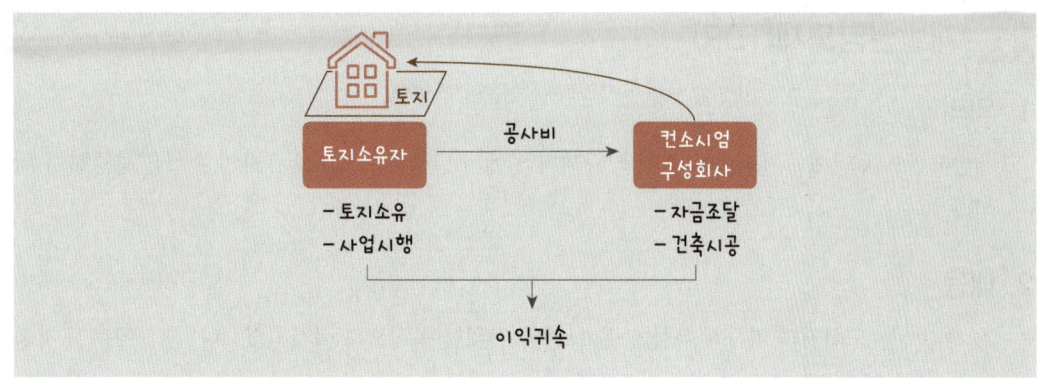

## 6. 민간투자사업방식에 따른 분류

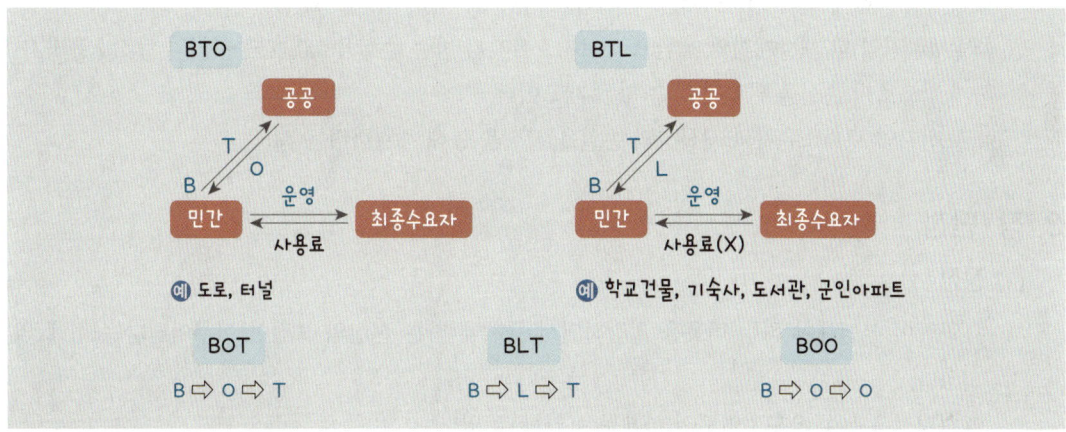

| | |
|---|---|
| BTO 방식<br>(Build-Transfer-Operate) | 사회기반시설의 준공과 동시에 해당 시설의 소유권이 국가 또는 지방자치단체에 귀속되며, 사업시행자에게 일정기간의 시설관리운영권을 인정하는 방식<br>예 도로, 터널 |
| BTL 방식<br>(Build-Transfer-Lease) | 사회기반시설의 준공과 동시에 해당 시설의 소유권이 국가 또는 지방자치단체에 귀속되며, 사업시행자에게 일정기간의 시설관리운영권을 인정하되, 그 시설을 국가 또는 지방자치단체 등이 협약에서 정한 기간 동안 임차하여 사용·수익하는 방식<br>예 학교 건물, 기숙사, 도서관, 군인아파트 |
| BOT 방식<br>(Build-Operate-Transfer) | 사회기반시설의 준공 후 일정기간 동안 사업시행자에게 해당 시설의 소유권이 인정되며, 그 기간이 만료되면 시설소유권이 국가 또는 지방자치단체에 귀속되는 방식 |
| BLT 방식<br>(Build-Lease-Transfer) | 사회간접자본시설을 준공한 후 일정기간 동안 운영권을 정부에 임대하여 투자비를 회수하며, 약정 임대기간 종료 후 시설물을 정부 또는 지방자치단체에 이전하는 방식 |
| BOO 방식<br>(Build-Own-Operate) | 사회기반시설의 준공과 동시에 사업시행자에게 해당 시설의 소유권이 인정되는 방식 |

## 8 개발권양도제(TDR)

TDR; Transferable Development Right

### 1. 의의

개발제한으로 인해 규제되는 보전지역(규제지역)에서 발생하는 토지소유자의 손실을 보전하기 위한 제도이다.

### 2. 내용

① 초기에는 도심지의 역사적 유물 등을 보존하기 위한 목적으로 실시되었으나, 최근에는 토지정책의 수단 중 토지이용규제의 한 방법으로 이용되고 있다.
② 개발이 제한된 보전지역 내의 토지소유자에게 부여된 개발권을 개발이 가능한 다른 지역의 토지소유자에게 매각하게 하는 제도이다.
③ 개발제한지역 내 개발계획의 제한으로 토지소유자가 받는 손실을 개발가능지역의 토지소유자가 보상하게 함으로써 손실을 완화시킬 수 있는 제도이다.
➡ 보전지역 토지소유자의 재산상의 손실을 시장을 통해 해결하려는 제도

### 3. 장·단점

#### (1) 장점
① 공공이 부담해야 하는 비용을 절감하면서 규제에 따른 손실의 보전이 이루어진다는 점에 의의가 있다.
② 형평성을 높여 용도지역제의 한계를 보완할 수 있다.

#### (2) 단점
① 형평성 문제를 완전하게 해소하기 어렵다.
② 토지이용의 효율성 문제가 발생한다.

## 9 부동산신탁

### 1. 의의

**(1) 신탁**

신탁을 설정하는 자(위탁자)와 신탁을 인수하는 자(수탁자) 간의 신임관계에 기하여 위탁자가 수탁자에게 특정의 재산(영업이나 저작재산권의 일부를 포함)을 이전하거나 담보권의 설정 또는 그 밖의 처분을 하고, 수탁자로 하여금 일정한 자(수익자)의 이익 또는 특정의 목적을 위하여 그 재산의 관리, 처분, 운용, 개발, 그 밖에 신탁 목적의 달성을 위하여 필요한 행위를 하게 하는 법률관계를 말한다(신탁법 제2조).

**(2) 부동산신탁**

위탁자(부동산소유자)가 수탁자(부동산신탁회사)와 신탁계약을 체결한 후 수탁자에게 부동산의 소유권 이전 및 신탁등기를 하고 나면, 수탁자는 신탁계약에서 정한 목적 달성을 위하여 신탁부동산을 개발·관리·처분하여 발생한 수익 또는 잔존부동산을 신탁 종료 시 수익자에게 교부하는 제도를 말한다.

### 2. 신탁관계인

**(1) 위탁자**

신탁을 설정하는 자를 말한다.

**(2) 수탁자**

신탁을 인수하는 자(신탁회사)를 말한다.

**(3) 수익자**

신탁행위에 따라 신탁이익을 받는 자를 말한다.

**(4) 신탁재산관리인**

수탁자를 대신하여 신탁재산을 관리하는 자를 말한다.

### 3. 토지(개발)신탁

토지소유자가 토지를 개발하기 위한 목적으로 가입하는 신탁을 말한다. 신탁회사는 신탁계약에 따라 사업비 조달, 시공사 선정 등의 개발 사업을 수행한다. 사업이 완료되면 신탁회사는 신탁보수, 비용 등을 정산한 뒤 수익을 수익자에게 지급하는 것으로 신탁계약은 종료된다.

### 4. 부동산관리신탁

부동산의 소유자가 부동산의 관리서비스를 받기 위한 목적으로 가입하는 것으로, 부동산의 소유권 관리·건물수선 및 유지·임대차 관리 등 제반 부동산 관리 업무를 신탁회사가 수행하는 방식이다.

### (1) 갑종관리신탁

위탁자가 맡긴 부동산을 종합적으로 관리·운용하여 그 수익을 수익자에게 교부하는 방식이다. 부동산의 소유권만 관리하는 것이 아니라 건물의 외형이나 경제적인 측면까지 관리하는 법률적·경제적·기술적 관리를 말한다.

### (2) 을종관리신탁

부동산의 '소유권 관리'만을 하는 것을 말한다. '명의신탁'이라고도 한다.

## 5. 부동산처분신탁

위탁자(부동산소유자)가 부동산의 처분을 목적으로 수탁자에게 소유권을 이전하고, 수탁자가 신탁재산으로 인수한 부동산을 처분하여 그 처분대금을 수익자에게 교부하는 신탁이다.

## 6. 부동산담보신탁

위탁자(부동산소유자)가 소유권을 수탁자(신탁회사)에게 이전하고, 수탁자(신탁회사)로부터 수익증권을 교부받아 수익증권을 담보로 금융기관에서 대출을 받는 신탁을 말한다.

## 7. 분양관리신탁

상가 등 건축물 분양의 투명성과 안정성을 확보하기 위하여 신탁회사에게 사업부지의 신탁과 분양에 따른 자금관리업무를 부담시키는 제도이다.

# 10 경제기반이론

27회·30회·32회·34회

## 1. 개념 및 특징

### (1) 개념

기반산업을 육성하여 수출을 확대해 나감으로써 지역경제의 성장과 발전을 도모할 수 있다고 보는 이론으로, 수출기반이론이라고도 한다.

### (2) 특징

① 한 지역의 산업활동을 두 부문, 즉 기반활동과 비기반활동으로 나눈다.
② 어떤 지역의 기반산업이 활성화되면 비기반산업도 함께 활성화됨으로써 지역경제의 성장과 발전이 유도된다고 본다.

## 2. 입지계수(LQ; Location Quotient)

### (1) 의의

입지계수를 통해 해당 지역 특정산업의 특화도를 파악할 수 있다.

➡ 기반산업 판별지표

### (2) 입지계수

$$\text{입지계수(LQ)} = \frac{\dfrac{\text{A지역 X산업의 고용자 수}}{\text{A지역 전체 산업의 고용자 수}}}{\dfrac{\text{전국 X산업의 고용자 수}}{\text{전국 전체 산업의 고용자 수}}} = \frac{\dfrac{\text{A지역 X산업의 생산액}}{\text{A지역 전체 산업의 생산액}}}{\dfrac{\text{전국 X산업의 생산액}}{\text{전국 전체 산업의 생산액}}}$$

- LQ > 1 ➡ A지역은 X산업 제품을 수출(수출기반산업)
- LQ = 1 ➡ A지역은 X산업 제품을 자급
- LQ < 1 ➡ A지역은 X산업 제품을 수입(비수출기반산업)

## 3. 경제기반승수

### (1) 의의

기반산업 수출부문분의 고용인구 변화에 대한 지역의 전체 고용인구 변화의 비율로, 경제기반산업의 고용 증가 등이 지역사회 총고용인구 증가에 미치는 영향을 예측할 수 있게 한다.

- 지역사회 총고용인구 증가 = 경제기반승수 × 기반산업의 고용인구 증가
- 경제기반승수 = $\dfrac{1}{1 - \text{비기반산업비율}}$ = $\dfrac{1}{\text{기반산업비율}}$ = $\dfrac{\text{지역사회 총고용인구 증가}}{\text{기반산업의 인구 증가}}$

### (2) 특징

① 경제기반승수를 통해 기반산업 수출부문분의 고용인구 변화가 지역의 전체 고용인구에 미치는 영향을 예측할 수 있다.
② 경제기반승수를 통해 기반산업 수출부문분의 고용인구 변화가 지역의 총인구에 미치는 영향을 예측할 수 있다.
③ 경제기반분석은 고용인구 변화가 부동산수요에 미치는 영향을 예측하는 데 사용될 수 있다.

## 11 부동산관리의 의의 및 필요성

### 1. 의의

부동산을 그 목적에 맞게 최유효이용을 할 수 있도록 하는 부동산의 유지·보존·개량 및 그 운용에 관한 일체의 행위를 말한다.

### 2. 필요성

① 노시화
② 건축기술의 발달
③ 부재소유자의 요구

## 3. 부동산관리의 세 가지 영역

| | |
|---|---|
| 시설관리 | 단순히 시설의 사용자나 기업의 요구에 따라 각종 부동산시설을 운영·유지하는 형태의 소극적 관리를 말한다.<br>➡ 설비의 운전 및 보수, 에너지관리, 건물 청소관리, 방범·방재 등의 보안관리 등 |
| 재산관리<br>(건물 및<br>임대차관리) | 부동산 보유기간 중에 부동산의 운영수익을 극대화하고 자산가치를 증진시키기 위한 관리를 말한다.<br>➡ 임대 및 수지관리로서 수익목표의 수립, 자본적·수익적 지출계획 수립, 연간 예산 수립, 임대차 유치 및 유지, 비용통제 등 |
| 자산관리 | 부동산가치를 증가시킬 수 있는 방법들을 모색함으로써 부동산소유자나 기업의 부(富)를 극대화하려는 적극적인 관리를 말한다.<br>➡ 투자관리로서 포트폴리오관리, 투자리스크관리, 부동산의 매입·매각관리, 프로젝트 파이낸싱 등 |

## 12 부동산관리의 내용(복합적 관리, 광의의 관리)　　26회

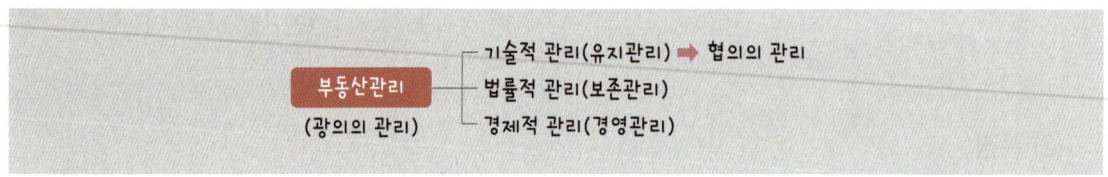

### 1. 기술적 관리

① 대상부동산의 물리적·기능적 하자의 유무를 판단하여 필요한 조치를 취하는 것을 말한다.
② 토지의 경계를 확인하기 위한 경계측량, 건물과 부지의 부적응을 개선시키는 활동을 말한다.

### 2. 법률적 관리

① 대상부동산에 대해 행정적 내지 법률적 측면에서 관리하는 것을 말한다.
② 부동산의 유용성을 보호하고자 하는 법률상의 절차와 처리로서 법적인 보장을 최대한 확보하려는 것이다.

### 3. 경제적 관리

부동산을 운용하여 합리적인 순수익을 창출해 내는 관리를 말한다.
➡ 수익성 부동산의 관리에서 중요

## 13 부동산관리의 방식

| 구분 | 장점 | 단점 |
|---|---|---|
| 자가 관리 | ① 입주자에 대한 최대한의 서비스 제공<br>② 소유자의 강한 지시통제력 발휘<br>③ 관리 각 부문을 종합적으로 운영<br>④ 기밀유지와 보안관리 양호<br>⑤ 설비에 대한 애호정신이 높고 유사 시 협동이 신속<br>⑥ 양호한 환경보전 가능 | ① 업무의 적극적 의욕 결여(타성화되기 쉬움)<br>② 관리의 전문성 결여<br>③ 인력관리가 비효율적(참모체계가 방대해질 수 있음)<br>④ 인건비가 불합리하게 지불될 우려<br>⑤ 임대료의 결정·수납이 불합리적 |
| 위탁 관리 | ① 전문적 관리와 서비스 가능<br>② 소유자는 본업에 전념할 수 있음<br>③ 부동산관리비용이 저렴하고 안정됨<br>④ 관리를 위탁함으로써 자사의 참모체계의 단순화 가능<br>⑤ 급여 체제나 노무의 단순화<br>⑥ 관리의 전문성으로 인해 전문업자의 활용이 합리적 | ① 전문관리회사의 선정이 어려움<br>② 관리요원의 인사이동이 심해 관리하자 우려<br>③ 관리요원의 소질과 기술이 저하<br>④ 관리사 또는 전문관리회사의 신뢰도가 의심스러움<br>⑤ 부동산 관리요원들의 부동산설비에 대한 애호정신이 낮음<br>⑥ 기밀유지 및 보안의 불완전 |
| 혼합 관리 | ① 강한 지도력을 계속 확보하고 위탁관리의 편리를 이용<br>② 부득이한 업무부분만을 위탁(주로 기술적 부분을 위탁)<br>③ 과도기(자가관리 ⇨ 위탁관리)적 방식으로 이용이 편리 | ① 책임소재가 불명확하며 전문업자를 충분히 활용할 수 없음<br>② 부동산 관리요원 사이의 원만한 협조 곤란<br>③ 운영이 악화되면 양 방식의 결점만 노출 |

## 14 임대차 활동 및 유형

**1. 임대차 활동** → 임대차를 통해 수입을 확보하는 것으로, 부동산관리 활동 중 가장 중요한 기초활동

### (1) 임차인의 선정

① 매장용 부동산에서는 업종이 서로 겹치지 않도록 적절히 배합해야 개별임차인뿐만 아니라 전체의 수익 역시 극대화되므로 임차인 혼합(tenant mix)이 중요하다.
② 쇼핑센터나 대규모 사무실 건물 등은 사전에 유명 백화점이나 유명 회사의 지점 등 중요임차인(중요임차자)을 확보하여야 한다.
③ 중요임차인은 한 곳에 위치를 정하면 잘 이동하지 않으므로 정박임차인(정박임차자)이라고도 한다. 정박임차인들에 의해 나머지 군소임차인(군소임차자)들의 입지가 결정되는 경우도 많다.

### (2) 임대차계약

부동산관리자는 가능임차인이 대상부동산에 맞다고 판단되면 임대차계약을 체결한다.

## 2. 임대차 유형(임대료 결정방법)

| | | |
|---|---|---|
| 총임대차 | 의의 | 임차인이 지불한 지불임대료에서 임대인은 부동산운영에 수반되는 부동산세금, 보험료 등의 제 비용을 지불하는 방법 |
| | 적용 | 주거용 부동산 |
| 순임대차 | 의의 | 임차인은 순수한 임대료만을 임대인에게 지불, 그 외의 영업경비는 임대인과 임차인 간의 사전협상에 따라 지불하는 방법 |
| | 1차 | 순수한 임대료와 편익시설 비용, 부동산세금 등을 지불하는 방법 |
| | 2차 | 1차 순임대차 + 보험료까지 지불하는 방법 |
| | 3차 | 2차 순임대차 + 유지수선비까지 지불하는 방법 ➡ 가장 일반적 |
| | 적용 | 공업용 부동산 |
| 비율임대차 | 의의 | 임차인의 총수입의 일정 비율을 임대료로 지불하는 방법 |
| | 내용 | 손익분기점 매출액 이하이면 기본임대료만 부담하고, 손익분기점 매출액을 초과하는 매출액에 대하여 일정 임대료율을 적용한 추가임대료를 가산하는 방식<br>➡ 기본임대료 + 추가임대료 = 연임대료 |
| | 적용 | 매장용 부동산 |

## 15 대상부동산의 유지활동

| 구분 | 유지활동 | 내용 |
|---|---|---|
| 일상적 유지활동 | 정기적 유지활동 | 청소하기, 쓰레기 치우기, 잔디 깎기, 소독 등과 같이 일상적으로 늘 수행하는 유지활동 |
| 예방적 유지활동 | 사전적 유지활동 | 시설이나 장비 등의 제 기능을 효율적으로 발휘하기 위하여 수립된 유지계획에 따라 문제가 발생하기 전에 행하는 유지활동 |
| 대응적 유지활동 | 사후적 유지활동 | 문제가 발생하고 난 후에 행하는 유지활동(= 수정적 유지활동) |

## 16 건물의 내용연수와 연수사이클

### 1. 건물의 내용연수(유용성의 지속연수)

| 물리적 내용연수 | 사용이 불가능하게 될 때까지의 버팀연수 |
|---|---|
| 기능적 내용연수 | 건물이 기능적으로 유효한 기간 |
| 경제적 내용연수 | 경제적 수명이 다하기까지의 버팀연수 |
| 행정적 내용연수 | 법·제도나 행정적 조건에 의해 건물의 수명이 다하기까지의 기간 |

### 2. 건물의 연수사이클[연령주기, 생애주기, 일생주기, age(life) cycle]

| 단계 | 개념 | 특징 |
|---|---|---|
| 전개발단계 | 장차 건물이 건축될 용지의 상태 | ① 건축계획 및 건축 후의 관리계획<br>② 도시계획상의 규제 및 고층건물에 대한 공적인 규제<br>③ 시장조사 |
| 신축단계 | 건물이 완공된 단계 | ① 신축된 건물과 사전계획의 부합 여부 확인<br>② 물리적 유용성이 최고 |
| 안정단계 | 본격적·장기적 안정단계<br>(존속기간 중 가장 장기) | ① 경제적 임대료의 수준 유지<br>② 임대료의 정기적인 재평가·재조정<br>③ 시설 등의 개조·수선 등이 효과적<br>④ 자본적 지출 |
| 노후단계 | 물리적·기능적 상태가 급격히 악화되기 시작한 단계 | ① 기능개선이 목적인 경우 투자기피<br>② 교체계획 수립이 유리<br>③ 임대차계약 시 후일 교체할 경우 지장 없는 조건 제시 |
| 완전폐물단계 | 물리적·경제적 가치가 거의 없어지는 단계 | 전개발단계를 향해 모든 일이 전개 |

## 17 부동산마케팅의 의의

부동산마케팅은 부동산상품을 수요자의 욕구에 맞게 개발하고 가격을 결정한 후에 시장에서 유통·촉진·판매를 관리하는 일련의 과정으로, 부동산과 부동산업에 대한 태도나 행동을 형성·유지·변경하기 위하여 수행하는 활동을 말한다. 즉, 부동산 활동주체가 소비자나 이용자의 욕구를 파악하고 창출하여 자신의 목적을 달성시키기 위해 시장을 정의하고 관리하는 과정이라 할 수 있다.

## 18 부동산마케팅의 전략

24회·25회·26회·27회·28회·31회·32회·33회·34회·35회·36회

### 1. 시장점유마케팅 전략

<mark>부동산 공급자가 부동산시장을 점유하기 위한 전략</mark>을 말하는데, <mark>공급자 측면의 접근</mark>으로 목표시장을 선점하거나 점유율을 높이는 것을 말한다.

➡ STP 전략과 4P MIX 전략이 있다.

#### (1) STP 전략

STP 전략이란 시장세분화(segmentation), 표적시장(target), 차별화(positioning)를 말한다.

① **시장세분화 전략**: 수요자(고객) 집단을 인구·경제학적 특성에 따라서 세분하고, 세분된 시장에서 상품의 판매지향점을 분명히 하는 전략이다.

➡ 부동산시장에서 마케팅활동을 수행하기 위해 구매자(고객)의 집단을 세분하는 것

② **표적시장 전략**: 세분화된 수요자 집단에서 경쟁상황과 자신의 능력을 고려하여 가장 자신 있는 수요자 집단을 찾아내는 전략이다.

➡ 세분화된 시장 중에서 부동산기업이 표적으로 삼아 마케팅활동을 수행하는 시장

③ **차별화 전략**: 동일한 표적시장을 갖는 다양한 공급경쟁자들 사이에서 자신의 상품을 어디에 위치시킬 것인가 하는 전략이다.

➡ 분양성공을 위해 아파트 브랜드를 고급스러운 이미지로 고객의 인식에 각인시키도록 하는 노력

#### (2) 4P MIX 전략

4P MIX 전략이란 제품(product), 가격(price), 유통(place), 판매촉진(promotion)의 제 측면에 있어서 차별화를 도모하는 전략을 말한다.

➡ 마케팅 효과를 높이기 위해 각 부분을 유기적으로 결합시켜 차별화를 도모하는 전략

① **제품(Product)**: 예 아파트의 차별화를 위해 커뮤니티 시설에 헬스장, 골프 연습장을 설치하는 방안
② **가격(Price)**: 예 시장분석을 통한 적정 분양가 책정

> **더 알아보기 적응가격 전략**
>
> 동일하거나 유사한 제품으로 다양한 수요자들의 구매를 유입하고 구매량을 늘리도록 유도하기 위하여 가격을 다르게 하여 판매하는 것을 말한다.

③ **유통경로(Place)**: 예 부동산 중개업소를 적극 활용하는 것
④ **판매촉진(Promotion)**: 예 아파트 분양 모델하우스 방문고객을 대상으로 추첨을 통해 자동차를 경품으로 제공하는 것

## 2. 고객점유마케팅 전략

① 소비자의 구매의사 결정과정의 각 단계에서 소비자와의 심리적인 접점을 마련하고 전달하려는 메시지의 취지와 강약을 조절하는 전략을 말한다.
② AIDA의 원리를 적용하여 소비자의 욕구를 충족시키기 위한 마케팅 전략을 말한다.

> **더 알아보기** 셀링포인트와 AIDA 전략
>
> 1. 셀링포인트(selling point, 판매소구점): 상품으로서 부동산이 지니는 여러 특징 중 구매자(고객)의 욕망을 만족시켜 주는 특징을 말한다.
> 2. AIDA 전략: 주의(Attention), 관심(Interest), 욕망(Desire), 행동(Action)의 전략을 말한다.

## 3. 관계마케팅 전략

① 고객과 공급자의 관계를 일회적이 아닌 지속적인 관계로 유지함으로써 마케팅효과를 도모하는 전략을 말한다.
② 생산자(공급자)와 소비자의 상호작용을 중요시하여 양자 간 장기적·지속적인 관계 유지를 주축으로 하는 마케팅 전략이다.

> **더 알아보기** 바이럴 마케팅(viral marketing) 전략
>
> SNS, 블로그 등 다양한 매체를 통해 해당 브랜드나 제품에 대한 입소문이 나게 하여 마케팅효과를 극대화시키는 마케팅 전략을 말한다.

**한눈에 보는 부동산마케팅 전략**

| | | | |
|---|---|---|---|
| 시장점유 마케팅 전략 | STP 전략 | 시장세분화 (Segmentation) | 마케팅활동을 수행하기 위하여 구매자의 집단을 세분하는 것 |
| | | 표적시장 (Target) | 세분된 시장 중에서 부동산기업이 표적으로 삼아 마케팅활동을 수행하는 시장 |
| | | 시장차별화 (Positioning) | 목표시장에서 고객의 욕구를 파악하여 경쟁 제품과 차별성을 가지도록 제품 개념을 정하고 소비자의 지각 속에 적절히 위치시키는 것 |
| | 4P Mix 전략 | | 제품(Product), 가격(Price), 유통경로(Place), 판매촉진(Promotion) 전략 |
| 고객점유 마케팅 전략 | | | 소비자의 구매의사 결정과정의 각 단계에서 소비자와의 심리적인 접점을 마련하고 전달하려는 메시지의 취지와 강약을 조절하는 전략<br>➡ AIDA 원리: 주의(Attention), 관심(Interest), 욕망(Desire), 행동(Action) |
| 관계마케팅 전략 | | | 생산자(공급자)와 소비자 간의 장기적·지속적인 관계유지를 주축으로 하는 마케팅 전략 |

# PART 3
# 부동산 감정평가론

POINT 01 감정평가의 기초이론
POINT 02 부동산의 가격(가치)이론
POINT 03 감정평가의 방식
POINT 04 부동산가격공시제도

# POINT 01 감정평가의 기초이론

## 1 감정평가의 개요

### 1. 감정평가

**(1) 의의**

토지 등의 경제적 가치를 판정하여 그 결과를 가액(價額)으로 표시하는 것을 말한다(감정평가 및 감정평가사에 관한 법률 제2조 제2호).

**(2) 내용**

① '토지 등'의 의미: 토지를 비롯한 부동산, 동산, 기타 재산, 유가증권 등을 말한다.
② '경제적 가치를 판정한다'의 의미: 대상물건의 시장가치를 판단하고 측정한다는 것이다.
③ '그 결과를 가액으로 표시하는 것'의 의미: 측정한 결과를 구체적으로 화폐금액으로 표시한다는 것이다.

### 2. 부동산감정평가의 기능

| 부동산정책적 기능 | 일반경제적 기능 |
| --- | --- |
| 부동산이 가지고 있는 객관적 가치를 평가하여 효율적인 부동산정책의 형성과 집행을 가능하게 하는 기능 | 불완전경쟁시장의 결함을 보완함으로써 부동산자원의 효율적 배분과 경제적 유통질서 확립에 기여하는 기능 |
| ① 적정한 가치의 유도<br>② 부동산의 효율적 이용·관리<br>③ 합리적 손실보상<br>④ 과세의 합리화 | ① 부동산자원의 효율적 배분<br>② 거래질서 확립 및 유지<br>③ 의사결정의 판단기준 제시 |

## 2 감정평가의 분류

### 1. 업무기술에 따른 분류 – 감정평가의 전제조건에 따른 분류

| 현황평가 | 대상부동산의 상태·구조·이용방법·환경·점유·제한물권의 부착 등의 현황을 그대로 평가하는 것을 말한다.<br>➡ 대상부동산이 있는 상태대로 가치를 평가하는 것 |
| --- | --- |
| 조건부평가 | 부동산가치의 증감요인이 되는 새로운 상황의 발생을 상정하여 그 조건이 성취되는 경우를 전제로 부동산을 평가하는 것을 말한다. |

| | |
|---|---|
| 기한부평가 | 장래에 도달할 확실한 일정시점을 기준으로 하여 행하는 평가를 말한다.<br>예 분양시점이 확실한 아파트나 조성지, 매립지의 평가 |
| 소급평가 | 과거의 어느 시점을 기준으로 부동산을 평가하는 것을 말한다.<br>예 민사·형사사건의 유력한 증거로서의 평가, 자산재평가, 기업 매수·합병 시의 평가 |

> **더 알아보기** 기준시점과 기준가치
>
> 1. **기준시점**: 대상물건의 감정평가액을 결정하는 기준이 되는 날짜를 말한다(감정평가에 관한 규칙 제2조 제2호). 기준시점은 대상물건의 가격조사를 완료한 날짜로 한다. 다만, 기준시점을 미리 정하였을 때에는 그 날짜에 가격 조사가 가능한 경우에만 기준시점으로 할 수 있다(감정평가에 관한 규칙 제9조 제2항).
> 2. **기준가치**: 감정평가의 기준이 되는 가치를 말한다(감정평가에 관한 규칙 제2조 제3호)

### 방's 출제포인트

**현황기준 원칙(감정평가에 관한 규칙 제6조)**

1. **원칙**: 감정평가는 기준시점에서의 대상물건의 이용상황(불법적이거나 일시적인 이용은 제외) 및 공법상 제한을 받는 상태를 기준으로 한다.
2. **예외**
    ① 감정평가법인등은 법령에 다른 규정이 있는 경우, 의뢰인이 요청하는 경우, 감정평가의 목적이나 대상물건의 특성에 비추어 사회통념상 필요하다고 인정되는 경우에는 기준시점의 가치형성요인 등을 실제와 다르게 가정하거나 특수한 경우로 한정하는 조건을 붙여 감정평가할 수 있다.
    ② 감정평가법인등은 감정평가조건의 합리성·적법성이 결여되거나 사실상 실현이 불가능하다고 판단할 때에는 의뢰를 거부하거나 수임을 철회할 수 있다.

## 2. 평가기법상의 구분에 따른 분류(감정평가에 관한 규칙 제7조)

| | | |
|---|---|---|
| 개별평가 | 감정평가는 대상물건마다 개별로 하여야 한다. | 원칙 |
| 일괄평가 | 둘 이상의 대상물건이 일체로 거래되거나 대상물건 상호간에 용도상 불가분의 관계가 있는 경우에는 일괄하여 감정평가할 수 있다. | 예외 |
| 구분평가 | 하나의 대상물건이라도 가치를 달리하는 부분은 이를 구분하여 감정평가할 수 있다. | |
| 부분평가 | 일체로 이용되고 있는 대상물건의 일부분에 대하여 감정평가하여야 할 특수한 목적이나 합리적인 이유가 있는 경우에는 그 부분에 대하여 감정평가할 수 있다. | |

## 3. 기타의 분류

| | |
|---|---|
| 공적평가 | 공적 기관에 의해 평가가 수행되는 제도 |
| 공인평가 | 국가 또는 공공단체로부터 일정한 자격을 부여받은 개인에 의해 평가가 수행되는 제도 |
| 필수적 평가 | 일정한 사유가 있으면 반드시 관련 평가기관이 행하는 평가를 받아야 하는 평가<br>예 공시지가 평가, 토지의 수용 등의 평가 |
| 임의적 평가 | 이해관계인이 강제적 구속 없이 자유의사에 따라 임의로 의뢰하여 행하여지는 평가 |
| 단독평가 | 한 사람이 평가의 주체가 되어 행하는 평가 |
| 공동평가 | 다수인이 평가의 주체가 되어 공동으로 행하는 평가 |
| 공익평가 | 평가결과가 공익을 목적으로 하는 평가 |
| 사익평가 | 평가결과가 사익을 목적으로 하는 평가 |
| 법정평가 | 법규에서 정한 대로 행하는 평가<br>예 표준지공시지가 평가, 수용 시 보상평가, 공공용지 수용 시 평가, 과세평가 |
| 참모평가 | 평가사가 독립된 평가활동을 하여 대중에게 서비스를 제공하는 것이 아니라, 주로 그들의 고용주 또는 고용기관의 업무를 위하여 행하는 평가 |
| 수시적 평가 | 부동산의 평가를 전업으로 삼지 않으나, 특별히 고도의 전문지식이 필요한 경우에 각 분야의 전문가로 구성되는 일시적인 평가 |

## 3 부동산평가의 특별원칙과 특징

### 1. 특별원칙

① 능률성의 원칙
② 안전성의 원칙
③ 전달성의 원칙

### 2. 특징

① 과학성과 기술성
② 전문성
③ 윤리성
④ 공간활동성

## 4 감정평가 관련 법령과 용어 정의   24회·26회·28회·29회·30회·31회·32회·34회·35회·36회

### 1. 감정평가 관련 법규의 용어 정의

| | |
|---|---|
| 적정가격 | 토지, 주택 및 비주거용 부동산에 대하여 통상적인 시장에서 정상적인 거래가 이루어지는 경우 성립될 가능성이 가장 높다고 인정되는 가격을 말한다(부동산 가격공시에 관한 법률 제2조 제5호). |
| 감정평가업 | 타인의 의뢰에 따라 일정한 보수를 받고 토지 등의 감정평가를 업(業)으로 행하는 것을 말한다(감정평가 및 감정평가사에 관한 법률 제2조 제3호). |
| 감정평가법인등 | 「감정평가 및 감정평가사에 관한 법률」제21조에 따라 사무소를 개설한 감정평가사와 동법 제29조에 따라 인가를 받은 감정평가법인을 말한다(감정평가 및 감정평가사에 관한 법률 제2조 제4호). |

### 2. 「감정평가에 관한 규칙」의 용어 정의(감정평가에 관한 규칙 제2조)

| | |
|---|---|
| 시장가치 | 감정평가의 대상이 되는 토지 등(대상물건)이 통상적인 시장에서 충분한 기간 동안 거래를 위하여 공개된 후 그 대상물건의 내용에 정통한 당사자 사이에 신중하고 자발적인 거래가 있을 경우 성립될 가능성이 가장 높다고 인정되는 대상물건의 가액(價額)을 말한다. |
| 기준시점 | 대상물건의 감정평가액을 결정하는 기준이 되는 날짜를 말한다. |
| 기준가치 | 감정평가의 기준이 되는 가치를 말한다. |
| 가치형성요인 | 대상물건의 경제적 가치에 영향을 미치는 일반요인, 지역요인 및 개별요인 등을 말한다. |
| 원가법 | 대상물건의 재조달원가에 감가수정(減價修正)을 하여 대상물건의 가액을 산정하는 감정평가방법을 말한다. |
| 적산법 (積算法) | 대상물건의 기초가액에 기대이율을 곱하여 산정된 기대수익에 대상물건을 계속하여 임대하는 데에 필요한 경비를 더하여 대상물건의 임대료(賃貸料, 사용료를 포함)를 산정하는 감정평가방법을 말한다. |
| 거래사례비교법 | 대상물건과 가치형성요인이 같거나 비슷한 물건의 거래사례와 비교하여 대상물건의 현황에 맞게 사정보정(事情補正), 시점수정, 가치형성요인 비교 등의 과정을 거쳐 대상물건의 가액을 산정하는 감정평가방법을 말한다. |
| 임대사례비교법 | 대상물건과 가치형성요인이 같거나 비슷한 물건의 임대사례와 비교하여 대상물건의 현황에 맞게 사정보정, 시점수정, 가치형성요인 비교 등의 과정을 거쳐 대상물건의 임대료를 산정하는 감정평가방법을 말한다. |

| | |
|---|---|
| 공시지가기준법 | 「감정평가 및 감정평가사에 관한 법률」 제3조 제1항 본문에 따라 감정평가의 대상이 된 토지(대상토지)와 가치형성요인이 같거나 비슷하여 유사한 이용가치를 지닌다고 인정되는 표준지(비교표준지)의 공시지가를 기준으로 대상토지의 현황에 맞게 시점수정, 지역요인 및 개별요인 비교, 그 밖의 요인의 보정(補正)을 거쳐 대상토지의 가액을 산정하는 감정평가방법을 말한다. |
| 수익환원법<br>(收益還元法) | 대상물건이 장래 산출할 것으로 기대되는 순수익이나 미래의 현금흐름을 환원하거나 할인하여 대상물건의 가액을 산정하는 감정평가방법을 말한다. |
| 수익분석법 | 일반기업 경영에 의하여 산출된 총수익을 분석하여 대상물건이 일정한 기간에 산출할 것으로 기대되는 순수익에 대상물건을 계속하여 임대하는 데에 필요한 경비를 더하여 대상물건의 임대료를 산정하는 감정평가방법을 말한다. |
| 감가수정 | 대상물건에 대한 재조달원가를 감액하여야 할 요인이 있는 경우에 물리적 감가, 기능적 감가 또는 경제적 감가 등을 고려하여 그에 해당하는 금액을 재조달원가에서 공제하여 기준시점에 있어서의 대상물건의 가액을 적정화하는 작업을 말한다. |
| 적정한 실거래가 | 「부동산 거래신고 등에 관한 법률」에 따라 신고된 실제 거래가격(거래가격)으로서 거래 시점이 도시지역(국토의 계획 및 이용에 관한 법률 제36조 제1항 제1호에 따른 도시지역)은 3년 이내, 그 밖의 지역은 5년 이내인 거래가격 중에서 감성평가법인등이 인근지역의 지가수준 등을 고려하여 감정평가의 기준으로 적용하기에 적정하다고 판단하는 거래가격을 말한다. |
| 인근지역 | 감정평가의 대상이 된 부동산(대상부동산)이 속한 지역으로서 부동산의 이용이 동질적이고 가치형성요인 중 지역요인을 공유하는 지역을 말한다. |
| 유사지역 | 대상부동산이 속하지 아니하는 지역으로서 인근지역과 유사한 특성을 갖는 지역을 말한다. |
| 동일수급권<br>(同一需給圈) | 대상부동산과 대체·경쟁 관계가 성립하고 가치형성에 서로 영향을 미치는 관계에 있는 다른 부동산이 존재하는 권역(圈域)을 말하며, 인근지역과 유사지역을 포함한다. |

# POINT 02 부동산의 가격(가치)이론

## 1 부동산가치와 가격

25회

### 1. 부동산가치의 의의
부동산의 소유에서 비롯되는 장래의 이익에 대한 현재가치를 말한다.
➡ 소유권의 가치

### 2. 가치와 가격

#### (1) 가치와 가격의 비교

| 가치(value) | 가격(price) |
|---|---|
| ① 장래 편익의 현재가치<br>② 현재의 값<br>　➡ 감정평가사가 전문가<br>③ 가격 ± 오차<br>④ 주관적·추상적인 개념<br>⑤ 평가목적에 따라 여러 가지 존재<br>　➡ 가치의 다원적 개념 | ① 실거래액<br>② 과거의 값<br>　➡ 공인중개사가 전문가<br>③ 시장수급작용으로 거래당사자 간 제안된 값<br>④ 객관적·구체적인 개념<br>⑤ 일정 시점에서 하나만 존재 |

#### (2) 가치와 가격의 관계
① 가격의 기초는 가치이다.
② 가치를 화폐로 표현한 것이 가격이다.
③ 가격은 원칙적으로 수요·공급에 따라 변동하므로 일시적으로 가격은 가치로부터 괴리될 수도 있다.

$$가치 = 가격 ± 오차$$

④ 부동산의 가치가 상승하면 가격도 상승한다. 그러나 화폐가치가 상승하면 가격은 하락한다.

## 2 부동산가격(가치)의 특징과 이중성

### 1. 특징

① 교환의 대가인 '가액'과 용익의 대가인 '임료'로 표시한다.
　㉠ 교환의 대가인 교환가치 ➡ 가액 ⇐ 원본
　㉡ 용익의 대가인 사용가치 ➡ 임료 ⇐ 과실
② 부동산에 관한 소유권, 기타 권리·이익의 가치이지 물건 자체에 대한 물리적 가격은 아니다.
　㉠ 권리: 물권과 채권을 포함한다.
　㉡ 이익: 사회적 관행 등에 의해서 일종의 권리로 볼 수 있는 것이다.
　　　예 권리금
③ 부동산의 가치는 장기적인 고려하에 형성되며, 항상 변동의 과정에 있다.
　➡ 기준시점 명시, 시점수정의 이론적 근거
④ 거래당사자의 개별적인 동기나 특수한 사정이 개입되기 쉽다.

### 2. 이중성

부동산가치는 그 부동산의 효용, 상대적 희소성, 유효수요의 상호 결합에 의해 결정되고, 일단 가치가 결정되면 그 가치가 반대로 효용, 상대적 희소성, 유효수요에 영향을 미쳐서 수요와 공급을 조절한다는 것이다.

## 3 시장가치

33회

| 의의 | 감정평가의 대상이 되는 대상물건이 통상적인 시장에서 충분한 기간 동안 거래를 위해 공개된 후 그 대상물건의 내용에 정통한 당사자 사이에 신중하고 자발적인 거래가 있을 경우 성립될 가능성이 가장 높다고 인정되는 대상물건의 가액(價額)을 말한다. |
|---|---|
| 조건 | ① 대상물건의 시장성<br>② 통상적인 시장<br>③ 출품기간의 합리성<br>④ 거래의 자연성<br>⑤ 당사자의 정통성 |
| 감정평가 기준 | ① 원칙: 대상물건에 대한 감정평가액은 시장가치를 기준으로 결정한다.<br>② 예외: 시장가치 외의 가치를 기준으로 감정평가한다. |

## 4 가치의 다원적 개념

한 시점에서 대상부동산의 가격(price)은 하나이지만, 가치(value)는 다양하다는 것을 말한다.

| 사용가치 | 대상부동산이 특정한 용도로 사용되었을 때 가질 수 있는 가치 |
|---|---|
| 투자가치 | 대상부동산이 특정한 투자자에게 부여하는 주관적 가치 |
| 보상가치 | 국가나 공공단체 등이 공익목적의 공공사업 시행을 위해 대상부동산을 매수하거나 수용하는 경우에 평가하는 가치 |
| 담보가치 | 은행 등이 장래 채무불이행 시 대주와 차주 간에 설정된 담보물에 대한 상환가능가치 |
| 과세가치 | 조세부과를 목적으로 하는 것으로, 정부나 지방자치단체에서 조세를 부과하는 데 사용되는 가치 |
| 보험가치 | 보험금 등을 산정하기 위해 사용되는 가치 |
| 공익가치<br>(공공가치) | 부동산의 최고·최선의 이용이 보전이나 보존과 같은 공공목적의 비경제적 이용에 있을 때 대상부동산이 지니는 가치 |
| 장부가치<br>(재고가치) | 대상부동산의 당초의 취득가격에서 법적으로 허용되는 방법에 의한 감가상각분을 제외한 장부상의 잔존가치 |

## 5 부동산가격(가치)의 발생요인

24회

| 부동산의 효용<br>(유용성, utility)<br>➡ 수요 | 효용(유용성)은 인간의 필요나 욕구를 만족시켜 줄 수 있는 재화의 능력을 말한다.<br>① 쾌적성 ➡ 주거용 부동산<br>② 수익성 ➡ 상업용 부동산<br>③ 생산성 ➡ 공업용 부동산 |
|---|---|
| 부동산의 상대적 희소성<br>➡ 공급 | 상대적 희소성은 인간의 욕망에 비해 욕망의 충족수단이 질적·양적으로 한정되어 있어서 부족한 상태를 말한다. |
| 부동산에 대한 유효수요<br>➡ 수요 | 유효수요는 대상부동산을 구매하고자 하는 욕구로 지불능력(구매력)을 필요로 한다. 수요란 구매력이 있는 수요, 즉 유효수요이어야 한다. |
| 부동산의 이전성<br>(양도가능성, transferability) | 부동산의 이전성(양도가능성)이란 부동산의 물리적인 이동이나 경제적 측면의 이전을 말하는 것이 아니라, 법률적 측면에서 권리의 이전이 가능해야 한다는 것이다.<br>➡ 부동산 소유권의 법적 이전 |

## 6 부동산가치의 결정과정

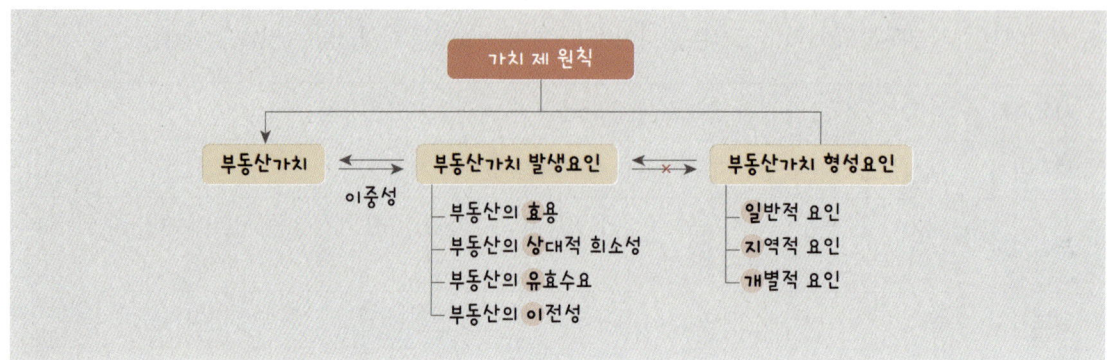

## 7 지역분석과 개별분석

30회·32회·34회·36회

| 구분 | 지역분석 | 개별분석 |
| --- | --- | --- |
| 의의 | 인근지역의 표준적 이용을 판단하여, 그 지역 내의 부동산에 대한 가격수준을 판정하는 작업 | 대상부동산의 개별적 요인을 분석하여 최유효이용을 판단하고, 대상부동산의 가격을 판정하는 작업 |
| 분석순서 | 선행분석 | 후행분석 |
| 분석내용 | 가치형성의 지역요인을 분석 | 가치형성의 개별요인을 분석 |
| 분석범위 | 대상지역(대상지역에 대한 전체적·광역적·거시적 분석) | 대상부동산(대상부동산에 대한 부분적·구체적·미시적 분석) |
| 분석방법 | 전반적 분석 | 개별적 분석 |
| 분석기준 | 표준적 이용 | 최유효이용 |
| 가격관련 | 가격수준 | (구체적인) 가격 |
| 가격원칙 | 적합의 원칙 × → 경제적 감가 | 균형의 원칙 × → 기능적 감가 |

## 8 지역분석의 대상

27회·30회·34회

### 1. 인근지역

(1) 의의

대상부동산(감정평가의 대상이 된 부동산)이 속한 지역으로서 부동산의 이용이 동질적이고 부동산가치의 형성요인 중 지역적 요인을 공유하는 지역을 말한다.

### (2) 특성

① 대상부동산의 가치형성에 직접 영향을 미친다.
② 인근지역 내 부동산은 대상부동산과 상호 대체·경쟁의 관계에 있고, 동일한 가격수준을 가진다.
③ 인근지역 내 부동산은 대상부동산과 용도적·기능적으로 동질성을 가진다.
④ 인근지역의 범위는 유동적·가변적이다.

## 2. 유사지역

### (1) 의의

<mark>대상부동산이 속하지 아니한 지역</mark>으로서 인근지역과 유사한 특성을 갖는 지역을 말한다.
➡ 대상부동산은 속하지 않는다.

### (2) 특성

대상부동산이 속한 인근지역과 용도적·기능적으로 동질적이며, 양 지역의 부동산은 서로 대체·경쟁관계가 성립한다.

## 3. 동일수급권(同一需給圈, market area) ⇨ 동일한 시장지역

### (1) 의의

<mark>대상부동산과 대체·경쟁관계가 성립하고 가치형성에 서로 영향을 미치는 관계에 있는 다른 부동산이 존재하는 권역(圈域)을 말하며, 인근지역과 유사지역을 포함한다.</mark>
➡ 사례수집의 최원방권

### (2) 동일수급권의 파악

| 주거지 | 도심으로부터 통근 가능한 지역범위와 일치한다. |
|---|---|
| 상업지 | 배후지를 기초로 영업수익을 올리는 지역범위이다. |
| 공업지 | 일반적으로 제품생산의 효율성과 판매비용의 경제성이 대체성을 갖는 지역범위이다. |
| 이행지 | 일반적으로 그 토지가 이행될 것으로 예상되는 토지와 같은 종류의 동일수급권과 일치한다.<br>➡ <mark>이행 후</mark>의 종별에 따라서 동일수급권을 판정한다.<br>　➕ 이행이 완만한 경우에는 이행 전의 토지의 동일수급권도 고려한다. |
| 후보지 | 일반적으로 그 토지가 전환될 것으로 예상되는 토지와 같은 종류의 동일수급권과 일치한다.<br>➡ <mark>전환 후</mark>의 종별에 따라서 동일수급권을 판정한다.<br>　➕ 전환이 완만한 경우에는 전환 전의 토지의 동일수급권도 고려한다. |

# 9 인근지역의 수명현상

## 1. 의의
인근지역의 수명현상을 생태학적 측면에서 파악하여 각 국면의 여러 가지 특징을 나타낸 것이다.

## 2. 전제조건
지역이 하나의 개발계획에 의해 동시에 개발되어야 하고 동질성이 있어야 한다.

| 성장기(1단계) | 성숙기(2단계) | 쇠퇴기(3단계) | 천이기(4단계) | 악화기(5단계) |
|---|---|---|---|---|
| • 약 15~20년<br>• 지역기능 급변<br>• 지가의 상승 높음<br>• 투기현상이 개재됨<br>• 입지경쟁 치열<br>• 입주민: 젊고 교육수준 높음<br>• 성숙기에 비해 주민들의 유동이 많음 | • 약 20~25년<br>• 지가수준 최고<br>• 지역기능 최고<br>• 지가안정 또는 가벼운 상승<br>• 입지경쟁 안정<br>• 입주민: 사회적·경제적 수준 최고<br>• 주민의 유동 적음 | • 약 40~50년<br>• 지가 하락<br>• 건물의 경제적 내용연수 경과<br>• 중고부동산이 거래의 중심<br>• 하향여과현상 시작<br>• 관리비·유지비가 급격히 증가<br>• 입주민: 사회적·경제적 수준 낮음<br>• 재개발 시작 | • 가벼운 지가 상승<br>• 입주민: 저소득층의 활발한 유입<br>• 하향여과현상 활발<br>• 재개발 활발 | • 슬럼(slum)화 직전<br>• 지가수준 최저<br>• 재개발 마지막 |

# 10 부동산가격(가치)의 제 원칙

26회·28회·36회

## 1. 의의
부동산의 가격(가치)이 어떻게 형성되고 유지되는가에 관한 법칙성을 추출하여 부동산평가활동의 지침으로 삼으려는 하나의 행위기준을 말한다.

## 2. 시간의 원칙

### (1) 변동의 원칙(변화의 원칙)
부동산의 가치는 부동산가치 형성요인의 상호 인과관계적 결합과 그것의 변동과정에서 형성·변화된다는 원칙이다.
➡ 기준시점을 명시, 시점수정의 근거

### (2) 예측의 원칙(예상·기대의 원칙)
부동산의 가치가 해당 부동산의 장래의 수익성이나 쾌적성에 대한 예측의 영향을 받아서 결정된다는 원칙이다.

## 3. 내부의 원칙

### (1) 균형의 원칙(비례의 원칙) ⇨ 기능적 감가

부동산의 유용성(수익성 또는 쾌적성)이 최고도로 발휘되기 위해서는 그 내부구성요소의 조합이 균형을 이루고 있어야 한다는 원칙이다.

> **더 알아보기** 내부구성요소
>
> 건물의 내적조화와 균형, 생산요소의 결합비율, 토지이용상태 등을 말한다.

### (2) 기여의 원칙(공헌의 원칙) ⇨ 균형의 원칙에 선행

부동산가치는 부동산 각 구성요소의 가치에 대한 공헌도에 따라 영향을 받는다는 원칙이다.
➡ 부동산의 추가투자의 적부판단 등에 유용하게 이용

### (3) 수익체증·체감의 원칙

부동산의 단위투자액을 계속적으로 증가시키면, 이에 따라 총수익은 증가되지만 증가되는 단위투자액에 대응하는 수익은 증가하다가 일정한 수준을 넘으면 점차 감소하게 된다는 원칙이다.
➡ 수확체감의 법칙에 근거

### (4) 수익배분의 원칙(잉여생산성의 원칙)

총수익은 노동·자본·토지·경영 등의 각 생산요소에 분배되는데, 노동·자본·경영에 배분되고 남은 잔여분(잉여생산성)은 그 배분이 정당하게 행하여지는 한 토지에 귀속된다는 원칙이다.

## 4. 외부의 원칙

### (1) 적합의 원칙(조화의 원칙) ⇨ 경제적 감가

부동산의 수익성 또는 쾌적성이 최고도로 발휘되기 위해서는 대상부동산이 그 주위 환경에 적합해야 한다는 원칙이다.

### (2) 외부성의 원칙

대상부동산의 가치가 외부요인에 의해 영향을 받는다는 원칙이다.

### (3) 경쟁의 원칙

초과이윤은 경쟁을 야기시키고, 경쟁은 초과이윤을 감소 또는 소멸시킨다는 원칙이다.

## 5. 기타 원칙

### (1) 수요·공급의 원칙

부동산의 특성으로 인하여 제약을 받지만, 부동산가치도 기본적으로 수요와 공급의 상호관계에 의해 결정된다는 원칙이다.

### (2) 대체의 원칙

부동산의 가치는 대체가 가능한 다른 부동산이나 재화의 가격과의 상호 영향으로 형성된다는 원칙이다.

➡ 용도·기능·가격면에서의 대체를 의미

### (3) 기회비용의 원칙

어떤 투자대상의 가치평가를 그 투자대상의 기회비용에 의하여 한다는 원칙이다.

## 6. 최유효(최고·최선)이용의 원칙

### (1) 의의

부동산가치는 최유효이용을 전제로 파악되는 가치를 표준으로 형성된다는 원칙이다.

➡ 가치추계의 전제가 되는 원칙

### (2) 최유효이용의 정의

최유효이용이란 객관적으로 보아 양식과 통상의 이용능력을 가진 사람이 부동산을 합법적이고 합리적이며 최고·최선의 방법으로 이용하는 것을 말한다.

### (3) 최유효이용의 판정기준

최유효이용은 대상부동산의 합리적이고 합법적인 이용, 물리적 채택가능성, 최고수익성을 기준으로 판정할 수 있다.

| 구분 | 최유효이용의 판정기준 | | 조건 |
|---|---|---|---|
| 최선의 이용 | 합리적 이용 | 투기목적의 이용, 먼 장래의 불확실한 이용이 배제된 현재 또는 가까운 장래에 실질적인 수요가 있는 이용방법으로 경제적으로 타당성이 있는 이용 | 필요조건 |
| | 합법적 이용 | 지역지구제, 건축법규, 환경기준 등 법적으로 허용되는 용도 | |
| | 물리적 채택 가능성 | 자연적 조건 및 건축공법의 적용 가능성 | |
| 최고의 이용 | 최고의 수익, 최고의 가치를 창출하는 이용 | | 충분조건 |

# POINT 03 감정평가의 방식

## 1 감정평가 3방식의 개요

27회·29회

대상물건의 감정평가액을 결정하기 위하여 각각의 감정평가방법을 적용하여 산정한 가액

| 가격의 3면성 | 3방식 | 특징 | 평가조건 | 6방법 | 시산가액 및 시산임료 |
|---|---|---|---|---|---|
| 비용성 | 원가방식 (비용접근법) | 공급가격 (투입가치) | 가액 | 원가법 | 적산가액 |
|  |  |  | 임료 | 적산법 | 적산임료 |
| 시장성 | 비교방식 (시장접근법) | 균형가격 (수요·공급가격, 시장가치) | 가액 | 거래사례비교법 | 비준가액 |
|  |  |  | 임료 | 임대사례비교법 | 비준임료 |
| 수익성 | 수익방식 (소득접근법) | 수요가격 (산출가치) | 가액 | 수익환원법 | 수익가액 |
|  |  |  | 임료 | 수익분석법 | 수익임료 |

➡ 가격의 3면성 측면에서 구한 가격이 모두 동일하게 된다는 등가성(等價性)의 의견을 밝힌 최초의 학자는 마샬(A. Marshall)이다.

### 더 알아보기 시산가액의 조정

시산가액의 조정이란 3방식에 의하여 구한 시산가액을 상호 관련시켜 재검토함으로써 시산가액 상호간의 격차를 조정하는 작업이다.

## 2 원가법

34회

### 1. 의의

대상물건의 재조달원가에 감가수정(減價修正)을 하여 대상물건의 가액을 산정하는 감정평가방법을 말한다.

➡ 적산가액

적산가액 = 재조달원가 − 감가누계액
↓
감가수정

### 2. 적용대상

비시장성·비수익성의 상각자산에 적용이 가능하다.

➕ 토지는 원칙적으로 적용이 불가하지만, 예외적으로 조성지 또는 매립지인 경우에는 적용이 가능하다.

## 3 재조달원가(재생산비용)

25회·35회

### 1. 의의
대상물건을 기준시점에 재생산하거나 재취득하는 데 필요한 적정원가의 총액을 말한다. 대상물건을 일반적인 방법으로 생산하거나 취득하는 데 드는 비용으로 하되, 제세공과금 등과 같은 일반적인 부대비용을 포함한다.

### 2. 종류

| | |
|---|---|
| 복제원가<br>(reproduction cost,<br>복조원가) | 신규의 복제부동산을 재조달·재생산하는 데 소요되는 **물리적 측면의 원가**를 말한다.<br>➡ 물리적·기능적·경제적 감가 필요 |
| 대치원가<br>(replacement cost,<br>대체비용) | 동일성을 갖춘 부동산을 신규로 대치하는 데 소요되는 **효용 측면의 원가**를 말한다.<br>➡ 물리적·경제적 감가만 필요(기능적 감가를 하지 않아도 됨) |
| 비교 | ① 이론적: 대치원가가 더 설득력이 있다.<br>② 실무상: 복제원가를 채택하는 것이 더 정확한 가치를 구할 수 있다. |

### 3. 산정기준

#### (1) 건물의 재조달원가
도급건설이든 자가건설이든, <mark>도급건설에 준하여 처리</mark>한다.

> 건물의 재조달원가 = 표준적 도급건설비용 + 통상부대비용

| | |
|---|---|
| 표준적 도급건설비용 | 직접공사비, 간접공사비, 수급인의 적정이윤을 합산한 것이다.<br>① 직접공사비: 시멘트나 철근 및 근로자 임금 등<br>② 간접공사비: 설계비 및 감리비 등<br>③ 수급인의 적정이윤 |
| 통상부대비용 | 도급인이 별도로 지급한 건설기간 중의 소요자금 이자 및 감독비나 조세공과금 등을 말한다. |

#### (2) 토지의 재조달원가
① 원칙: 적용 불가 ➡ 비준가액으로 결정함이 원칙
② 예외: 조성지, 매립지, 개간지, 간척지 등 ➡ 수익목적인 경우는 수익가액으로 결정

## 4. 산정방법

| 직접법 | 대상부동산으로부터 직접 재조달원가를 구하는 방법을 말하는데, 총량조사법(총가격적산법), 구성단위법(부분별 단가적용법), 비용지수법(변동률적용법) 등이 있다. |
|---|---|
| 간접법 | 대상부동산과 유사한 부동산의 재조달원가를 비교, 대상부동산의 재조달 원가를 간접적으로 구하는 방법을 말하는데, 단위비교법과 비용지수법(변동률적용법)으로 나뉜다.<br>➡ 비용지수법(변동률적용법)은 직접법에서도 사용 |

➕ 직접법과 간접법은 필요한 경우에 병용할 수 있다.

## 4 감가수정과 감가상각

### 1. 감가수정의 의의

대상물건에 대한 재조달원가를 감액하여야 할 요인이 있는 경우에 물리적 감가, 기능적 감가 또는 경제적 감가 등을 고려하여, 그에 해당하는 금액을 재조달원가에서 공제하여 기준시점에 있어서의 대상물건의 가액을 적정화하는 작업을 말한다.

### 2. 감가수정과 감가상각의 차이점

| 구분 | 감가수정 | 감가상각 |
|---|---|---|
| 관련 용어 | 감정평가 | 기업회계 · 세무회계 |
| 목적 | 기준시점에서의 현존가치의 적정화(경제적 가치산정), 시장가치를 구함 | 비용배분, 자본의 유지회수, 정확한 원가 계산, 진실한 재정상태 파악 |
| 적용 | ① 재조달원가를 기초로 함<br>② 경제적 내용연수를 기초로 함<br>  ➡ 장래 보존연수 중점<br>③ 관찰감가법이 인정됨<br>④ 물리적 · 기능적 · 경제적 감가요인 모두 취급<br>⑤ 잔가율이 물건에 따라 다른 개별성이 있음<br>⑥ 감가에 있어 시장성을 고려함<br>⑦ 감가액이 실제 감가와 일치<br>⑧ 비상각자산인 토지에도 인정되는 경우가 있음 | ① 취득원가(장부가격)를 기초로 함<br>② 법정내용연수를 기초로 함<br>  ➡ 경과연수 중점<br>③ 관찰감가법이 인정되지 않음<br>④ 물리적 · 기능적 감가요인만 취급<br>⑤ 잔가율 일정<br>⑥ 시장성을 고려하지 않음<br>⑦ 감가액이 실제 감가와 일치하지 않음<br>⑧ 상각자산에만 인정 |

## 5 감가의 요인

| 구분 | 종류 | 감가의 요인 | 하자(감가) |
|---|---|---|---|
| 내부 요인 | 물리적 감가요인 | • 사용으로 인한 마멸 및 파손<br>• 시간의 경과에 따른 노후화<br>• 재해 등의 우발적인 사고로 인한 손상 | 치유 가능<br>또는<br>치유 불가능한 감가 |
| | 기능적 감가요인<br>(균형의 원칙) | • 건물과 부지의 부적응(균형의 원칙 ×)<br>• 형식의 구식화<br>• 설계의 불량<br>• 설비의 과부족 및 능률의 저하 | |
| 외부 요인 | 경제적 감가요인<br>(적합의 원칙) | • 부동산과 그 부근 환경과의 부적합(적합의 원칙 ×)<br>• 인근지역의 쇠퇴<br>• 대상부동산의 시장성 감퇴 | 치유 불가능한 감가 |
| | 법률적 감가요인 | • 소유권 등의 하자, 소유권등기의 불완전<br>• 공·사법상의 규제 위반 | - |

**더 알아보기** 치유 가능한 감가와 치유 불가능한 감가

1. **치유 가능한 감가**: 가치상승분 > 치유비용(보수비용)
2. **치유 불가능한 감가**: 가치상승분 < 치유비용(보수비용)

## 6 감가수정의 방법

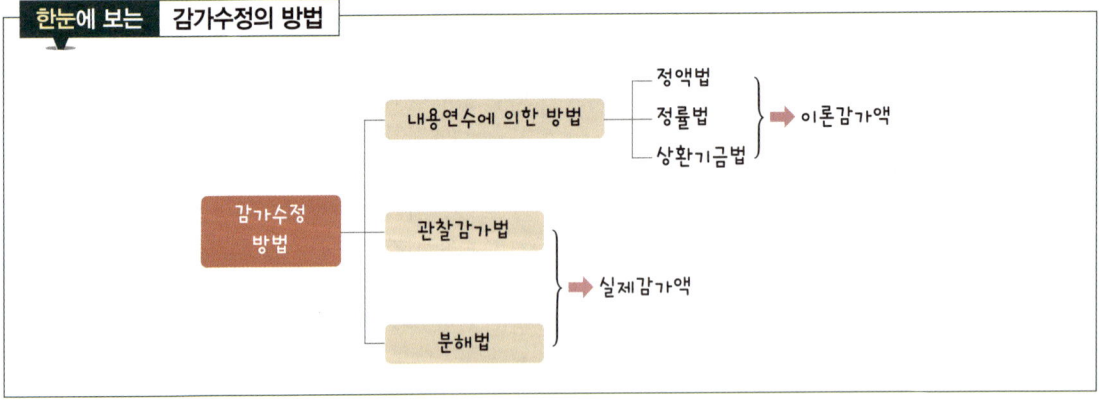

## 1. 내용연수에 의한 방법(연수-수명법, age-life method)

### (1) 정액법

| | |
|---|---|
| 정의 | 부동산의 감가총액을 단순한 경제적 내용연수로 평분하여 매년의 상각액으로 삼는 방법<br>➡ 직선법, 균등상각법 |
| 특징 | ① <mark>매년 일정액씩</mark> 감가<br>② 감가누계액이 경과연수에 정비례하여 증가 |
| 장점 | 계산이 간단하고 용이 |
| 단점 | 실제 감가와 불일치 |
| 적용대상 | 건물·구축물 |

**⊕ 더 알아보기 | 정액법에 의한 적산가액 산정**

- 매년 감가액 = $\dfrac{\text{재조달원가} - \text{잔존가액}}{\text{경제적 내용연수}}$
- 감가누계액 = 매년 감가액 × 경과연수
- 적산가액 = 재조달원가 − 감가누계액

> 적산가액 = 재조달원가 − (재조달원가 × 감가율 ÷ 경제적 내용연수 × 경과연수)

### (2) 정률법

| | |
|---|---|
| 정의 | 매년 말 가격에 일정한 상각률을 곱하여 매년의 상각액을 구하는 방법<br>➡ 잔고점감법, 체감상각법 |
| 특징 | ① <mark>매년 일정률</mark>로 감가<br>② 상각률 ➡ 일정<br>③ 상각액 ➡ 점차 감소<br>④ 상각액이 첫해에 가장 많고, 재산가치가 체감됨에 따라 상각액도 체감 |
| 장점 | 능률이 높은 초기에 많이 감가 ➡ 안전하게 자본회수(원금회수가 빠름) |
| 단점 | 매년 상각액이 상이하여 매년 상각액이 표준적이지 못함 |
| 적용대상 | 기계·기구 등의 동산 평가 |

**⊕ 더 알아보기 | 정률법에 의한 적산가액 산정**

적산가액 = 재조달원가 × (전년 대비 잔가율)$^m$
  = 재조달원가 × (1 − 매년 감가율)$^m$

\* m: 경과연수

### (3) 상환기금법

대상부동산의 내용연수가 만료되는 때에 감가누계상당액과 그에 대한 복리계산의 이자상당액을 포함하여 당해 내용연수로 상환하는 방법이다.

➡ 감채기금법, 기금적립법

> **더 알아보기** 적산가액이 큰 순서
>
> 1. 초기: 상환기금법 > 정액법 > 정률법
> 2. 말기: 상환기금법 > 정액법 = 정률법

## 2. 관찰감가법(관찰상태법)

대상부동산 전체 또는 구성부분에 대하여 실태를 조사하여 물리적·기능적·경제적 감가요인과 감가액을 직접 관찰하여 구하는 방법이다.

## 3. 분해법

대상부동산에 대한 감가요인을 물리적·기능적·경제적 요인으로 세분한 후 이에 대한 감가액을 각각 별도로 측정하고 이것을 전부 합산하여 감가수정액을 산출하는 방법이다.

➡ 분해법 또는 내구성 분해방식

## 7 적산법

대상물건의 기초가액에 기대이율을 곱하여 산정된 기대수익에, 대상물건을 계속하여 임대하는 데 필요한 경비를 더하여 대상물건의 임대료(賃貸料, 사용료를 포함)를 산정하는 감정평가방법을 말한다.

$$적산임료 = (기초가액 \times 기대이율) + 필요제경비$$

## 8 거래사례비교법

28회·29회·31회·33회·35회

$$비준가액 = 사례가액 \times (사정보정치 \times 시점수정치 \times 지역요인 비교치 \times 개별요인 비교치 \times 면적)$$

### 1. 의의

대상물건과 가치형성요인이 같거나 비슷한 물건의 거래사례와 비교하여 대상물건의 현황에 맞게 사정보정(事情補正), 시점수정, 가치형성요인 비교 등의 과정을 거쳐 대상물건의 가액을 산정하는 감정평가방법을 말한다.

## 2. 이론적 근거

① 시장성의 사고방식
② 대체의 원칙

## 3. 적용방법

### (1) 거래사례자료의 선택요건

① **사정보정의 가능성**: 사례자료는 거래사정이 정상적이라고 인정되거나 부득이한 경우에는 정상적인 것으로 보정이 가능한 사례이어야 한다.

② **시점수정의 가능성(시간적 유사성)**: 부동산의 가치는 변동의 과정에 있으므로 사례자료는 거래시점이 분명하여야 하며, 기준시점까지의 가치변동에 관한 자료를 구할 수 있는 것이어야 한다.

③ **지역요인의 비교가능성(위치의 유사성)**: 사례자료는 대상부동산과 동일성 또는 유사성이 있는 인근지역 또는 동일수급권 내의 유사지역에 존재하는 부동산이어야 한다.
➡ 인근지역과 사례지역의 표준적 이용을 비교

④ **개별요인의 비교가능성(물적 유사성)**: 사례부동산과 대상부동산의 개별적 요인이 동일성 또는 유사성 있는 사례이어야 한다.

### (2) 사례자료의 정상화

① 사정보정(매매상황 및 조건에 대한 수정)

| 의의 | 거래사례에 특수한 사정이나 개별적 동기가 반영되어 있거나 거래당사자가 시장에 정통하지 않는 등 수집된 거래사례의 가격이 적절하지 못한 경우에는, 그러한 사정이 없었을 경우의 적절한 가격수준으로 정상화하는 것을 말한다. |
|---|---|
| 사정보정의 방법 | $$사정보정치 = \frac{대상부동산}{사례부동산}$$ ㉠ 보정대상: ~이, ~가<br>　　우세, 고가 ➡ 100 + α<br>　　열세, 저가 ➡ 100 − α<br>㉡ 비교대상: ~보다 ➡ 100 |
| 사정보정을 하지 않아도 되는 경우 | ㉠ 특별한 사정이 개입되지 않은 거래사례(대표성이 있는 거래사례)인 경우<br>㉡ 표준지 공시지가를 기준으로 평가할 경우 |

② 시점수정(시장상황에 대한 수정)

| 의의 | 거래사례의 거래시점과 대상물건의 기준시점이 불일치하여 가격수준의 변동이 있을 경우에는, 거래사례의 가격을 기준시점의 가격수준으로 수정하는 작업을 말한다. |
|---|---|

| 시점수정의 방법 | ⊙ 지수법 | |
|---|---|---|
| | | 시점수정치 = $\dfrac{\text{기준시점의 지수}}{\text{거래시점의 지수}}$ |
| | ⓒ 변동률적용법 | |
| | | 시점수정치 = $(1 \pm R)^n$<br>＊ $R$: 1회전기간의 물가변동률<br>＊ $n$: 가치변동의 회전횟수 |
| 시점수정을 하지 않아도 되는 경우 | ⊙ 기준시점과 거래시점이 동일한 경우(소급평가의 경우)<br>ⓒ 기준시점과 거래시점이 달라도 시장상황이 변하지 않아 가치가 불변인 경우 | |

③ 지역요인 및 개별요인의 비교

| 의의 | 적절히 선택된 사례자료는 사정보정과 시점수정을 거치고 지역요인과 개별요인의 비교를 통해 적정한 비준가액을 산정한다. |
|---|---|
| 사례부동산이 인근지역의 것일 때 | 지역적 요인은 동일하므로 개별적 요인만을 비교하여 그 개별격차를 판정한다. |
| 사례부동산이 유사지역의 것일 때 | 사례부동산과 대상부동산의 지역적 요인을 비교하여 그 지역격차를 판정하고, 다시 개별적 요인을 비교하여 개별격차를 판정한다. |

### 4. 장·단점

| 장점 | 단점 |
|---|---|
| ① 현실적·실증적이며 설득력이 있다.<br>② 3방식 중 중추적 역할을 하며, 실무에 많이 사용된다.<br>③ 토지·건물·동산 등의 평가에 널리 활용된다.<br>④ 이해하기 쉽고 간편하다. | ① 시장성이 없는 교회, 학교 등에는 적용이 곤란하다.<br>② 감정가액의 편차가 크다.<br>③ 사정보정이나 시점수정 등이 반드시 정확한 것은 아니다.<br>④ 비과학적이다.<br>⑤ 극단적인 호·불황 국면에서는 적용이 곤란하다. |

## 9 임대사례비교법

대상물건과 가치형성요인이 같거나 비슷한 물건의 임대사례와 비교하여 대상물건의 현황에 맞게 사정보정, 시점수정, 가치형성요인 비교 등의 과정을 거쳐 대상물건의 임대료를 산정하는 감정평가방법을 말한다.

비준임료 = 사례임료 × (사정보정치 × 시점수정치 × 지역요인 비교치 × 개별요인 비교치 × 면적)

## 10 공시지가기준법

### 1. 의의

공시지가기준법이란 대상토지(감정평가의 대상이 된 토지)와 가치형성요인이 같거나 비슷하여 유사한 이용가치를 지닌다고 인정되는 표준지(비교표준지)의 공시지가를 기준으로 대상토지의 현황에 맞게 시점수정, 지역요인 및 개별요인 비교, 그 밖의 요인의 보정(補正)을 거쳐 대상토지의 가액을 산정하는 감정평가방법을 말한다.

### 2. 공시지가기준법에 따른 감정평가순서

① 비교표준지 선정
② 시점수정: 시·군·구의 같은 용도지역 지가변동률을 적용한다.
　➡ 지가변동률을 적용하는 것이 불가능하거나 적절하지 아니한 경우에는 「한국은행법」에 따라 한국은행이 조사·발표하는 생산자물가지수에 따라 산정된 생산자물가상승률을 적용한다.
③ 지역요인 비교
④ 개별요인 비교
⑤ 그 밖의 요인 보정

## 11 수익환원법

### 1. 의의

① 대상물건이 장래 산출할 것으로 기대되는 순수익이나 미래의 현금흐름을 환원하거나 할인하여 대상물건의 가액을 산정하는 감정평가방법을 말한다.
　➡ 수익환원법에 따라 산정된 가액을 수익가액이라 한다.

$$수익가액 = \frac{순수익}{환원(이)율} = \frac{순영업소득}{환원(이)율}$$

② 수익환원법은 수익성의 사고방식에 기초를 두고 있으며, 수익이 발생하는 물건을 대상으로 하므로 수익성이 없는 교육용·주거용·공공용 부동산의 평가에는 적용할 수 없다.

### 2. 환원방법

수익환원법으로 감정평가를 할 때에는 직접환원법이나 할인현금흐름분석법 중에서 감정평가 목적이나 대상물건에 적합한 방법을 선택하여 적용한다.

| 직접환원법 | 단일기간의 순수익을 적절한 환원율로 환원하여 대상물건의 가액을 산정하는 방법 |
|---|---|
| 할인현금흐름분석법 | 대상물건의 보유기간에 발생하는 복수기간의 순수익(현금흐름)과 보유기간 말의 복귀가액에 적절한 할인율을 적용하여 현재가치로 할인한 후 더하여 대상물건의 가액을 산정하는 방법 |

## 3. 순수익 ⇨ 순영업소득

### (1) 의의
순수익이란 대상물건을 통하여 일정기간에 획득할 총수익에서 그 수익을 발생시키는 데 소요되는 경비를 공제한 금액을 말한다. ➡ 순영업소득

### (2) 산정
① 대상물건에 귀속하는 적절한 수익으로서 유효총수익에서 운영경비(영업경비)를 공제하여 산정한다.
② '유효총수익'은 다음의 사항을 합산한 가능총수익에 공실손실상당액 및 대손충당금을 공제하여 산정한다.
  ㉠ 보증금(전세금) 운용수익
  ㉡ 연간 임대료
  ㉢ 연간 관리비수입
  ㉣ 주차수입, 광고수입, 그 밖에 대상물건의 운용에 따른 주된 수입
③ '운영경비(영업경비)'는 다음의 사항을 더하여 산정한다.
  ㉠ 용역인건비 · 직영인건비
  ㉡ 수도광열비
  ㉢ 수선유지비
  ㉣ 세금 · 공과금
  ㉤ 보험료
  ㉥ 대체충당금
  ㉦ 광고선전비 등 그 밖의 경비

> **더 알아보기** 운영경비(영업경비, operating expenses)에 불포함되는 항목
>
> 운영경비(영업경비)에 포함되지 않는 항목으로는 취득세, 공실 및 대손충당금, 부채서비스액, 소득세 · 법인세, 감가상각비, 소유자 급여, 개인적 업무비가 있다.

## 4. 환원(이)율(자본환원율)의 산정

직접환원법에서 사용할 환원(이)율은 시장추출법으로 구하는 것을 원칙으로 한다.

- 환원(이)율(자본환원율) = $\dfrac{순수익}{원본가치} \times 100(\%) = \dfrac{순영업소득}{부동산가치} \times 100(\%)$

- 토지의 자본환원율 = 자본수익률 [➡ 토지는 영속성으로 인해 자본회수율(상각률)이 '0'이므로]

- 건물의 자본환원율 = 자본수익률 + 자본회수율(상각률)

- 자본회수율(상각률) = $\dfrac{1}{경제적\ 잔존내용연수}$

① 부동산자산이 창출하는 순영업소득을 부동산의 가격으로 나눈 비율이다.
② 부동산자산이 창출하는 순영업소득을 자본환원율로 나누어 자산가격을 산정할 때 사용된다.
③ 자본환원율이 낮을수록 자산가격은 높게 평가되고 자본환원율이 높을수록 자산가격은 하락한다.
④ 자본환원율이 상승하면 부동산자산의 가격이 하락 압력을 받으므로 신규개발사업 추진이 어려워진다.
⑤ 자본환원율은 자본의 기회비용, 프로젝트의 투자위험, 자산가격 상승에 대한 투자자들의 기대를 반영한다.
  ㉠ 자본의 기회비용을 반영하므로, 자본시장에서 시장금리가 상승하면 자본환원율도 함께 상승한다.
  ㉡ 프로젝트의 투자위험이 높아지면 자본환원율도 상승한다.
  ㉢ 자산가격 상승에 대한 투자자들의 기대가 더 좋을수록 더 많은 투자자들이 임대료를 위해 부동산에 투자할 것이며, 자본환원율은 하락할 것이다.
⑥ 자본환원율은 서로 다른 유형별, 지역별 부동산시장을 비교하여 분석하는 데 활용될 수 있다. 부동산 시장이 균형을 이루더라도 자산의 유형, 위치 등 특성에 따라 자본환원율이 서로 다른 부동산들이 존재할 수 있다.

## 5. 환원(이)율 구하는 방법

시장추출법, 조성법, 투자결합법, 엘우드(Ellwood)법, 부채감당법 등이 있다.

| 시장추출법<br>(시장비교방식) | 대상부동산과 유사성 있는 거래사례로부터 순수익을 구하여 사정보정, 시점수정 등을 거쳐 환원이율을 추출하는 방법 |
|---|---|
| 조성법<br>(요소구성법) | 대상부동산에 관한 위험을 여러 가지 구성요소로 분해하고, 개별적인 위험에 따라 위험할증률을 더해 감으로써 자본환원율을 구하는 방법<br>➡ 이론적으로는 타당성 있으나 주관개입의 가능성이 크다. |
| 투자결합법<br>(이자율합성법) | ① 물리적 투자결합법<br>　환원(이)율 = (토지환원이율 × 토지가치 구성비) + (건물환원이율 × 건물가치 구성비)<br>② 금융적 투자결합법<br>　환원(이)율 = (지분환원율 × 지분비율) + (저당환원율 × 저당비율) |
| 엘우드법<br>(저당지분방식)<br>➡ 지분투자자 입장 | ① 금융적 투자결합법을 발전시킨 것이다.<br>② 저당조건은 고려하나, 세금이 부동산가치에 미치는 영향을 고려하지 못한다.<br>③ 매 기간 동안의 세전현금흐름, 기간 말 부동산의 가치증감분, 보유기간 동안의 지분형성분의 세 요소가 환원(이)율에 미치는 영향으로 구성되어 있다. |
| 부채감당법<br>➡ 저당투자자 입장 | 부채감당률에 근거하여 환원(이)율을 구하는 방법<br>　환원(이)율 = 부채감당률 × 대부비율 × 저당상수 |

## 6. 장·단점

| 장점 | ① 장래에 발생할 것으로 기대되는 순수익의 기준시점에 있어서의 현재가치를 구하는 것이므로 논리적이며 이론적이다.<br>② 감정평가사의 주관이 개입될 여지가 적다. |
|---|---|
| 단점 | ① 주거용·교육용·공공용 부동산과 같이 수익이 없거나 수익을 파악하기 곤란한 비수익성 부동산에는 적용하기가 어렵다.<br>② 수익에만 치중하기 때문에 수익에 차이가 없는 부동산은 건물의 신·구로 인한 평가액의 차이가 없어진다. |

## 12 수익분석법

일반기업경영에 의하여 산출된 총수익을 분석하여 대상물건이 일정기간에 산출할 것으로 기대되는 순수익에, 대상물건을 계속하여 임대하는 데 필요한 경비를 더하여 대상물건의 임대료를 산정하는 감정평가방법을 말한다.

$$수익임료 = 순수익 + 필요제경비$$

## 13 물건별 감정평가

25회·26회·28회·31회·33회·34회·36회

### 방's 출제포인트

1. **건물**, **건설기계**, **선박**, **항공기** ➡ 원가법
2. **동산**, **산림**, **과수원**, **자동차** ➡ 거래사례비교법
3. **영업권**, **어업권**, **광업재단**, **기업가치** ➡ 수익환원법
4. **토지** ➡ 공시지가기준법
5. **임대료** ➡ 임대사례비교법
6. 상장주식, 상장채권 ➡ 거래사례비교법
7. 비상장채권 ➡ 수익환원법
8. 입목 ➡ 거래사례비교법
9. 산지와 입목을 일괄하여 감정평가 ➡ 거래사례비교법
10. 소경목림(小徑木林) ➡ 원가법

### 1. 토지와 건물의 일괄감정평가

「집합건물의 소유 및 관리에 관한 법률」에 따른 구분소유권의 대상이 되는 건물부분과 그 대지사용권을 일괄하여 감정평가하는 경우 등 토지와 건물을 일괄하여 감정평가할 때에는 '거래사례비교법'을 적용하여야 한다. 이 경우 감정평가액은 합리적인 기준에 따라 토지가액과 건물가액으로 구분하여 표시할 수 있다(감정평가에 관한 규칙 제16조).

## 2. 소음 등으로 인한 대상물건의 가치하락분에 대한 감정평가

소음·진동·일조침해 또는 환경오염 등으로 대상물건에 직접적 또는 간접적인 피해가 발생하여 대상물건의 가치가 하락한 경우, 그 가치하락분을 감정평가할 때에 소음 등이 발생하기 전의 대상물건의 가액 및 원상회복비용 등을 고려하여야 한다(감정평가에 관한 규칙 제25조).

## 14 감정평가의 절차

27회·30회

### 1. 감정평가의 절차
① 기본적 사항의 확정
② 처리계획 수립
③ 대상물건 확인
④ 자료수집 및 정리
⑤ 자료검토 및 가치형성요인의 분석
⑥ 감정평가방법의 선정 및 적용
⑦ 감정평가액의 결정 및 표시

### 2. 기본적 사항의 확정
감정평가법인등은 감정평가를 의뢰받았을 때에는 의뢰인과 협의하여 다음의 사항을 확정하여야 한다.
① 의뢰인
② 대상물건
③ 감정평가 목적
④ 기준시점
⑤ 감정평가 조건
⑥ 기준가치
⑦ 관련 전문가에 대한 자문 또는 용역에 관한 사항
⑧ 수수료 및 실비에 관한 사항

### 3. 대상물건의 확인
① 감정평가법인등이 감정평가를 할 때에는 실지조사를 하여 대상물건을 확인하여야 한다.
② 감정평가법인등은 다음의 어느 하나에 해당하는 경우로서 실지조사를 하지 아니하고도 객관적이고 신뢰할 수 있는 자료를 충분히 확보할 수 있는 경우에는 실지조사를 하지 아니할 수 있다.
  ㉠ 천재지변, 전시·사변, 법령에 따른 제한 및 물리적인 접근 곤란 등으로 실지조사가 불가능하거나 매우 곤란한 경우
  ㉡ 유가증권 등 대상물건의 특성상 실지조사가 불가능하거나 불필요한 경우

## 4. 감정평가방법의 적용 및 시산가액의 조정

① 감정평가법인등은 대상물건의 감정평가액을 결정하기 위하여 어느 하나의 감정평가방법을 적용하여 산정한 시산가액(試算價額)을 다른 감정평가방식에 속하는 하나 이상의 감정평가방법으로 산출한 시산가액과 비교하여 합리성을 검토하여야 한다.

② 감정평가법인등은 산출한 시산가액의 합리성이 없다고 판단되는 경우에는 주된 방법 및 다른 감정평가방법으로 산출한 시산가액을 조정하여 감정평가액을 결정할 수 있다.

③ 시산가액을 조정할 때에는 감정평가 목적, 대상물건의 특성, 수집한 자료의 신뢰성, 시장상황 등을 종합적으로 고려하여 각 시산가액에 적절한 가중치를 부여하여 감정평가액을 결정하여야 한다.

# POINT 04 부동산가격공시제도

## 1 부동산가격공시제도

| 구분 | | | 공시주체 |
|---|---|---|---|
| 공시지가 제도 | 표준지공시지가 | | 국토교통부장관 |
| | 개별공시지가 | | 시장·군수·구청장 |
| 주택가격 공시제도 | 단독주택 | 표준주택가격 | 국토교통부장관 |
| | | 개별주택가격 | 시장·군수·구청장 |
| | 공동주택 | | 국토교통부장관 |
| 비주거용 부동산가격 공시제도 | 비주거용 일반부동산 가격공시제도 | 비주거용 표준부동산 가격공시 | 국토교통부장관 |
| | | 비주거용 개별부동산 가격공시 | 시장·군수·구청장 |
| | 비주거용 집합부동산 가격공시제도 | | 국토교통부장관 |

## 2 표준지공시지가

24회·25회·26회·29회·30회·34회·36회

### 1. 공시지가(公示地價)

**(1) 의의**

공시지가는 국토교통부장관이 조사·평가하고 중앙부동산가격공시위원회의 심의를 거쳐 매년 공시하는 공시기준일 현재의 표준지 단위면적당 적정가격을 말한다.

**(2) 공시기준일 및 공시일**

공시지가의 공시기준일은 매년 1월 1일이고, 공시일은 2월 말이다.

### 2. 표준지공시지가

**(1) 표준지의 선정**

① 표준지의 의의: 표준지란 공시지가의 선정대상이 되는 토지를 말한다.
② 표준지의 선정기준 → 동일한 용도지역 내에서 가격수준 및 토지이용상황 등을 고려하여 표준지의 선정범위를 구획한 구역
  ㉠ 지가의 대표성: 표준지는 표준지 선정 단위구역의 지가수준을 대표할 수 있는 토지 중 인근지역 내 가격의 층화를 반영할 수 있는 표준적인 토지

ⓒ **토지특성의 중용성**: 표준지 선정 단위구역 내에서 개별토지의 토지이용상황·형상·면적·지형·지세·도로조건·주위환경 및 공적규제 등이 동일 또는 유사한 토지 중 토지특성 빈도가 가장 높은 표준적인 토지

ⓒ **토지용도의 안정성**: 표준지 선정 단위구역 내에서 개별토지의 주변이용상황으로 보아 그 이용상황이 안정적이고 장래 상당기간 동일 용도로 활용될 수 있는 표준적인 토지

ⓔ **토지구별의 확정성**: 표준지 선정 단위구역 내에서 다른 토지와 구분이 용이하고 위치를 쉽게 확인할 수 있는 표준적인 토지

### (2) 표준지공시지가의 조사·평가

① 국토교통부장관이 표준지공시지가를 조사·평가할 때에는 업무실적, 신인도(信認度) 등을 고려하여 둘 이상의 감정평가법인등에게 이를 의뢰하여야 한다. 다만, 지가변동이 작은 경우 등 대통령령으로 정하는 기준에 해당하는 표준지에 대해서는 하나의 감정평가법인등에 의뢰할 수 있다.

② 표준지에 건물 또는 그 밖의 정착물이 있거나 지상권 또는 그 밖의 토지의 사용·수익을 제한하는 권리가 설정되어 있을 때에는 그 정착물 또는 권리가 존재하지 아니하는 것으로 보고 표준지공시지가를 평가하여야 한다.

### (3) 표준지공시지가의 공시사항 및 이의신청

① 표준지공시지가의 공시사항
  ㉠ 표준지의 지번
  ㉡ 표준지의 단위면적당 가격
  ㉢ 표준지의 면적 및 형상
  ㉣ 표준지 및 주변토지의 이용사항
  ㉤ 표준지에 대한 지목
  ㉥ 용도지역
  ㉦ 도로상황
  ㉧ 그 밖에 표준지공시지가 공시에 필요한 사항

② **표준지공시지가의 이의신청**: 표준지공시지가에 이의가 있는 자는 공시일로부터 30일 이내에 서면(전자문서 포함)으로 국토교통부장관에게 이의신청을 할 수 있다.

## 3. 표준지공시지가의 효력

표준지공시지가는 토지시장에 지가정보를 제공하고 일반적인 토지거래의 지표가 되며, 국가·지방자치단체 등이 그 업무와 관련하여 지가를 산정하거나 감정평가법인등이 개별적으로 토지를 감정평가하는 경우에 기준이 된다(부동산 가격공시에 관한 법률 제9조).

① 토지시장의 지가정보 제공
② 일반적인 토지거래의 지표
③ 국가 등에 의한 지가산정의 기준
④ 개별토지의 평가기준

## 3 개별공시지가

### 1. 의의

시장·군수 또는 구청장이 국세·지방세 등 각종 세금의 부과, 그 밖의 다른 법령에서 정하는 목적을 위한 지가산정에 사용되도록 하기 위하여 시·군·구 부동산가격공시위원회의 심의를 거쳐 결정·공시하는, 매년 공시지가의 공시기준일 현재 관할구역 안의 개별토지의 단위면적당 공시가격을 말한다.

### 2. 결정·공시 및 이의신청

#### (1) 개별공시지가의 결정·공시

① 표준지로 선정된 토지, 조세 또는 부담금 등의 부과대상이 아닌 토지, 그 밖에 대통령령으로 정하는 토지에 대하여는 개별공시지가를 결정·공시하지 아니할 수 있다. 이 경우 표준지로 선정된 토지에 대하여는 해당 토지의 표준지공시지가를 개별공시지가로 본다.
② 시장·군수·구청장이 매년 5월 31일까지 결정·공시한다.
③ 시장·군수 또는 구청장은 공시기준일 이후에 분할·합병 등이 발생한 토지에 대하여는 대통령령으로 정하는 날을 기준으로 하여 개별공시지가를 결정·공시하여야 한다.

#### (2) 개별공시지가의 이의신청

① 개별공시지가에 대하여 이의가 있는 자는 개별공시지가의 결정·공시일로부터 30일 이내에 서면으로 시장·군수 또는 구청장에게 이의를 신청할 수 있다.
② 시장·군수 또는 구청장은 이의신청 기간이 만료된 날부터 30일 이내에 이의신청을 심사하여 그 결과를 신청인에게 서면으로 통지하여야 한다.

### 3. 활용

개별공시지가는 토지 관련 국세의 부과기준과 지방세의 과세시가표준액의 조정자료로 활용됨은 물론 개발부담금 등 각종 부담금의 부과기준으로 쓰인다.

## 4 단독주택가격의 공시

단독주택가격은 표준주택과 개별주택으로 구분하여 공시한다.

### 1. 표준주택가격의 공시

#### (1) 표준주택가격의 의의

표준주택가격이란 국토교통부장관이 조사·산정하여 공시하는 표준주택의 적정가격을 말한다.

### (2) 표준주택가격의 조사·산정

① 국토교통부장관은 표준주택가격을 조사·산정하고자 할 때에는 「한국부동산원법」에 따른 한국부동산원에 의뢰한다.

② 표준주택에 전세권 또는 그 밖에 단독주택의 사용·수익을 제한하는 권리가 설정되어 있을 때에는 그 권리가 존재하지 아니하는 것으로 보고 적정가격을 산정하여야 한다.

### (3) 표준주택가격의 공시사항 및 이의신청

① 공시기준일: 표준주택가격의 공시기준일은 매년 1월 1일이고, 공시일은 1월 말이다.

② 표준주택가격의 공시사항
  ㉠ 표준주택의 지번
  ㉡ 표준주택가격
  ㉢ 표준주택의 용도, 연면적, 구조 및 사용승인일
  ㉣ 표준주택의 대지면적 및 형상
  ㉤ 지목
  ㉥ 용도지역
  ㉦ 도로상황
  ㉧ 그 밖에 표준주택가격 공시에 필요한 사항

③ 표준주택가격의 이의신청: 표준주택가격에 이의가 있는 자는 공시일로부터 30일 이내에 서면(전자문서 포함)으로 국토교통부장관에게 이의신청을 할 수 있다.

## 2. 개별주택가격의 공시

### (1) 개별주택가격의 의의

개별주택가격이란 시장·군수 또는 구청장이 시·군·구 부동산가격공시위원회의 심의를 거쳐 결정·공시하는, 매년 표준주택가격의 공시기준일 현재 관할구역 안의 개별주택의 가격을 말한다.

### (2) 개별주택가격의 결정·공시

① 표준주택으로 선정된 단독주택, 그 밖에 대통령령으로 정하는 단독주택에 대하여는 개별주택가격을 결정·공시하지 아니할 수 있다. 이 경우 표준주택으로 선정된 주택에 대하여는 해당 주택의 표준주택가격을 개별주택가격으로 본다.

② 시장·군수 또는 구청장은 매년 4월 30일까지 개별주택가격을 결정·공시하여야 한다.

③ 시장·군수 또는 구청장은 공시기준일 이후에 토지의 분할·합병이나 건축물의 신축 등이 발생한 경우에는 대통령령으로 정하는 날을 기준으로 하여 개별주택가격을 결정·공시하여야 한다.

### (3) 개별주택가격의 이의신청

개별주택가격에 대하여 이의가 있는 자는 개별주택가격의 결정·공시일로부터 30일 이내에 서면으로 시장·군수 또는 구청장에게 이의신청을 할 수 있다.

## 5 공동주택가격의 공시

24회·27회·32회·35회

### 1. 공동주택가격의 의의
공동주택가격이란 국토교통부장관이 공동주택에 대하여 매년 공시기준일 현재의 적정가격을 조사·산정하여 중앙부동산가격공시위원회의 심의를 거쳐 공시하는 가격을 말한다.

### 2. 공동주택가격의 조사·산정
① 국토교통부장관은 공동주택가격을 공시하기 위하여 그 가격을 산정할 때에는 대통령령으로 정하는 바에 따라 공동주택소유자와 그 밖의 이해관계인의 의견을 들어야 한다.
② 국토교통부장관은 공시기준일 이후에 토지의 분할·합병이나 건물의 신축 등이 발생한 경우에는 대통령령으로 정하는 날을 기준으로 하여 공동주택가격을 결정·공시하여야 한다.
③ 공동주택에 전세권 또는 그 밖에 공동주택의 사용·수익을 제한하는 권리가 설정되어 있을 때에는 그 권리가 존재하지 아니하는 것으로 보고 적정가격을 산정하여야 한다.

### 3. 공동주택가격의 결정·공시
국토교통부장관은 매년 4월 30일까지 공동주택가격을 산정·공시하여야 하고, 공시기준일은 매년 1월 1일이다.

### 4. 공동주택가격의 이의신청
공동주택가격에 이의가 있는 자는 그 공시일로부터 30일 이내에 서면(전자문서 포함)으로 국토교통부장관에게 이의를 신청할 수 있다.

## 6 주택가격 공시의 효력

35회

① 표준주택가격은 국가·지방자치단체 등의 기관이 그 업무와 관련하여 개별주택가격을 산정하는 경우에 그 기준이 된다.
② 개별주택 및 공동주택의 가격은 주택시장의 가격정보를 제공하고, 국가·지방자치단체 등이 과세 등의 업무와 관련하여 주택의 가격을 산정하는 경우에 그 기준으로 활용될 수 있다.

## 7 비주거용 일반부동산가격의 공시

### 1. 비주거용 표준부동산가격의 공시

#### (1) 비주거용 표준부동산가격의 의의

비주거용 표준부동산가격이란 국토교통부장관이 용도지역, 이용상황, 건물구조 등이 일반적으로 유사하다고 인정되는 일단의 비주거용 일반부동산 중에서 선정한 비주거용 표준부동산에 대하여 매년 공시기준일 현재의 적정가격을 조사·산정하여 중앙부동산가격공시위원회의 심의를 거쳐 공시하는 가격을 말한다.

#### (2) 비주거용 표준부동산가격의 조사·산정

비주거용 일반부동산에 전세권 또는 그 밖에 비주거용 일반부동산의 사용·수익을 제한하는 권리가 설정되어 있을 때에는 그 권리가 존재하지 아니하는 것으로 보고 적정가격을 조사·산정하여야 한다.

#### (3) 비주거용 표준부동산가격의 공시

비주거용 표준부동산가격의 공시는 국토교통부장관이 하며, 공시기준일은 매년 1월 1일로 한다.

#### (4) 비주거용 표준부동산가격의 이의신청

비주거용 표준부동산가격에 이의가 있는 자는 그 공시일로부터 30일 이내에 서면(전자문서 포함)으로 국토교통부장관에게 이의를 신청할 수 있다.

### 2. 비주거용 개별부동산가격의 공시

#### (1) 비주거용 개별부동산가격의 의의

비주거용 개별부동산가격이란 시장·군수 또는 구청장이 시·군·구 부동산가격공시위원회의 심의를 거쳐 결정·공시하는 매년 비주거용 표준부동산가격의 공시기준일 현재 관할구역 안의 비주거용 개별부동산의 가격을 말한다.

#### (2) 비주거용 개별부동산가격의 공시

시장·군수 또는 구청장이 매년 4월 30일까지 비주거용 개별부동산가격을 결정·공시하여야 한다. 시장·군수 또는 구청장은 공시기준일 이후에 토지의 분할·합병이나 건축물의 신축 등이 발생한 경우에는 대통령령으로 정하는 날을 기준으로 하여 비주거용 개별부동산가격을 결정·공시하여야 한다.

#### (3) 비주거용 개별부동산가격의 이의신청

비주거용 개별부동산가격에 대하여 이의가 있는 자는 비주거용 개별부동산가격의 결정·공시일로부터 30일 이내에 서면으로 시장·군수 또는 구청장에게 이의를 신청할 수 있다.

## 8 비주거용 집합부동산가격의 공시

### 1. 비주거용 집합부동산가격의 의의

비주거용 집합부동산가격이란 국토교통부장관이 비주거용 집합부동산에 대하여 매년 공시기준일 현재의 적정가격을 조사·산정하여 중앙부동산가격공시위원회의 심의를 거쳐 공시하는 가격을 말한다.

### 2. 비주거용 집합부동산가격의 조사·산정

① 국토교통부장관은 공시기준일 이후에 토지의 분할·합병이나 건축물의 신축 등이 발생한 경우에는 대통령령으로 정하는 날을 기준으로 하여 비주거용 집합부동산가격을 결정·공시하여야 한다.
② 비주거용 집합부동산가격을 조사·산정할 때 그 비주거용 집합부동산에 전세권 또는 그 밖에 비주거용 집합부동산의 사용·수익을 제한하는 권리가 설정되어 있는 경우에는 그 권리가 존재하지 아니하는 것으로 보고 적정가격을 산정하여야 한다.

### 3. 비주거용 집합부동산가격의 공시

국토교통부장관은 비주거용 집합부동산가격을 산정·공시하려는 경우에는 매년 4월 30일까지 비주거용 집합부동산가격을 산정·공시하여야 하며, 공시기준일은 매년 1월 1일이다.

### 4. 비주거용 집합부동산가격의 이의신청

비주거용 집합부동산가격에 이의가 있는 자는 그 공시일로부터 30일 이내에 서면(전자문서 포함)으로 국토교통부장관에게 이의를 신청할 수 있다.

## 9 비주거용 부동산가격 공시의 효력

① 비주거용 표준부동산가격은 국가·지방자치단체 등이 그 업무와 관련하여 비주거용 개별부동산가격을 산정하는 경우에 그 기준이 된다.
② 비주거용 개별부동산가격 및 비주거용 집합부동산가격은 비주거용 부동산시장에 가격정보를 제공하고, 국가·지방자치단체 등이 과세 등의 업무와 관련하여 비주거용 부동산의 가격을 산정하는 경우에 그 기준으로 활용될 수 있다.

에듀윌이
너를
지지할게

ENERGY

삶의 순간순간이
아름다운 마무리이며
새로운 시작이어야 한다.

– 법정 스님

MEMO

## 2026 에듀윌 공인중개사 이영방 합격서 부동산학개론

| 발 행 일 | 2026년 1월 11일 초판 |
|---|---|
| 편 저 자 | 이영방 |
| 펴 낸 이 | 양형남 |
| 펴 낸 곳 | (주)에듀윌 |
| I S B N | 979-11-360-4000-8 |
| 등록번호 | 제25100-2002-000052호 |
| 주 소 | 08378 서울특별시 구로구 디지털로34길 55 코오롱싸이언스밸리 2차 3층 |

\* 이 책의 무단 인용 · 전재 · 복제를 금합니다.

### www.eduwill.net
대표전화 1600-6700

## 여러분의 작은 소리
## 에듀윌은 크게 듣겠습니다.

본 교재에 대한 여러분의 목소리를 들려주세요.
공부하시면서 어려웠던 점, 궁금한 점,
칭찬하고 싶은 점, 개선할 점, 어떤 것이라도 좋습니다.
에듀윌은 여러분께서 나누어 주신 의견을
통해 끊임없이 발전하고 있습니다.

**에듀윌 도서몰**
- 부가학습자료 및 정오표: 에듀윌 도서몰 → 도서자료실
- 교재 문의: 에듀윌 도서몰 → 문의하기 → 교재(내용, 출간) / 주문 및 배송